前言

福建省的地形基本特征是平地少、山地丘陵多，素有“八山一水一分田”之称。该地区残积土发育，土层厚、土坡多，残积土结构性强，具有各向异性和不均匀性、浸水易崩解和软化、亲水性好等不良工程特性。随着基础设施建设的不断发展，诸如山区公路建设工程中存在数量庞大的高陡残积土坡，此类边坡易受降雨影响，连续阴雨的梅雨季及暴雨频繁的台风季都是该区域滑坡易发的时段。降雨诱发的滑坡灾害不仅给人民生命、财产带来巨大的损失，也严重影响山区交通及其他基础设施的安全运营。因此，开展降雨特别是台风暴雨诱发残积土坡的失稳机制及失稳演变过程研究，对滑坡灾害防治与减灾具有重要的科学意义和现实意义。

为了深化对汛期持续降雨或台风暴雨引发丘陵山地滑坡地质灾害的认识，本书在总结以往研究的基础上，对降雨条件下边坡岩土体劣化机理、稳定性评价方面做了大量的研究工作，重点揭示了干湿循环效应下残积土的水力和强度特性演化规律；基于降雨诱发残积土坡失稳模型试验，开展了不同工况下土水特征曲线(Soil Water Characteristic Curve，简称SWCC)过渡区吸力与含水率相关性以及入渗率和湿润锋变化规律研究，提出湿润锋修正Lumb公式(注：此处指1962年Lumb提出的湿润锋半经验公式)；基于坡体变形和吸力时变规律，分析土坡前端推力对降雨入渗的响应，提出边坡变形发展以及坡体前端推力变化的三个阶段；推导基于非饱和土力学理论的边坡稳定分析方法，分析不同雨强、不同初始状态、是否考虑气相流和是否考虑蒸发作用对实际边坡渗流、变形特性和稳定性的影响；提出危险系数概念，建立危险系数与增量位移的关系，实现边坡测点位移变化的阶段式预警；同时，研究土坡失稳的有效降雨量，为构建东南沿海地区降雨诱发滑坡预测模型提供重要依据。

本书是国家自然科学基金项目“干湿循环效应下残积土孔隙演化特征及降雨滑坡机制研究(41702288)”“台风暴雨型滑坡多级监测预警系统研究(41861134011)”以及福建省自然科学基金“基于干湿循环效应的非饱和残积土坡稳定性研究(2018J0163)”等项目的科研成果之一。本书第2章“降雨过程水文现象”、第3章“非饱和残积土水力及强度参数测定”和第7章“降雨入渗残积土边坡稳定性分析”的撰写得到了叶琪的帮助;同时,项目在准备、开展及项目鉴定过程中得到张少波、李沥、龚灿宁、林威等的大力支持和帮助,项目研究过程中参考了大量的著作、手册、期刊论文、技术资料等,未能一一列出,在此一并表示衷心感谢。

由于作者水平有限,书中难免有疏漏和错误之处,敬请读者批评指正。

作者单位及联系地址:许旭堂,福建农林大学交通与土木工程学院,350108,xxtmdd@ fafu. edu. cn;简文彬,福州大学环境与资源学院,350108,jwb@ fzu. edu. cn。

作　者

2019年7月

目录

第 1 章　绪论 …… 1
1.1　概况 …… 1
1.2　降雨诱发滑坡的国内外研究现状 …… 2
1.3　本书主要内容 …… 7
1.4　本书主要创新点 …… 8
第 2 章　降雨过程水文现象 …… 9
2.1　土中水的形态和水力特性 …… 9
2.2　饱和-非饱和渗流基本方程 …… 16
2.3　截留和洼蓄 …… 20
2.4　降雨入渗 …… 21
2.5　坡面径流 …… 26
2.6　蒸发效应 …… 26
2.7　本章小结 …… 30
第 3 章　非饱和残积土水力及强度参数测定 …… 31
3.1　研究背景 …… 31
3.2　非饱和原状残积土 SWCC 研究 …… 33
3.3　非饱和原状残积土抗剪强度研究 …… 49
3.4　渗透性函数的确定 …… 62
3.5　渗气系数的测定 …… 63
3.6　蒸发效应的研究 …… 69
3.7　田间持水量的测定 …… 73
3.8　本章小结 …… 74
第 4 章　含水率和干密度对残积土抗剪强度参数的影响研究 …… 76
4.1　引言 …… 76

4.2 研究区工程地质特性…………………………………………………………… 76
4.3 物理力学指标相关参数的建立………………………………………………… 78
4.4 本章小结…………………………………………………………………………… 85
第 5 章 土坡对降雨入渗响应的试验研究 …………………………………………… 86
5.1 模型边坡降雨试验方案…………………………………………………………… 86
5.2 模型边坡降雨试验成果…………………………………………………………… 95
5.3 残积土 SWCC 过渡区特性分析 ……………………………………………… 121
5.4 模型边坡土体入渗率和湿润锋分析 ………………………………………… 135
5.5 模型边坡坡体位移及破坏形式分析 ………………………………………… 144
5.6 本章小结 ……………………………………………………………………… 156
第 6 章 非饱和土边坡稳定分析方法…………………………………………………… 158
6.1 非饱和土抗剪强度理论 ……………………………………………………… 158
6.2 传统的边坡极限平衡条分法 ………………………………………………… 159
6.3 考虑基质吸力的边坡极限平衡法 …………………………………………… 162
6.4 本章小结 ……………………………………………………………………… 164
第 7 章 降雨入渗残积土边坡稳定性分析……………………………………………… 165
7.1 工程概况 ……………………………………………………………………… 165
7.2 模型建立 ……………………………………………………………………… 166
7.3 计算方案设计 ………………………………………………………………… 169
7.4 渗流计算结果分析 …………………………………………………………… 174
7.5 稳定性计算结果分析 ………………………………………………………… 183
7.6 本章小结 ……………………………………………………………………… 187
第 8 章 滑坡对降雨的动态响应及其监测预警研究…………………………………… 188
8.1 引言 …………………………………………………………………………… 188
8.2 滑坡工程概况 ………………………………………………………………… 190
8.3 饱和-非饱和渗流模型………………………………………………………… 190
8.4 渗流稳定性计算结果分析 …………………………………………………… 195
8.5 土坡失稳的有效降雨量研究 ………………………………………………… 201
8.6 地质灾害防灾减灾工作探讨 ………………………………………………… 206
8.7 本章小结 ……………………………………………………………………… 208
参考文献………………………………………………………………………………… 209

第1章 绪　论

1.1 概　况

福建省的地形基本特征是平地少、山地丘陵多(面积约占省土地总面积的90%),素有“八山一水一分田”之称。因山多地少、用地条件差、经济活动日趋强烈,山区建设工程中存在数量庞大的高陡边坡。在山地丘陵地区中,凡是有人类居住和工程活动的地方几乎都会发生滑坡灾害,它是所有灾种中发生频度最高和造成损失最大的地质灾害类型[1]。滑坡的发生与地形地貌、岩土类型密切相关,受降雨、人工活动、地震和地下水变化等因素的影响,其中前三者依次所占比例为降雨45%、人工活动26%、地震11%[2]。福建省属亚热带海洋性气候,受印度洋暖湿气流的控制,降雨充沛(主要集中在3~9月份,其中梅雨期为5~6月份,7~9月份多受热带气旋影响),具有持续时间长、降雨强度大等特点。

该地区风化岩与残积土发育,土层厚、土坡多,岩石风化强烈,残积土结构性强,土体具有各向异性和不均匀性、浸水易崩解和软化、亲水性好等工程特性。在持续降雨(强降雨)和水位升降的双重因素作用下,残积土坡易失稳从而发生滑坡灾害,导致地质灾害呈现点多、面广、发生频率高的特点。区域性非饱和残积土的性质作为此类滑坡孕育、发展的内在因素之一,致灾过程中所产生的前兆信息受滑坡岩土体物理力学性质的影响,降雨入渗过程中非饱和残积土边坡的孔隙水压力、含水率的分布及其引起非饱和土体力学性质的改变等皆对稳定性变化起控制作用。因此,对区域性残积土而言,其吸水条件下(降雨)非饱和土的基本性质和力学性质是否可用其他地区已有的研究成果来描述,还有待进一步研究;在揭示降雨作用下边坡的失稳机理方面,现场原位试验是最能反映实际的,但其代价高,并且要求深入认识滑坡的发展过程和注重对试验场地的安全维护与管理,相比较而言,滑坡模拟试验不失为一种重要的经济、高效方法;数值分析结果不仅可提供科学研究所需的参考数据,而且能综合考虑降雨入渗下非饱和残积土边坡的渗流、变形和稳定问题,同时,结合室内试验提供的非饱和土体物理力学参数和已有工程实际监测数据,进一步利用便于工程实际的数值分析方法来预测滑坡产生的可能时机,以此作为防灾减灾的理论依据具有实际的指导意义。

基于上述背景，本书以区域性非饱和残积土边坡为研究对象，深入开展非饱和残积土坡对降雨入渗的响应及其失稳演变过程研究，揭示非饱和残积土滑坡灾害发生机理及其失稳前兆信息；结合数值分析，对高地下水位边坡提出有针对性的滑坡防灾减灾策略。以上研究不仅对有效防治闽东南地区残积土滑坡的发生具有重要的实际意义，而且对减少或避免滑坡灾害造成的人民生命财产损失和保持经济建设的可持续发展具有重要的现实意义。此外，立足于汛期持续强降雨或台风暴雨诱发丘陵山地滑坡的试验研究，对完善我国闽东南丘陵山地地质灾害物理模型试验更是一个重要的补充。

1.2　降雨诱发滑坡的国内外研究现状

1.2.1　降雨入渗规律的研究现状

1.2.1.1　降雨条件对雨水入渗的影响

降雨条件（雨型、雨强和历时等）和土体性质作为影响降雨入渗的两个主体，对主体中的任何要素做出改变，皆可引起入渗规律的不同。研究不同降雨特征对入渗的影响是最常见的研究手段，虽然人工模拟降雨与自然界降雨存在差异，但由于人工降雨的可控性，使其成为重要的方法。陈学东[3]为研究雨强、初始含水率对降雨入渗的影响，借助一维土柱降雨入渗试验和数值模拟进行对比分析；王建新等[4]通过对土体水势（降雨自由入渗阶段）和非饱和渗透特性变化规律的研究，给出了非饱和渗透系数、降雨强度和负压之间在自由入渗阶段中的关系式，这可为降雨入渗模型的建立提供新的思路。包含等[5]利用箱形装土装置上埋设不同深度的水分计，开展不同降雨强度条件下的水分入渗和实时分布规律研究。

1.2.1.2　土体性质对雨水入渗的影响

除了控制降雨特征以探求雨水在土体的入渗规律外，许多学者开展不同物理性质的土体对降雨的响应规律研究。赵守珍[6]分别研究不同质地、含水率和土质、供水强度对土壤雨水入渗的响应规律，得出结构越密实、重度越大、黏粒和粉粒含量越高的土体，土壤入渗能力越小，具有较短的相对稳渗和积水时间；在一定入渗时间内，土壤的累积入渗量、稳渗率随初始含水率增加而增加。谷博轩等[7]通过室内降雨试验对旱田砂石覆盖的累积产流量进行研究，表明砂石覆盖土体入渗量大，且达到稳渗阶段的时间比未处理过的土小。值得注意的是，室内一维降雨土柱入渗试验常常伴随着扰动土样的制备,消除了土体在空间上的变异性,但也使土体失去了原有的结构性。

1.2.1.3 降雨入渗模型研究

自从1911年Green-Ampt提出基于毛管理论的干土入渗模型以来,许多学者对降雨入渗规律模型进行了更加深入的研究。Mein和Larson[8]在研究降雨强度对入渗率的影响过程中发现地面积水前后的入渗率计算方法不同,从而提出了适用于降雨入渗的Green-Ampt模型;李宁等[9]从非饱和土VG模型和改进的Green-Ampt入渗模型出发,提出针对降雨强度与土体饱和渗透系数关系的改进Mein-Larson入渗模型,该模型可同时考虑坡面倾斜和非饱和土的特性,对降雨形式具有更强的适应能力,最后提出降雨诱发浅层滑坡的简化计算模型;简文星等[10]推导可考虑坡体倾角和小雨强的改进Green-Ampt入渗模型,通过对比模型计算值与现场实测值,指出该模型可用于黄土滑坡的降雨入渗分析;韩同春等[11]在Green-Ampt入渗模型中考虑封闭气压,利用改进的公式分析强降雨条件下边坡安全系数随时间的变化。

当降雨强度超过边坡的入渗能力时,多余的水分会形成坡面径流,但对于特大暴雨情况,地表保有一定的积水水头,因而不能忽略地表径流的影响[12-17]。也有学者通过制定初始和边界条件来求解饱和非饱和渗流的偏微分方程,如:Philip[18]通过假定土体初始含水率均匀分布和采用迭代求解逼近方法,推导了针对短历时入渗和长历时入渗的两种公式。无论是Green-Ampt入渗模型,还是改进Green-Ampt入渗模型,抑或是Philip[18]、Horton[19]入渗模型,这些入渗公式都反映了特定条件下的入渗规律,具有一定的实用性,但在推导过程中做了一定程度上的简化,相比Richards方程,精确度存有差距。

1.2.1.4 水-气二相流对雨水入渗的影响

水的入渗发生在包气带内,入渗过程实质上是孔隙中的气体不断被水替换的过程,伴随着水的入渗,空气也处于流动状态。传统的包气带水流入渗研究认为,空气的流动性大于水的流动性,始终与大气连通,因而不存在空气压力的变化[20],即:土柱入渗试验的设计都要求下端可以排气。对于水流推进慢、土体内部排气通畅的情况,空气阻力的影响与传统相同[21-22]。然而,当降雨强度大到产生地面积水或表层土体饱和时,土体排气不畅,土中空气可在湿润锋前被压缩,产生气压势,起到阻止水分入渗的效果。水分入渗土体时,空气占据的孔隙体积逐渐减少,部分气体被压缩或排出土外,部分气体溶解到水中,另一部分气体则被封闭在孔隙中形成封闭气泡[23-24]。相关室内试验[25-29]和现场试验[30-31]

表明,包气带空气的压缩可导致入渗率大幅度减小。当空气压力足够大时,气体将会从土体表面逃逸,引起气压的骤减以及入渗率的大幅增大[12]。当然,部分残存的气体降低了土体水的饱和度、导水系数降低,这是空气影响水入渗的一个重要方面[24,32]。当被压缩的气体压力升高到一定值后,会突破上覆土体逸出,将此压力定义为气体突破压力;同时,气压迅速降低,降至某一值时,排气通道重新被水占据,可定义此时气压为气体闭合压力。由于水的入渗继续进行,湿润锋前气体又经历被压缩、达到突破压力、突破、降至闭合压力的过程,在整个入渗过程中,气压不断波动,最后稳定在一定值。此时,土中入渗率和排气率达到一致,以上是空气影响水入渗的另一个重要方面[33-35]。在强降雨期间,压缩的空气可能冲破上覆土体,不断抬升和分离土颗粒,促进径流和侵蚀[36]。

空气在降雨入渗过程中存在明显的减渗作用,目前常用以下 3 种方法定量评价空气的减渗作用:

(1)对饱和水力传导系数 k_s[37-38]进行折减,即将 k_s 适当折减后作为有效水力传导度来考虑空气对入渗的阻滞作用,这种方法是在研究 Green-Ampt 模型时提出的。

(2)在 Green-Ampt 入渗模型中考虑气压的影响,即在入渗率表达式的水势项加入气压势[28,39]。

(3)建立水-气二相流模型代替单相流模型,即根据水-气二相流理论,结合水、气的质量守恒定律和达西定律,建立水-气二相流模型,采用数值方法实现精确求解[40-42]。

1.2.2 降雨诱发滑坡的数值研究

降雨诱发残积土滑坡常出现于许多热带地区[43-45]。许多残积土边坡的地下水位线很深,土坡以非饱和区为主,非饱和区土体的抗剪强度随负孔隙水压力的增加而减小;而有些边坡具有较高的地下水位线,降雨易引起较高渗透性、裂隙发育边坡的地下水位上升和基质吸力进一步减小,降低土体强度,影响边坡工程安全。张玉等[46]和刘新荣等[47]针对实际滑坡工程开展降雨入渗机制和边坡动态稳定性分析,两者都指出入渗可引起土体饱和(形成浸润线)和存在滞水现象,并建立应依据滞水层分布和边坡滑动机制设置相应的截排水措施。言志信等[48]侧重分析了相同持时下边坡剪应变增量随雨强的变化、强降雨下边坡水平和竖向位移与高程的关系及相同降雨强度下位移和安全系数随降雨持时的变化 3 个方面。刘子振等[49]则是研究持续小强度降雨下非饱和土边坡抗剪强度指标与时间的关系,借助 FLAC3D 进行强度折减法分析,得到边坡失稳所需时间和安全系数在整个降雨阶段的动态变化,并指出边坡滑动面仍处于非饱和状态。

上述数值研究[43-50]主要从理论上揭示边坡岩土体特性和应力状态受雨水入渗的影响以及雨水入渗条件下边坡的渗流过程和特性、变形特性和稳定性动态变化情况等,并根据获取的认识来指导工程实践。工程中以非饱和土有关的问题涉及土骨架变形和流体、其他化学物质等的运动,流动与扩散过程受应力、温度和物质浓度等的影响,包含热(Thermal)、水(Hydrological)、力(Mechanical)及化(Chemical)的问题,即多相多场耦合问题。降雨入渗过程中,土体孔隙中的气体运动对雨水入渗和地下水渗流过程具有显著影响,气体迁移对降雨入渗和地下水渗流具有明显的阻滞效应。在渗流和变形耦合的计算研究中,一旦考虑土中孔隙气与孔隙水的流动和 SWCC 的滞后性,计算所需参数多,变量不易求取,且计算难度大[51-57]。总体上看,在固-水-气三相耦合数值模拟研究中[58-63],主要是从等效连续介质方法出发,考虑单一吸脱湿路径、任意干湿路径或具有滞回特征的土水特征曲线模型,选择具有变形特性的弹(塑)性本构模型或弹塑性力学效应及水-力耦合效应模型对降雨诱发土质边坡失稳机制的研究。

1.2.3 降雨诱发滑坡的机理研究

降雨可通过降低土体基质吸力、软化土体、冲刷坡面和抬升地下水位等来影响边坡稳定性[64-69]。降雨诱发滑坡发生是一个动态过程,降雨期间或雨后一段时间内,雨水入渗会导致非饱和土体吸力下降,减小土体的抗剪强度;无法入渗的雨水会冲刷坡面、侵蚀坡脚,改变坡体原有结构;同时,在降雨引起地下水位上升的过程中,组成潜在滑体的土体有效自重应力减小,增加其侧向动水压力,导致边坡失稳。

降雨诱发滑坡成灾机理、风险评估与防灾减灾方法的研究中应以机理研究为重点[70]。在揭示滑坡机理方面,滑坡模拟的物理模型试验是一种有效的研究手段,其中,现场试验是最直接和最有说服力的研究手段,但其试验步骤繁杂、耗费巨大,一般仅用于大型和重点攻关工程。Ochiai 等[71]进行了现场模拟降雨条件下滑坡的流动性试验研究,现场观测结果表明,滑坡经历先滑后流的过程,最后发展成泥石流,并在 17s 内流动 50m。Tu 等[72]和詹良通等[73]均在实际研究场地开展人工降雨模拟试验和原位综合监测。前者指出降雨强度为 40mm/d,0.7m 以上黄土是入渗和蒸发的一个活跃地带,湿润锋在潮湿季节深度可达 2m,而最大降雨强度为 120mm/d 时,湿润锋深度最大可达 3m,并基于体积含水率和基质吸力的变化提出以重力流概念分析降雨入渗率;后者指出雨水入渗可造成 2m 深度内土层的孔隙水压力和含水率大幅度增加,有效应力的减少和膨胀土吸水膨胀软化导致土体的抗剪强度降低，入渗引起土体中竖向应力与水平应力比（该值接近理论的极限状态应力比）显著减少，软化的土体有可能沿裂隙面发生局部被动破坏，持续降雨条件下此破裂面有逐渐扩展趋势，最后形成渐进式滑坡。Chen 等[74]则研究暴雨条件下的现场水文响应，表明降雨入渗导致土体吸力的减少为初始边坡失稳的诱发因素。

部分学者[75-88]采用1g 条件下的小比尺或足尺试验与离心模型试验来研究降雨滑坡。黄润秋等[85]建立基于天台乡滑坡地质环境的地质模型，结合室内降雨和水压力的模拟试验，对该滑坡的变形破坏机制进行分析和验证。周跃峰等[86]通过离心模型试验和室内应力路径试验（偏压固结不排水试验和恒载增孔压试验）研究地下水位上升诱发黄土边坡的失稳演化模式和力学机理，指出饱水黄土在上覆荷载下因孔隙水压力增大而失稳，卸荷过程中土体内部应力重分布，促使局部剪切带发展并逐渐形成贯通的破坏面，边坡失稳模式为牵引式破坏。詹良通等[87]借助自行研制的离心机机载降雨模拟装置，研究不同降雨条件下非饱和粉土边坡的失稳破坏过程，揭示的降雨诱发粉土边坡失稳模式为：坡脚局部失稳→向上扩展→整体浅层滑动，滑动面深度介于 1 ~ 3m；依据边坡失稳时的降雨强度和降雨历时数据，验证文献[88]针对东南沿海残积土地区提出的降雨量警戒曲线的有效性。

1.2.4 降雨诱发滑坡的预警研究

滑坡预警是地质工程界研究的热点，边坡变形破坏的复杂性、随机性和不确定性等给准确预报滑坡带来巨大的困难[89]。对降雨型滑坡进行预警预报，最重要的是确定合适的降雨临界值，降雨临界值可根据历史经验（结合数值分析）[90-94]和理论分析[95-100]来确定。一般情况下，通过降雨观测获取的对某一特定降雨时间的基本数据主要包括降雨历时（或降雨持续时间）、降雨强度和降雨量（累计降雨量、前期降雨量或临界降雨量等）。为了反映多个降雨诱发滑坡事件的内在联系，常将引发滑坡的降雨时间绘制于不同类型的坐标中，根据数据分布特点，将下部界限作为阈值，即导致滑坡的降雨下限或是临界降雨阈值，比如：Mathew[90]等建立的基于降雨阈值的降雨强度-持续时间模型（简称 *I-D* 模型）。模型在预测发生于 2005—2006 年期间印度 58 号国家高速路滑坡的准确率有 81.6%，并分别以 3d、15d、30d 的降雨量来分析已建立的逻辑回归模型在预测滑坡发生时的精度。詹良通等[95]则利用 Geo-Studio 软件分析饱和渗透系数、坡角、土体抗剪强度及雨型等参数对降雨强度-持续时间曲线（简称 *I-D* 曲线）的影响规律，指出坡角、表层土渗透系数增大或抗剪强度指标降低会引起残积土边坡安全系数的降低；降雨强度较小时，*I-D* 曲线受初始含水率分布影响显著；残坡积土层饱和渗透系数小于降雨强度时，入渗量主要由渗透系数控制，边坡安全系数降至临界值所需的降雨持时不受降雨强度增大的影响。

虽然通过对降雨阈值、土壤前期含水率的研究，可在一定程度上分析降雨诱发滑坡的临界降雨条件，预测滑坡发生的可能时间和主要影响因子，但采用可靠度分析（确定降雨阈值）和借助位移速率变化[101-102]的监测数据作为预警判据方法仍占相当大的比例。理论上只要统计的降雨滑坡事件数够多，配合可靠度分析的雨量监测就是有效的方法；位移作为边坡稳定状态与否的直观反映，并且变形的测量手段多样、方法简单，所以工程实践中受到人们的广泛重视。然而，由于滑坡灾害资料统计不足、丘陵山地地质条件的不确定性及降雨预测精度不足等原因，在实际运用过程中，除直接采用变形监测数据作为预警判据外，仍然需要结合统计分析的结果进行综合预警。

1.3 本书主要内容

本书主要内容如下：

（1）开展降雨过程中相关的水文现象及基本理论研究，包括描述雨水入渗的饱和-非饱和渗流理论、土-水特征曲线的概念和意义、考虑气相流和水相流耦合的水-气二相流模型及土体的蒸发理论等。

（2）进行非饱和残积土水力及强度试验，包括获取 SWCC 的压力板仪试验、测试饱和渗透系数的变水头渗透试验、用于描述非饱和土渗气性能的渗气试验、研究蒸发下含水率变化规律的蒸发试验以及确定强度参数的非饱和土三轴试验等。

（3）以闽东南地区特定的三类非饱和花岗岩残积土为研究对象，对非饱和土抗剪强度指标与含水率和干密度间的关系进行定量和定性研究，提出适合区域性土体强度表达的经验公式。

（4）利用设计好的模型箱、降雨系统和监测系统开展降雨诱发滑坡模型试验，系统、全面地对降雨过程中非饱和土坡含水率、饱和度、吸力、土压力和下滑力、入渗率和湿润锋以及坡体变形的实时监测数据进行分析。

（5）渗流、变形和稳定性计算。选取典型残积土坡，利用有限元分析不同降雨形式、不同初始条件、是否考虑气相流以及是否考虑蒸发工况下边坡内孔隙水压力的变化规律；同时，结合滑坡实际监测数据，定量研究不同实际地下水位和降雨工况下滑坡体的渗流特性、稳定性及变形特性，探究降雨入渗诱发高地下水位线残积土边坡的滑动机制；提出危险系数概念，根据危险系数与增量位移的关系,实现边坡测点位移变化的阶段式预警。最后,结合模型试验和数值分析结果得出边坡失稳机理和模式,归纳降雨诱发滑坡的有效防治措施以及深入分析失稳预警因子的选择方法,同时,给出土坡失稳有效降雨量的简便计算方法,并就未来防灾减灾工作重心进行探讨。

1.4 本书主要创新点

(1)开展干湿循环效应下残积土水力特性及强度规律研究。基于拟合优度分析,提出研究区残积土 SWCC 建模可优先依次采用修正 VG 和修正 Garden 模型(注:1970 年和 1980 年,Garden 和 Van Genuchten 分别提出了土-水特征曲线的经验模型,简称 Garden 和 VG 模型),指出多次吸水后土体强度软化本质上是水力滞回特性引起土体饱和度的变化和(累计)不可逆变形综合作用的结果。

(2)建立研究区域残积土含水率和干密度与抗剪强度指标之间的经验公式,深入分析含水率、干密度对黏聚力和内摩擦角的影响机理。

(3)基于降雨诱发残积土坡失稳模型试验,开展 SWCC 过渡区吸力与含水率相关性以及非饱和渗流特性(入渗率和湿润锋)研究,提出湿润锋修正 Lumb 公式;研究土坡前端推力对降雨入渗的响应,提出边坡变形发展的 3 个阶段。

(4)利用有限元法重点分析气相流和蒸发作用对实际边坡渗流、变形特性和稳定性的影响,提出危险系数,实现边坡测点位移变化的阶段式预警;推导土坡失稳的有效降雨量,为构建降雨诱发滑坡预测模型提供依据。

第2章　降雨过程水文现象

地球上的水主要受太阳辐射和地心引力的作用而不停地运动,其表现形式有降水、蒸发、径流和下渗四大类型[103]。降水的形式有多种,其中降雨是福建沿海地区主要的降水形式;径流一般分为地面径流和地下径流,地面径流表现为坡面漫流,地下径流则为渗流的范畴;下渗过程可由饱和-非饱和渗流基本方程描述。

降落到边坡上的雨水,首先满足植物截留、填洼和入渗的需要,剩余雨水形成地面和地下径流,蒸发作用不仅发生在雨前、雨后,也出现在降雨过程中。本章主要介绍土中水的形态、水力特性和描述土中水分运动的饱和-非饱和渗流基本方程,然后介绍降雨过程的水文现象和一般规律。

2.1　土中水的形态和水力特性

2.1.1　土中水的形态

土中水的分类是根据水分存在的形态及所承受的作用力的性质、大小进行的。土中水分所承受的作用力主要有吸附力、吸着力、毛管力和重力;相应的,存在于土中的液态水可区分为以下4种形态[104]。

2.1.1.1　吸湿水

单位体积的土体具有的土颗粒表面积很大,因而具有很强的吸附力,能将周围环境中的水汽分子吸附于自身表面。这种束缚在土粒表面的水分称为吸湿水。

2.1.1.2　薄膜水

当吸湿水达最大数量后,土粒已无足够力量吸附空气中活动力较强的水汽分子,只能吸持周围环境中处于液态的水分子。由这种吸着力吸持的水分使吸湿水外面的水膜逐渐加厚,形成连续的水膜,故称为薄膜水。

2.1.1.3　毛管水

土颗粒间细小的孔隙可视为毛管。毛管中水气界面呈一弯月面,弯月面下的液态水因表面张力作用而承受吸持力,该力又称为毛管力。土中薄膜水达最大值后,多余的水分便由毛管力吸持在土的细小孔隙中,称为毛管水。

天然条件下,地下水在毛管力的作用下将沿土中的细小孔隙上升,由此而保持在毛管孔隙中的水分称为毛管上升水。当地下水位埋藏很深时,毛管上升水远远不能到达表层土壤,此时降雨后由毛管力保持在上层土细小孔隙中的水分称为毛管悬着水。

2.1.1.4 重力水

当土孔隙直径足够大时,毛管作用十分微弱,若土中的含水率超过了土的田间持水量,多余的水分不能为毛管力所吸持,而在重力作用下自由运动,这部分水分称为重力水。

2.1.2 水分常数

根据 2.1.1 节所述,不同形态的土中水分均存在某一极限特征值,且对于一定质地和结构的土来说,这些特征值基本保持不变,因此将这些极值称为土的水分常数。常见土的水分常数有以下几种形式[103]:

(1)最大吸湿量:在水汽饱和的空气中,土体能够吸附的最大吸湿水量。

(2)最大分子持水量:薄膜水达到最大时的土体含水率。

(3)田间持水量:毛管悬着水达到最大时的土体含水率。它是吸湿水、薄膜水和毛管悬着水的极限值。

(4)毛管断裂含水率:因水分含量减少到一定程度,毛管悬着水的连续状态开始断裂时的含水率。

(5)饱和含水率:土体中所有孔隙被水充满时的含水率。

2.1.3 土水势

在自然界,一切物质都保持有从能量高处向能量低处运动的趋势,土中水同样也遵循这一普遍规律。经典物理学认为,任一物体所具有的能量由动能和势能组成。由于水分在土孔隙中运移很慢,其动能可忽略。因此,主要考虑土中水分的势能,称为土水势。土水势是指将单位质量的水移动到标准参考状态的纯自由水体所做的功。所谓标准参考状态,是指一定高度处,某一特定温度(常温或与土中水相同温度)下,承受着 1 个标准大气压或当地大气压的状态。在此,规定标准参考状态下土水势为零。任两点之间土水势差,是水分在此两点间运动的驱动力。根据影响因素,土水势可分为以下几种分势[103-104]。

2.1.3.1 重力势——ψ_g

重力势是由于重力场的存在而引起的。在保持其他条件不变时,将单位数量的土中水从某一点移动到参考面对土中水所做的功即为重力势。重力势的大小与土中水分相对于参考面(即标准参考状态)的位置有关,当选定一参考面时,某一点的重力势可表达为:

$$\psi_g = \pm mgz \tag{2-1}$$

式中:z——相对于参考面的高度(m);

mg——土中水的重量(kg · m/s^2);

±——"+"表示做正功,"-"表示做负功。

若研究对象为单位重量的水,则重力势可直接用高度 z 来表示:

$$\psi_g = \pm z \tag{2-2}$$

2.1.3.2　压力势——ψ_p

压力势是由于压力场中压力差的存在引起的。标准参考状态下压力通常为标准大气压或当地大气压。当土体未达到饱和时,土中孔隙与大气相通,所受压力为大气压力,此时土中水压力势为零。当土体饱和时,土中存在大于标准参考状态大气压的水压力,两者的压强差称为附加压强,用 Δp 表示。在保持其他条件不变时,将单位数量的水分由某点移至标准参考状态时仅由附加压强对水分做的功称为压力势。设水分体积为 V,则压力势表达为:

$$\psi_p = V\Delta p \tag{2-3}$$

在饱和土中,地下水面以下 h 处附加压强 u_w 为 $\rho_w gh$,则:

$$\psi_p = V\rho_w gh = mgh \tag{2-4}$$

可知,单位重量水分的压力势为:

$$\psi_p = h = \frac{u_w}{\gamma_w} \tag{2-5}$$

此外,还有种压力势为气压势,是由于所处气压场的变化引起的。一般大气中气压变化较小,气压势可以忽略[105]。

2.1.3.3　基质势——ψ

土中水的基质势是由于土体基质对水分的吸持作用引起的。土体基质对水分吸持的机理非常复杂,但可概括为吸附作用和毛管作用,如图 2-1 所示。吸附作用指的是直接吸附于土粒表面的水;毛细管内的水总是呈"凹"液面(表面张力引起,称为毛管作用),弯液面以下水的压力就要低于大气压力。将单位数量

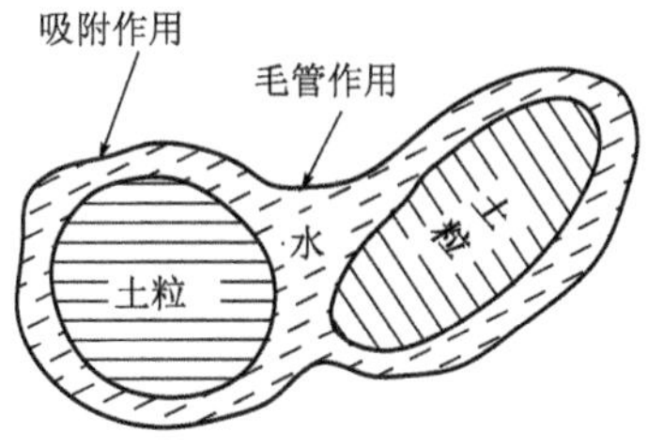

图 2-1　土体基质对土壤水分的吸附作用和毛管作用

的水分由非饱和土中的一点移至标准参考状态,保持其他条件不变,则基质吸持作用对土中水所做的功即为该点水分的基质势。由定义可知,所做的功是负值,故基质势为负值。通常,将基质势的负数定义为基质吸力,用 s 表示。

基质对水分吸持作用的强弱与土体含水率密切相关,从而影响基质势的大小。土中含水率越大,基质对水分的吸持作用越小,吸力也越小,基质势越大,当达到饱和状态时,基质势和吸力均为零。

《非饱和土土力学》中给出了基质吸力的表达式[106-107]。非饱和土中由于水和气的存在,使得在水-气分界面水分子受力不平衡而形成一收缩膜。收缩膜由水压力 u_w 和空气压力 u_a 共同作用,且 $u_a > u_w$,压力差($u_a - u_w$)即为基质吸力。当空气压力为大气压时,u_a 为零,则基质吸力为 $-u_w$,式中 u_w 为负值,为基质势。单位重量的基质势可以表示为:

$$\psi = \frac{u_w}{\rho_w g} = \frac{u_w}{\gamma_w} \tag{2-6}$$

式中:γ_w——水的重度(kN/m^3)。

2.1.3.4 溶质势——ψ_s

土中水分一般为溶液,溶质势是土体溶液中所有形式的溶质对水分综合作用的结果。将单位数量的土体水分由土中一点移至标准参考状态,保持其他条件不变时,仅由溶液中溶质作用而做的功,即为该点水分的溶质势。溶质对水分有吸引力,而标准参考状态的纯水不含溶质(即溶质势为零),所以溶质势为负值。

2.1.3.5 温度势——ψ_T

温度势是由于温度场温差的存在引起的。土中任一点水分的温度势由该点的温度与标准参考状态的温度之差 ΔT 所决定,温度势可表示为:

$$\psi_T = S_e \Delta T \tag{2-7}$$

式中:S_e——单位数量土中水分的熵值。

一般认为,由于温差而造成的土中水分运动通量相对其他分势而言很小,因此,在分析土中水分运动时,温度势常被忽略。在实际应用中,溶质势也不作考虑,从而方便了土水势的应用。

2.1.4 土-水特征曲线

2.1.4.1 土-水特征曲线的概念

土中基质吸力与含水率存在一定的数量关系,描述这种关系的曲线称为土-

水特征曲线。该曲线反映了土中水的能量和数量之间的关系。

以图2-2为例,对饱和土施加微小的吸力,土中无水排出。当吸力增加至某一临界值 S_a 后,超过土中最大孔隙的持水能力,于是土体开始排水,含水率也减小。土体开始排水意味着空气进入土中,故该临界值称为进气值。进气值的大小与土颗粒对水的吸持作用有关,一般细质地的黏性土进气值比粗质地的砂性土大。当吸力进一步增大,次大的孔隙也开始排水,土体含水率持续减小。随着吸力的持续增加,土中孔隙由大到小持续排水,含水率进一步降低。当吸力很大时,只有在十分狭小的孔隙中才能保持有限的水分,即:较大范围的吸力变化只能引起含水率较小的变化。当含水率减小到临界值 θ_r 时,吸力的增加很难改变含水率,此时含水率称为残余含水率。

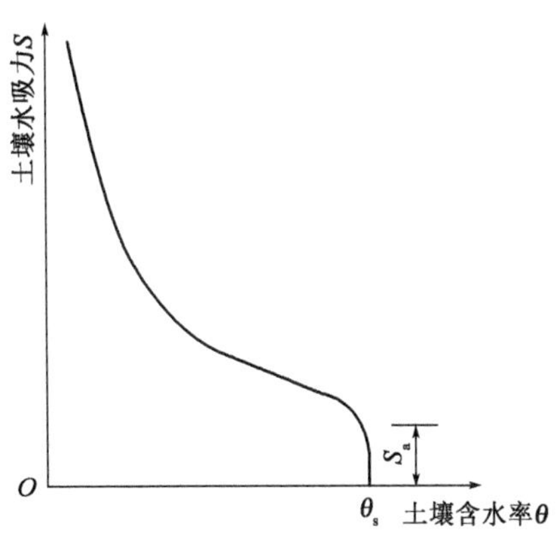

图2-2 土-水特征曲线示意图

土-水特征曲线目前无法从理论上得出,一般是通过试验测定,再经过经验模型拟合得出。可用的模型有 Brooks 和 Corey(1964)[108]、Gardner(1970)[109]、Van Genuchten(1980)[110]和 Fredlund 等(1993)[111]提出的经验模型,其中 Van Genuchten 模型在闽东南残积土地区应用比较广泛[112]。因此,采用 Van Genuchten 模型对区域性残积土的土-水特征曲线进行拟合分析。

Van Genuchten 模型(简称 VG 模型)的形式[154]为:

$$\theta = \theta_r + \frac{\theta_s - \theta_r}{[1 + (\alpha h)^n]^m} \tag{2-8}$$

式中:h——土体吸力(cm 或 kPa);

θ——体积含水率(cm^3/cm^3);

θ_r——残余含水率(cm^3/cm^3);

θ_s——饱和含水率(cm^3/cm^3);

m、n、α——模型拟合参数,且 $m = 1 - 1/n$。

2.1.4.2 土-水特征曲线的滞后现象

室内和原位试验研究成果均表明,土体含水率与基质吸力之间并不是单值函数关系,表现为土体在吸湿和脱湿过程中获得的土-水特征曲线不重合,这种现象称为滞后现象,如图2-3所示。

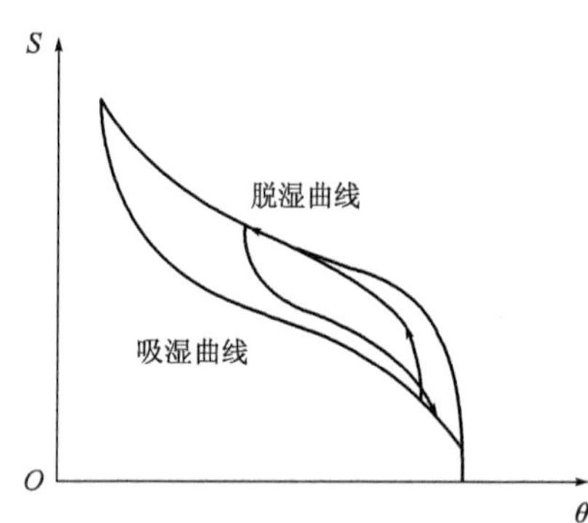

图 2-3　土-水特征曲线的滞后性

土体从饱和到干燥和从干燥到饱和的土-水特征曲线分别称为脱湿曲线和吸湿曲线。脱湿曲线位于吸湿曲线的上方,表明同样含水率条件下,脱湿过程的吸力较吸湿过程的吸力大。土体从部分湿润状态开始脱水或从部分干燥状态开始吸水,吸力与含水率的关系曲线位于脱湿曲线和吸湿曲线之间,这些中间曲线称为扫描曲线。由此可知,含水率与基质吸力的关系,不仅不是单值函数,而且还与前期土体吸、脱水过程有关。此外,土-水特征曲线还受土的干密度、加载历史等因素的影响。

在研究土体中水分的运动时,滞后现象是一个很重要的因素。不同的土体湿润、干燥过程,选用的土-水特征曲线不同。例如降雨前,土体处于干燥过程;降雨时,土体逐渐湿润;降雨结束后,表层土体因水分蒸发,重新处于干燥过程,土中水分继续下渗,较深处土体含水率继续增加。因此,如果完全考虑滞后现象,渗流的求解将变得困难而复杂。

2.1.5　渗透性函数

饱和-非饱和土中,土体的导水能力与含水率存在一定的关系,用渗透性函数表示[113]。当土体饱和时,渗透系数为饱和渗透系数。一旦基质吸力超过进气值,空气开始进入孔隙,相对于水流而言,气体所占孔隙就成了非传导的通道,水的流动路径变得更加曲折,如图 2-4 所示,从而渗透系数减小。当基质吸力继续增加,更多的空气充填孔隙,土的渗透系数进一步降低。由此可知,非饱和土的渗透系数主要受到基质吸力(或含水率)影响。此外,也受孔隙比的影响,但一般认为非饱和土的孔隙比变化很小,可以忽略。所以,非饱和土的渗透系数为基质势(或含水率)的单值函数,记为 $k_w(\psi_m)$ 或 $k_w(\theta_w)$,称为渗透性函数,它随基质势(或含水率)的增加而增加,当基质势为零(或含水率达到饱和含水率)时,转变为饱和渗透系数 k_s。

实际中,较难直接测量非饱和土的渗透系数函数,当缺乏渗透性函数的实测数据时,可通过多种方法进行预估,比如土颗分曲线、土-水特征曲线等。一般认为土-水特征曲线和非饱和渗透系数都与土的孔隙结构相关,且这两个参数之间有较强的相关性。因此,基于实测的土-水特征曲线,通过数值方法推算非饱和渗透系数的方法较为常见[114]。这里介绍一种利用土-水特征曲线预估非饱和渗透系数的常用模型,即基于 Mualem 模型的 Van Genuchten 模型[110]。

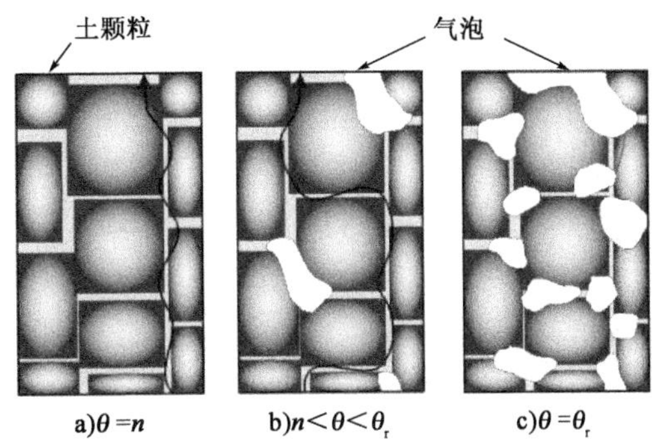

图 2-4　饱和到残余含水率时可见渗流路径

2.1.5.1　Mualem 模型

1976 年,Mualem 通过土-水特征曲线推导了土体的相对渗透系数 k_r 的计算公式:

$$k_r = S_e^{\frac{1}{2}} \left[\int_0^{S_e} \frac{1}{h_c(x)} \mathrm{d}x \Big/ \int_0^1 \frac{1}{h_c(x)} \mathrm{d}x \right]^2 \tag{2-9}$$

式中:h_c——压力水头;

S_e——有效饱和度。定义为:

$$S_e = \frac{\theta - \theta_r}{\theta_s - \theta_r} \tag{2-10}$$

式中:θ_s、θ_r——含义同式(2-8)。

2.1.5.2　Van Genuchten 模型

1980 年,Van Genuchten 以 Mualem 模型为基础,结合土-水特征曲线,提出了计算非饱和渗透系数的 Van Genuchten 模型[110]。

$$k_w(h_c) = k_s \frac{\{1 - (\alpha h_c)^{n-1}[1 + (\alpha h_c)^n]^{-m}\}^2}{[1 + (\alpha h_c)^n]^{\frac{m}{2}}} \tag{2-11}$$

式中:k_s——饱和渗透系数;

h_c——压力水头;

α、n、m——含义同式(2-8)。

从以上的方程可知,一旦确定了饱和渗透系数和两个曲线拟合参数(α 和 m),土的渗透性函数就可以预测出来。

2.2 饱和-非饱和渗流基本方程

在边坡内,存在着饱和区和非饱和区。在地下水自由水面以上的土层中,虽然也存在着各种形式的水分,但它们不能在重力作用下自由运行,且土层孔隙和大气直接连通,故存在着土颗粒、水和空气三种物质,称为包气带,即非饱和区。而地下水位线以下的土层称为饱和带,即饱和区。饱和区和非饱和区的土体存在着连续的水分交换,因此,有必要将两者的水分运移用统一的渗流方程进行描述。

2.2.1 饱和-非饱和渗流的达西定律

土体本质上看是由离散土颗粒组成的多孔介质,在外力或自然作用下土颗粒可排列成特定几何形状的孔隙系统。若这些孔隙空间完全由水占据,土体为完全饱和状态;若孔隙空间不完全由水占据,土体则视为非饱和状态。水分在多孔隙系统中并不是固定的,在人类活动或是自然条件下(如工程开挖或是降雨的雨水入渗等),土体里面的水会流动。1856 年,达西在对饱和砂层进行渗透试验过程中,得出土中水的流速与单位渗流路径上的能量损失(沿着砂层两点的水力梯度)之间的渗流规律,即达西定律,公式如下:

$$v = -k_s \nabla h \tag{2-12}$$

式中:v——流体在介质中的流速(m/s);

k_s——土体饱和渗透系数(m/s);

∇h——水力梯度。

当前,许多学者利用流速来表征与土中水流动有关的分析,大部分分析中都将饱和渗透系数视为常量,但土体的渗透性受土体孔隙结构的影响(如土体密实度、土体结构的改变)。为此,Kozeny 通过引入孔隙比来对饱和渗透系数进行修正,将土体虚构成一个独立的毛细管束,对每个通过该管束的流量叠加即得到流经土体的总流量。饱和渗透系数修正公式如下[115]:

$$k_{sat} = \frac{\rho \cdot g}{C_s \cdot \eta} \cdot \frac{1}{A_{grain}^2} \cdot \frac{e^3}{1+e} \tag{2-13}$$

式中:ρ、η——土体相对密度和液体黏滞度;

C_s——形状系数;

A_{grain}——颗粒相对面积;

e——孔隙比。

上述修正模型虽然没有考虑土体密实度对孔隙结构的影响,但却考虑了渗流过程液体实际受到的黏滞阻力。达西定律早期只用于饱和土，随着学者们对非饱和土的深入研究，普遍认为：多数情况下，适用于饱和水流动的达西定律同样适用于非饱和土中水的流动。如 Childs 认为，假设水仅通过水占有的孔隙通道流动，而不涉及空气所占据的孔隙，因此，可以将空气与固相介质视为一个整体，土便处理为一种减小饱和含水率的饱和土，从而将饱和土的达西定律延伸至非饱和土[116]。

1931 年 Richards 将达西定律引入非饱和渗流[117]，形式如下：

$$v = -k\nabla h \tag{2-14}$$

与饱和渗流的达西定律相比，式(2-14)有与之相同的形式，但总水头和渗透系数却有不同的含义和特点。首先，两者总水头即土水势的组成是有所区别的。对于饱和土中水，任一点的总水势包括重力势和压力势，若用单位重量的水分表示，重力势和压力势即通常所说的位置水头 z 和压力水头 u_w/γ_w，两者之和为总水头 h。非饱和渗流通常是指地下水位以上土体内部水分的流动。与饱和渗流不同，非饱和渗流内水分的运移受到土体吸力的作用，吸力对土中水分的流动具有一定的驱动作用。根据土中水的吉氏自由能微分方程[148]：$dG = VdP - SdT + dW_s + dW_m + dW_g$，可将土体中任一点的单位数量土体水分的吉氏自由能与标准参考状态下自由能的差值定义为该点的总土水势 φ，微分方程右边由左往右依次表示压力势、温度势、溶质势、基质势、重力势，即可将总的土水势视为上述 5 种势能之和。在考虑自然状态下的水分运动时(如雨水入渗)，由于各点外部压力均为大气压力(通气孔隙的连通性)，土中盐分含量少(不存在半透膜，水中溶质的存在对水分流动的影响不显著)，因此，总的土水势可忽略压力势和溶质势。通常认为，因温差而造成水分运动的通量相对而言很小，所以，实际分析土中水的流动时也可不考虑温度势的作用。忽略温度势、压力势和溶质势的影响，总的土水势可视为：

$$\varphi = \psi + z \tag{2-15}$$

当然，也可以用式 $h_c = u_w/\gamma_w$ 统一表示压力势和基质势，且统称为压力水头。从而非饱和土的总土水势也可写成总水头的形式，且与饱和土的总水头有相同的形式：

$$h = z + h_c = z + u_w/\gamma_w \tag{2-16}$$

在饱和区 $u_w/\gamma_w > 0$，在非饱和区 $u_w/\gamma_w < 0$，在两者交界面上，$u_w/\gamma_w = 0$。非饱和渗流达西定律与饱和渗流达西定律的另一重要区别在于渗透系数。在饱和土中，渗透系数较高，虽然渗透系数主要受土体孔隙比和孔隙连通性的影响，但为了简化问题，饱和渗透系数视为常数。在非饱和土中，如 2.1.5 节所述，非饱

和土的渗透系数为基质势(或含水率)的单值函数,记为 $k_w(u_a - u_w)$ 或 $k_w(\theta_w)$。所以,非饱和渗流的达西定律可进一步表示为:

$$v = -k_w(\theta_w)\nabla\varphi = -k_w(\theta_w)\nabla h \tag{2-17}$$

式中,负号表示渗流沿着总水头减小的方向。当土体饱和时,$k_w(\theta_w)$ 变为饱和渗透系数 k_s,则非饱和土达西定律变为饱和土达西定律,由此可见,通过式(2-17)可以将饱和-非饱和渗流达西定律统一起来。上述分析表明:非饱和渗流中,土体中总水势由基质势和重力势组成,并且非饱和土体的渗透系数不仅取决于孔隙的几何状态,还应考虑土体状态(如含水率、吸力)的变化,进而修正控制土体中水分流动的土体参数。

2.2.2 饱和-非饱和渗流基本方程

为了更好地描述土中水的运移过程,基于连续性方程,可将达西定律扩展到非饱和土,具体公式如下:

$$\frac{\partial\theta_w}{\partial t} = -\nabla v = -\left(\frac{\partial v_x}{\partial x} + \frac{\partial v_y}{\partial y} + \frac{\partial v_z}{\partial z}\right) \tag{2-18}$$

式中:θ_w——体积含水率。

结合式(2-17)并假定水的体积不可压缩,结合式(2-17)和式(2-18),可得:

$$\frac{\partial\theta_w}{\partial t} = -\nabla v = \nabla[k_w(\theta_w)\cdot\nabla\varphi] \tag{2-19}$$

总的土水势计算时忽略温度势、压力势和溶质势的影响,可由基质势 ψ 和重力势 z 之和表示。将式(2-15)代入式(2-19)的控制方程中,非饱和土渗流基本方程可变为:

$$\frac{\partial\theta_w}{\partial t} = \nabla[k_w(\theta_w)\cdot\nabla(\psi + z)] \tag{2-20}$$

根据非饱和土中水的扩散率 $D(\theta)$ 定义,$D(\theta)$ 可视为导水率 $k_w(\theta_w)$(渗透系数)和比水容量 $C(\theta)$ 的比值,具体如下:

$$D(\theta) = \frac{k_w(\theta_w)}{C(\theta)} = k_w(\theta_w)\cdot\frac{d\psi}{d\theta} \tag{2-21}$$

根据上式,式(2-20)可转化为:

$$\frac{\partial\theta_w}{\partial t} = \nabla\left[D(\theta)\cdot\frac{d\theta}{d\psi}\nabla(\psi + z)\right] \tag{2-22}$$

仅考虑水分的垂直流动,上式可进一步转变为:

$$\frac{\partial \theta_w}{\partial t} = \frac{\partial}{\partial z}\left[D(\theta) \cdot \frac{d\theta}{d\psi} \frac{\partial}{\partial z}(\psi + z)\right] \tag{2-23}$$

式(2-23)可简化为:

$$\frac{\partial \theta_w}{\partial t} = \frac{\partial}{\partial z}\left[D(\theta) \cdot \frac{\partial \theta}{\partial z}\right] + \frac{\partial}{\partial z}\left[D(\theta) \cdot \frac{d\theta}{d\psi}\right] \tag{2-24}$$

将扩散率式(2-21)代入上式等号右侧第二项,得:

$$\frac{\partial \theta_w}{\partial t} = \frac{\partial}{\partial z}\left(D \cdot \frac{\partial \theta}{\partial z}\right) + \frac{\partial k_w(\theta_w)}{\partial z} \tag{2-25}$$

将第一、二项合并后,可得:

$$\frac{\partial \theta_w}{\partial t} = \frac{\partial}{\partial z}\left[D \cdot \frac{\partial \theta}{\partial z} + k_w(\theta_w)\right] \tag{2-26}$$

结合式(2-18)和式(2-26)可得非饱和土竖向渗流速度表达式,具体如下:

$$v = D \cdot \frac{\partial \theta}{\partial z} + k_w(\theta_w) \tag{2-27}$$

经上述推导,基于达西定律得出的不同形式的控制方程式(2-24)~式(2-26)表明:任何一个时刻的非饱和土渗流均会引起含水率、吸力和渗流速率的改变,在利用扩展达西定律时须求出 $k_w(\theta_w)$(渗透系数)、θ_w(体积含水率)和基质吸力间的关系。

考虑雨水的二维渗流,式(2-18)可转变为:

$$\frac{\partial \theta_w}{\partial t} = \frac{\partial}{\partial x}\left[k_x(\theta_w) \frac{\partial \phi}{\partial x}\right] + \frac{\partial}{\partial y}\left[k_y(\theta_w) \frac{\partial \phi}{\partial y}\right] + Q \tag{2-28}$$

式中:$k_x(\theta_w)$、$k_y(\theta_w)$——分别为 x、y 方向上的渗透系数;

Q——降雨强度大小,即数值分析时施加的流量边界。

对于稳态分析和饱和土体来说,土体孔隙已充满水,此时含水率不随时间变化而变化,即式(2-18)变为:

$$\frac{\partial}{\partial x}\left[k_x(\theta_w) \frac{\partial \varphi}{\partial x}\right] + \frac{\partial}{\partial y}\left[k_y(\theta_w) \frac{\partial \varphi}{\partial y}\right] + Q = 0 \tag{2-29}$$

瞬态问题分析时可将孔隙气压视为大气压,并可考虑总应力水平不变。因此，单位体积含水率的改变 $\Delta\theta$ 与基质吸力的改变 $\Delta(u_a - u_w)$ 有关，u_a 不变，即 $\Delta\theta$ 依赖于孔隙水压力的变化，两者可通过储水曲线斜率进行联系，即：

$$\partial\theta = m_w \partial u_w \tag{2-30}$$

式中：m_w——受基质吸力影响的体积含水率变化系数，表现为土-水特征曲线相应点处斜率的绝对值。

同时，将式(2-16)代入式(2-30)可得：

$$\partial\theta = m_w \partial u_w = m_w \gamma_w \partial(h - z) \tag{2-31}$$

一些实际边坡工程的潜在滑动面可能位于地下水位之上，属非饱和状态，雨水沿岩土裂隙或已有拉张裂缝流动引起非饱和区缩小并逐步向饱和状态过渡，非饱和区和饱和区存在连续的水流交换，将两者的水分运移用统一的渗流方程进行描述即为饱和-非饱和渗流。将上述微分方程中的总土水势用总水头表示，并考虑各向同性多孔介质的二维渗流，则饱和-非饱和渗流的一般控制微分方程可表述为：

$$\frac{\partial}{\partial x}\left[k_x(\theta_w)\frac{\partial h}{\partial x}\right] + \frac{\partial}{\partial y}\left[k_y(\theta_w)\frac{\partial h}{\partial y}\right] + Q = \frac{\partial\theta}{\partial t} = m_w \gamma_w \frac{\partial(h - z)}{\partial t} \tag{2-32}$$

式(2-32)描述了边坡内某一点处一定时间内水流入和流出的差为整个边坡土体内部系统的储水量变化。当土体饱和时，土-水特征曲线一般很平缓，m_w 近似为零，式(2-32)则表示了饱和土体的稳定渗流情况。不考虑饱和土体的非稳定渗流，式(2-32)就可以作为饱和-非饱和渗流的基本方程。式(2-32)中非饱和渗透系数是基质吸力的函数，随着时间和空间变化，所以方程(2-32)是个二阶非线性偏微分方程，难以用解析法求解，而需要用数值方法求解。上述基本控制方程(2-32)适用于土骨架不变形、水体不可压缩、不考虑生物或化学作用对水流影响的单相水流问题。若要考虑各种因素的影响，则需要更加复杂的方程求解。

2.3 截留和洼蓄

在有植物发育的边坡，降落的雨水并不能全部到达坡面，这是因为植物林冠对雨水的拦截作用。从大多数林区观测资料可知，一次降雨的植物截留量一般不超过 10mm，暴雨时可能更小[118]；植物的截留作用同时推迟了林下降雨开始的时间，降雨强度较小时，如 2.4mm/h，林下降雨时间可能滞后 1h[118]。由此可知，一次降雨量大的过程植物截留不大，影响有限，故本书中不考虑植物截留的影响。

当边坡存在坑洼时，降雨将留存于其中，称为洼蓄。洼蓄不易排泄，多消耗

于蒸发和入渗。在降雨过程中坑洼逐渐蓄水，相当于在边坡表面施加一水头边界条件，有利于雨水入渗；在降雨结束后，这种影响继续存在。对于某一边坡而言，坑洼的最大蓄容量有上限，因此雨量越大，洼蓄的影响就越小，而对于透水性较好的土层又遇到小强度的降雨，则洼蓄容量可以重复利用，这时的洼蓄是不容忽视的[118]。本书后续所研究边坡坡顶虽有起伏，但坑洼容量不大，故不考虑洼蓄的影响。

2.4　降雨入渗

2.4.1　降雨要素及表示方法

描述降雨特征的概念主要有降雨量、降雨历时、降雨强度、降雨面积。为了反映降雨时间变化规律，常用降雨过程线和降雨累积曲线表示。

降雨量是指一定时段内降落在某一点或某一面上、未经蒸发和渗漏损失所形成的水层深度，以 mm 计。降雨历时是指一次降雨过程中从某一时刻到另一时刻的降雨时间，一般以 min、h 或 d 计。降雨强度是单位时间内的降雨量，也称为雨率、雨强，常以 mm/h 或 mm/d 计；降雨强度一般分为时段平均降雨强度与瞬时降雨强度。降雨面积是降雨作用范围的水平投影面积。以一定时段为单位所表示的降雨量(即降雨强度)在时间上的变化过程称为降雨过程线；过程线一般用以时段降雨量为纵坐标、时间为横坐标的柱状图表示；当时段很小并趋于零时，柱状图就变为光滑曲线，即为瞬时降雨强度过程线；降雨累积曲线是累计降雨量随降雨历时的变化曲线[103]。

2.4.2　降雨入渗过程

降雨至非饱和坡面即发生入渗。当表层土比较干燥时，入渗水主要受分子力的作用，被土颗粒吸收为吸湿水，进而形成薄膜水；当薄膜水量达到最大值，入渗水在毛管力的作用下开始填充介质中的细小孔隙形成毛细水；随着入渗的继续，土体内形成重力水。此时，水分在毛管力和重力的作用下发生流动，即非饱和渗流；当土体达到饱和状态时，水分主要受重力作用发生下渗，即饱和渗流。

2.4.2.1　入渗过程的一般分析

干土的积水入渗反映了入渗的一般过程，最早由 Coleman 和 Bodman(1944、1945 年)进行了研究。对于初始含水率 θ_i 较低的土体，在积水入渗一定时间后剖面中含水率的分布情况，如图 2-5a)所示。Coleman 和 Bodman 将含水率剖面划分为4个区，即饱和区、含水率明显降落的过渡区、含水率变化不大的传导区和含水率迅速减少至初始值的湿润区。湿润区的前缘称为湿润锋。传导区和湿润区的存在已得到普遍认可，但对饱和区和过渡区的认识则说法各异。很多研究者认为表层土是很难饱和的，过渡区其实也不明显，这两区的存在也许是模拟积水条件时，加水后表层土体结构不稳定而出现的异常现象，实际上不一定存在。

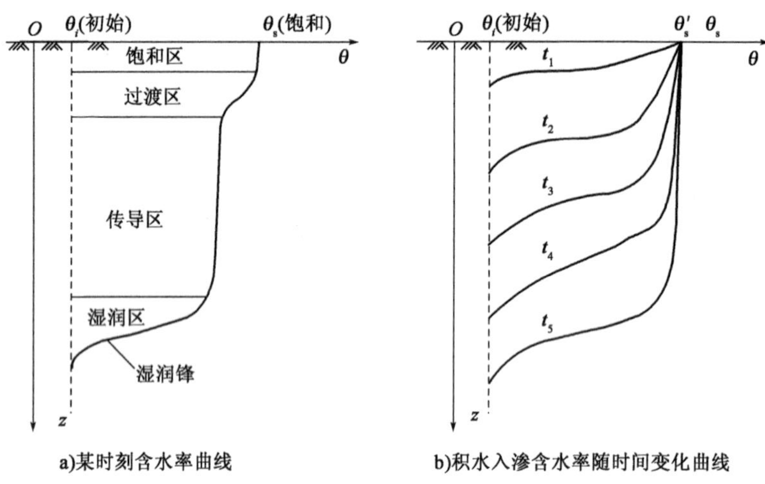

图2-5　积水入渗含水率变化图(雷志栋等[104]，1988)

图2-5b)是干土积水入渗条件下剖面含水率随时间的变化图，对于含水率分布及变化$\theta(x,t)$可从以下方面加以认识：

(1)在水施加于土体表面后的很短时间内，表层土的含水率$\theta(0,t)$将很快从初始值θ_i增大到某一最大值θ'_s。由于完全饱和在自然条件下难以实现，故θ'_s值小于饱和含水率θ_s。

(2)随着入渗的继续，湿润锋不断推进，含水率的分布曲线由比较陡直变得相对缓平。

(3)在地表$z=0$处，初始时刻含水率梯度的绝对值$|\partial\theta/\partial z|\to\infty$，随着水分入渗，$|\partial\theta/\partial z|$变小，当$t$足够大时，$|\partial\theta/\partial z|\to 0$，则地表附近含水率不变。

对干土积水入渗的认识不仅要了解含水率分区和变化情况，还需了解入渗过程累计入渗量I和入渗率i及其随时间的变化关系$I(t)$和$i(t)$。累计入渗量是入渗开始后一定时间内，通过土体表面单位面积入渗到土中的总水量，单位为cm或mm等。入渗率是指单位时间内通过土体表面单位面积入渗到土中的水量，单位为mm/min或cm/d等。任一时刻t的入渗率$i(t)$值取决于此时表层土的入渗能力，即：

$$i(t) = v(0,t) = -k_w(\theta_w)\frac{\partial\psi}{\partial z} = -k_w(\theta_w)\frac{\partial\psi_m}{\partial z} + k_w(\theta_w) \quad (2\text{-}33)$$

注意 z 坐标向下为正，如图 2-5 所示。

累计入渗量 $I(t)$ 与入渗率 $i(t)$ 的关系为：

$$I(t) = \int_0^t i(t)\mathrm{d}t \text{ 和 } i(t) = \frac{\mathrm{d}I(t)}{\mathrm{d}t}$$

图 2-6 中虚线表示入渗率随时间而减小，最后趋于一个较为稳定的值。对这种变化机理的解释，可以通过分析式（2-33）来给出。入渗开始时，表层土含水率很快增大到某个值，基质势也很快增大，则地表处的基质势梯度的绝对值 $|\partial\psi_m/\partial z|$ 很大，故入渗率 i 也很高。理论上，当 $t\to 0$ 时，$\partial\psi_m/\partial z\to -\infty$，则 $i\to\infty$。随着水分继续入渗，$|\partial\psi_m/\partial z|$ 不断减小，入渗率 $i(t)$ 随之降低。当 t 足够大时，$\partial\psi_m/\partial z\to 0$，此时 $i(t)\to k_w(\theta_s')$，表明入渗率趋于一稳定值，该值相当于表层土含水率为 θ_s' 时的渗透系数 $k_w(\theta_s')$，显然 $k_w(\theta_s') < k_s$，k_s 为饱和渗透系数。

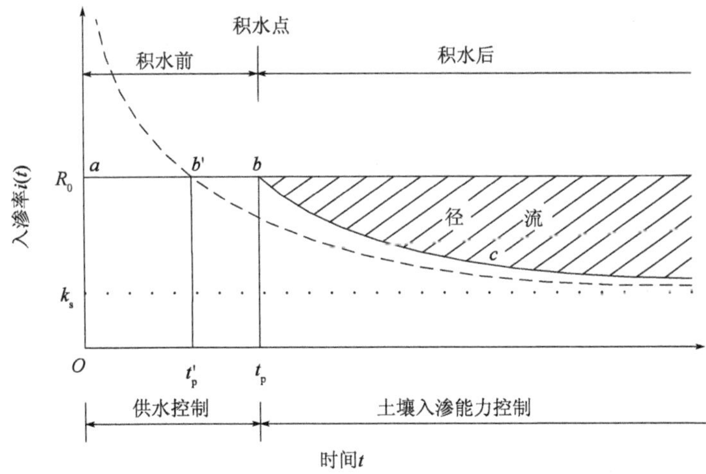

图 2-6　积水条件下入渗率曲线与供水强度恒定时的入渗过程

2.4.2.2　降雨条件下水分入渗过程

降雨强度可称为供水强度，用 $R(t)$ 表示。为了分析方便，假设供水强度为常数，即 $R(t) = R_0$。入渗初期，由于供水强度小于土体的入渗能力，所以入渗率为供水强度 R_0，如图 2-6 中 ab 所示。随着入渗的进行，表层土含水率越来越高，由 2.4.2.1 节分析可知，土体入渗能力逐渐减弱。当 $t = t_p$ 时，供水强度等于土体的入渗能力，地表开始积水，之后，土体的入渗能力进一步降低，而供水强度不变，则 $i(t) < R_0$，此时入渗率取决于土体的入渗能力，如图中 bc 曲线所示。多余的雨水则形成积水或地表径流。

综上所述，可将降雨下的入渗过程分为两个阶段：第一阶段为供水控制阶段，也称为无压入渗或自由入渗阶段；第二阶段为土体入渗能力控制阶段，也称为积水或有压入渗阶段。两阶段的交点 t_p 称为积水点。

2.4.3 降雨下渗流方程定解条件

对于某一边坡，降雨入渗过程不仅与降雨特性有关，还和初始时刻土体含水率分布与地下水位条件有关。所以，降雨条件下饱和-非饱和渗流基本方程的数值求解需要初始条件和边界条件，统称为定解条件[105]。

以二维边坡平面模型为例，列出饱和-非饱和渗流问题应满足的基本控制方程、初始条件和边界条件如下：

控制方程：

$$\frac{\partial}{\partial x}\left(k_x \frac{\partial h}{\partial x}\right) + \frac{\partial}{\partial z}\left(k_z \frac{\partial h}{\partial z}\right) = m_w \gamma_w \frac{\partial h}{\partial t} \tag{2-34}$$

初始条件：

$$h(x,z,0) = H_0(x,z,0) \tag{2-35}$$

边界条件：

$$h(x,z,t) = H_1(x,z,t),(x,z) \in S_1 \tag{2-36}$$

$$k_x \frac{\partial h}{\partial x}\cos(\vec{n},x) + k_z \frac{\partial h}{\partial z}\cos(\vec{n},z) = q_n(x,z,t),(x,z) \in S_2 \tag{2-37}$$

式中： $H_0(x,z,0)$——坡体初始水头分布；

S_1——水头分布已知的边界；

$H_1(x,z,t)$——边界水头，称为第一类边界条件；

$\cos(\vec{n},x),\cos(\vec{n},z)$——边界面外法线方向与坐标轴方向夹角之余弦；

S_2——流量分布已知的边界；

q_n——单位面积边界法向流量，称为第二类边界条件。

对于边坡降雨入渗问题，坡顶、坡面、坡底地表面的边界条件，处于定流量和定水头边界之间变化，这取决于降雨强度和土体入渗能力之间的关系：当降雨强度小于土体入渗能力时，边坡表面边界条件为第二类边界条件；当降雨强度大于土体入渗能力时，相应边界转化为第一类边界条件。

2.4.4 水-气二相流数学模型

一般的，非饱和带是由固体土颗粒、水和气三相构成的。降雨入渗实质上是雨水在孔隙中运动驱替气体的过程。通常入渗过程的气相流动被忽略，认为气压与大气压相等，但在强降雨入渗等问题中，孔隙气的存在对水相流动将产生显著的影响。因此，为了更好地模拟非饱和带中水流的入渗运动规律[40]，有必要建立水-气二相流模型，以此研究气相对水相流的影响。

对于常见的岩土工程渗流问题，可认为渗流是发生在绝热的恒温系统中。同饱和-非饱和渗流方程的推导类似，假设土骨架不变形，气不溶于水，在孔隙中流动的气相(a)和水相(w)满足广义达西定律，两者的连续性方程由质量守恒定律获得，从而得到基本控制方程；同时考虑毛管压力的表达，认为孔隙气为理想气体，满足理想气体定律，由此建立起辅助方程。文献[41]通过基本控制方程和辅助方程得到水-气二相流数学模型。

根据质量守恒定律，水相和气相流动的基本控制方程可以统一写成[41]：

$$\frac{\partial(nS_\beta\rho_\beta)}{\partial t}+\mathrm{div}(\rho_\beta \boldsymbol{v}_\beta)+q_\beta=0 \tag{2-38}$$

式中：n——孔隙率；

S_β——β 相流体饱和度，β 为水相(w)或气相(a)；

ρ_β——β 相流体密度(kg/m^3)；

q_β——β 相流体的源汇项(kg/s)；

$\boldsymbol{v}_\beta$——β 相流体的速度矢量(m/s)，满足达西定律，表达式为：

$$\boldsymbol{v}_\beta=-k\frac{k_{r\beta}(\theta)}{\mu_\beta}(\nabla \boldsymbol{p}_\beta-\rho_\beta \boldsymbol{g}) \tag{2-39}$$

式中：k——介质的绝对渗透率张量(m^2)；

$k_{r\beta}$——β 相流体的相对渗透率；

μ_β——β 相流体的动力黏滞系数($N\cdot s/m^2$)；

$\boldsymbol{p}_\beta$——β 相流体的孔隙压力(Pa)；

$\boldsymbol{g}$——重力加速度矢量(N/kg)。

为求解水-气二相流方程，需要些辅助方程，补充如下：

(1)饱和度方程：

$$S_w+S_g=1 \tag{2-40}$$

(2)毛管压力方程：

$$p_c = p_w - p_a \tag{2-41}$$

(3)相对渗透率方程：

$$k_{r\beta} = k_{r\beta}(S_w) \tag{2-42}$$

考虑到降雨条件下渗流问题多发生在浅层，孔隙压力小，所以基本控制方程中大多数的变量可以视为常量，就是说非饱和土的孔隙率、绝对渗透率张量、水和气的黏滞系数都不变。对于水相流体，认为不可压缩，则密度不变，ρ_w 为常数；对于气相流体，是可以压缩的，当恒温时，密度为气压的函数，这个关系即为理想气体方程，见下式：

$$\rho_g = \frac{m_g}{RT} p_g = 1.2775 \times 10^{-5} p_g \tag{2-43}$$

综上所述，每一计算步仅有4个变量。这样4个方程中就只含有4个未知数，即 p_w、p_g、S_w 和 S_g，未知数个数和方程个数一致。结合一定的初始边界条件，即可构成描述非饱和带水-气二相流的数学模型。

2.5 坡面径流

坡面产流按形成机制可分为蓄满产流和超渗产流。蓄满产流是指降雨过程土体完全饱和后多余的水分不能入渗而在坡面形成径流；超渗产流是指降雨强度超过土体入渗能力，超出的雨水将沿着坡面排泄而形成径流，此时土体内部未完全饱和水。

实际边坡降雨产流过程中，以超渗产流为主。由于降雨强度与入渗率的差异，径流一般是源源不断地产生，在坡面形成薄薄的一层水层，相当于施加了一变水头边界，有利于水分的入渗。但已有研究表明考虑径流对边坡稳定性影响不大[119]，故本书认为径流的排泄是迅速的，边坡表面不积水。

2.6 蒸发效应

根据水分所在物体表面性质的不同，蒸散发可分为水面蒸发、土面蒸发和植物散发3种。若不考虑植物的影响，边坡土体的蒸发主要为土面蒸发作用。土面蒸发消耗的水量，可用蒸发强度和累计蒸发量表示。蒸发强度是指单位时间从单位面积土体表面散失的水量，单位为mm/min、mm/d等；累计蒸发量是某段时间内从土体表面散失的水量。当蒸发强度不随时间变化时，相应的蒸发过程称为稳定蒸发；反之，为非稳定蒸发。

2.6.1 土面蒸发的过程

土面蒸发是土中水分在水势梯度的作用下上升，并在表层发生汽化进入大气的过程。土面蒸发的形成及强度大小，主要取决于两方面的因素：一是太阳辐射、气温、湿度和风速等气象条件影响。这是蒸发的外界条件，它既决定了水分蒸发过程中能量的供给，也影响到土体蒸发表面水汽向大气的扩散过程，综合起来称为大气蒸发能力。二是受土体中含水率的大小和分布的影响。这是土体向上输送水分的条件，即土体的供水能力[104]。当土体饱和时，土的供水充足，蒸发只与气象条件有关；当土体处于非饱和状态时，土体的蒸发量取决于两个因素中决定蒸发量较少的一个。

当降雨结束后，表层土体的含水接近饱和，根据大气蒸发能力和土体供水能力所起的作用以及土体蒸发的特点和规律，可将蒸发过程分为 3 个阶段[104]，如图 2-7 所示。

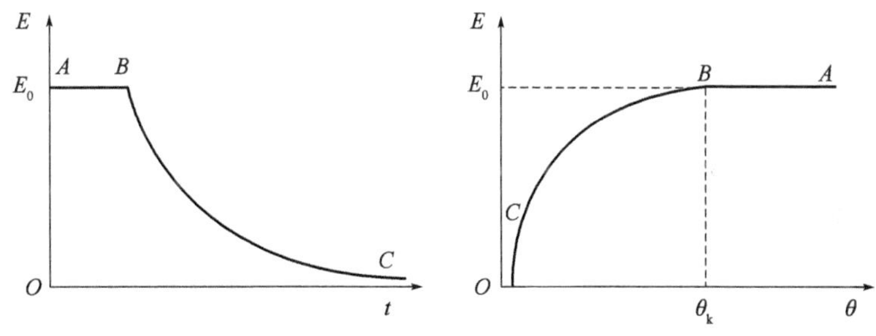

图 2-7 土面蒸发的 3 个阶段

2.6.1.1 稳定蒸发阶段

当土的含水率很大，即大于其田间持水量时，土体供水充足。此时，当土面的含水率因蒸发而稍有减小时，深层的水分便通过毛管作用运移到表面，及时补充损失的水量。因此，这个阶段的蒸发强度主要取决于大气蒸发能力。可见，当气象条件相对稳定时，土体的蒸发强度也为一稳定值，故此阶段称为稳定蒸发阶段。由于重力水的渗漏和蒸发损耗，土的含水率很快降低，供水能力不足，所以稳定蒸发阶段一般只能维持较短的时间。

2.6.1.2 蒸发强度随含水率降低而减小的阶段

在持续蒸发作用下，土体水量不断减少。当其含水率小于田间持水量时，毛管水开始变得不连续，从而限制土的供水能力；若气象条件不变，此时，蒸发强度主要取决于土的供水能力，而供水能力又与含水率有关，因此，该阶段土体的蒸发强度随着含水率的降低而减小。

2.6.1.3 水汽扩散阶段

当土的含水率持续减小至小于毛管断裂含水率时,土体的输水能力明显减弱,不能补充表土蒸发消耗的水量,因此,土体表面逐渐形成一干土层。干土层的导水率接近于零,土中水分只能在干土层底部汽化,并以气态水的形式经过干土层的孔隙扩散至大气中,即为水汽扩散阶段。此阶段,蒸发面在土体内部,蒸发强度取决于水汽在干土层中的扩散能力与干土层的厚度,且数值很小并基本保持稳定。

2.6.2 蒸发条件下的边界条件

边坡地表蒸发的边界条件与所处的蒸发状态有关。以下针对2.6.1节所述的3个蒸发阶段写出相应的边界条件[104]。

蒸发第一阶段的边界条件为第二类边界条件,表示为:

$$E = E_0 \quad \theta_k < \theta \leqslant \theta_s \tag{2-44}$$

式中:θ_k——临界含水率。

蒸发的第二阶段,土表蒸发强度随着含水率的降低而减小,若用线性近似表示其关系,则:

$$E/E_0 = a\theta + b \quad \theta_c < \theta < \theta_k \tag{2-45}$$

式中:θ_c——风干含水率;

a、b——经验参数。

蒸发的第三阶段,当不考虑蒸发面下移及干土层中的水汽扩散时,边界条件为第一类边界条件,可近似为:

$$\theta = \theta_c \tag{2-46}$$

此外,当蒸发作用强烈时,表层土很快变干。此时,蒸发的前两个阶段持续时间很短,可忽略,认为含水率很快降低为风干含水率,则边界条件也为:

$$\theta = \theta_c \quad t > 0 \tag{2-47}$$

2.6.3 蒸发强度的确定

根据研究区气象资料,可以确定土体的蒸发强度。土体蒸发强度以单位时间蒸发的水层深度(mm/d或mm/s)计。确定土体蒸发强度的方法有理论公式法、经验公式法和器测法。

2.6.3.1 理论公式法[120]

当土体供水充分时，由大气蒸发能力决定的最大可能蒸发强度称为潜在蒸发强度[104]。通常，认为蒸发强度即是潜在蒸发强度，其中广泛使用的有 Penman 公式（1948 年）等，但这些公式只适用于土体表面完全饱和的情况，当土体饱和时，计算所得的蒸发强度相近；当饱和度降低时，计算结果高于实际蒸发强度。为了计算非饱和土的蒸发量，Wilson 修正了 Penman 公式，建立了计算实际蒸发强度的 Penman-Wilson 公式：

$$E = \frac{\Gamma Q + vE_a}{vA + \Gamma} \tag{2-48}$$

式中：E——蒸发强度（mm/d）；

Γ——饱和蒸汽压随温度变化曲线在平均温度处的斜率（kPa/℃）；

Q——表面有效的净辐射能量（mm/d）；

v——物理化学常数；

A——土体表面相对湿度倒数，即 $1/h_r$；

E_a——$E_a = f(u)P_a(B - A)$；

$f(u)$——风速、表面粗糙度、涡流扩散的函数，$f(u) = 0.35(1 + 0.15U_a)$；

U_a——风速（km/h）；

P_a——蒸发表面上空气的蒸汽压力（kPa）；

B——空气相对湿度倒数，即 $B = 1/h_a$。

2.6.3.2 经验公式法

土体蒸发的影响因素众多，在理论公式中不能考虑周全，同时各参数的测定要求较高，实际应用时较为困难。因此，在对实测数据精度要求不高的情况下，可根据实际情况采取由实测数据总结出的经验公式进行蒸发量的估算。可用的经验公式有：

$$E = A(e_s' - e_a) \tag{2-49}$$

式中：E——蒸发强度（mm/d）；

A——质量交换系数，其值取决于气温、湿度、风速等气象条件；

e_s'——土体表面水汽压（mbar❶），当土体表层饱和时，e_s' 等于饱和水汽压 e_s；

e_a——大气水汽压（mbar）。

---

❶ 1mbar = 100Pa。

2.6.3.3 器测法

测定土体蒸发量的仪器有很多种。常用的有微型蒸发器[121]、小型蒸发器、蒸发皿和大型蒸渗仪[103]等。本书考虑蒸发作用时,通过模拟实际的蒸发过程,得到试验数据,再根据理论选取公式模型进行拟合,得到蒸发规律。

2.7 本章小结

本章主要介绍了与降雨过程相关的水文现象,研究了降雨对边坡的影响时需要考虑和可以忽略的因素,目的是为后面章节的试验和降雨入渗模拟计算提供理论基础。

(1)介绍了土中水、土-水特征曲线和渗透性函数的基本概念,以及常用的 Van Genuchten 模型。

(2)阐述了降雨过程的截留、洼蓄、入渗、径流和蒸发的水文现象,给出了水分在非饱和区流动的基本方程、定解条件以及考虑水-气二相流的数学模型。

第3章 非饱和残积土水力及强度参数测定

3.1 研究背景

地球上很大一部分的土处于非饱和状态,岩土工程的许多领域(土坝、边坡稳定性和挡土墙等)已将非饱和土的抗剪强度考虑其中。土-水特征曲线(SWCC)作为非饱和土力学的重要方面,描述了非饱和土在不同吸力情况下的持水能力,非饱和土的渗透特性、强度、体变等力学特性都与土-水特征曲线密切相关。文献[122-124]都表明吸脱湿曲线存在明显的滞水现象,这种滞后效应对土体力学行为和抗剪强度有着重要的影响。Guan 等[122]、Krahn 等[125]、Rahardjo 等[126]、Kim 等[127]研究了不同吸脱湿条件下不同土质的非饱和状态行为,并分析自然界中许多边坡雨后发生失稳破坏的现象,表明研究吸湿条件下土体抗剪强度的变化具有重要的实际意义。考虑到当前既有研究较多集中于扰动非饱和土的脱湿路径,而且仅仅立足于初始(第一次)吸水和干燥过程,因此,为评估不同土质和不同竖向应力状态对土-水特征曲线的影响,借助应力相关的土-水特征曲线压力板仪装置对两种残积黏性土(取自于福大南门,残积黏性土具有弱膨胀性)和残积砂质黏性土(取自于岁源城关至上楼段公路边坡)以及 3 种竖向应力下(0kPa、50kPa、100kPa)的残积黏性土 SWCC 进行不同的脱水和吸水循环试验,重点分析考虑体变和不考虑体变下各种情况进气值(Air Entry Value)和出气值(Air Expulsion Value)的变化差异以及产生差异的内在原因,并探讨了常用的 3 类预测 SWCC 公式的适用性。

同时,为研究非饱和原状残积黏性土在多次脱吸湿条件下的抗剪强度特性,设计了 3 组不同围压(50kPa、100kPa、200kPa)、3 组不同吸力(50kPa、100kPa、200kPa)和两组吸水过程(1 次吸水、2 次吸水),通过非饱和土三轴排水试验分析应力-应变关系和剪切特性的变化,并从土体结构性、有效应力原理、矿物成分和 SWCC 滞水特性对试验现象进行解释,全面、多角度分析和阐述吸湿循环次数引起的非饱和土抗剪强度变化及其破坏形态的改变。残积黏性土和残积砂质黏性土的基本物理指标和颗粒组成见表 3-1 和图 3-1,图 3-2、图 3-3 分别为压力板仪系统和非饱和土三轴仪。

残积土基本物理指标

表 3-1

残积土层	含水率(%)	干密度(g/cm^3)	孔隙比	相对密度	液限(%)	塑限(%)
1 号黏性土	37.6	1.22	1.22	2.71	51.2	32.5
2 号黏性土	35.0	1.31	1.03	2.67	49.7	35.8
砂质黏性土	15.0	1.48	0.79	2.65	41.4	30.3

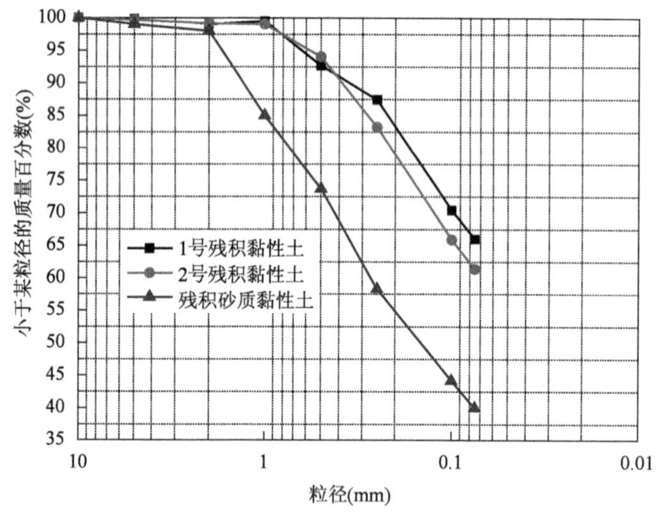

图 3-1　残积土颗粒级配试验结果

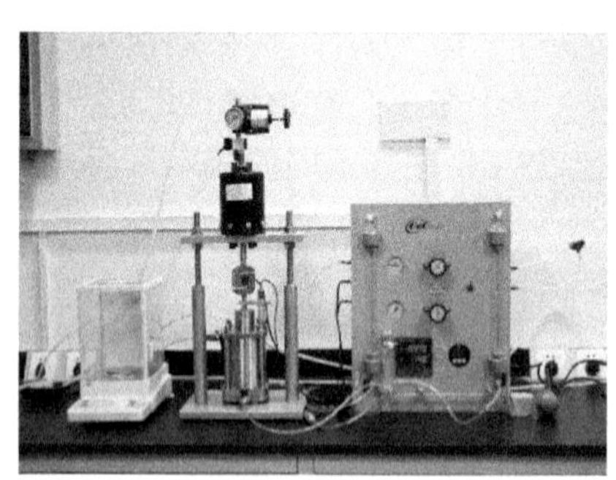

图 3-2　应力相关的土-水特征曲线压力板仪系统

图 3-3　非饱和土三轴仪

边坡浅层土体易受季节性气候变化影响,周期性干湿循环使残积土坡内部孔压分布不断调整,土体长期处于收缩和膨胀的动态循环,残积土原生结构的变化严重影响其抵抗外荷载的能力。降雨作为滑坡、泥石流等地质灾害的主要诱因,连续干湿循环(降雨和蒸发)形成的干缩或冻胀开裂等现象可显著增加土体的可压缩性和水力传导特性，使大量的雨水流入坡体。雨水入渗易引起地下水水位抬升，使饱和区正孔隙水压力增加和基质吸力减小，导致土体抗剪强度衰减，进而影响边坡工程安全。因此，为了考虑气体在降雨过程中对入渗以至稳定性的影响，对1号残积黏性土的渗透性函数、渗气系数及蒸发特性进行试验研究，以确定水-气二相流分析所需数值参数。

3.2　非饱和原状残积土SWCC研究

3.2.1　土-水特征曲线

土-水特征曲线作为非饱和土力学的重要方面，描述了非饱和土在不同吸力情况下的持水能力。非饱和土的力学特性与其SWCC有关。一个完整的SWCC（图3-4）包括脱湿路径和吸湿路径，前者反映的是基质吸力增加导致的水分损失情况，后者反映的是基质吸力减少引起的吸水情况。

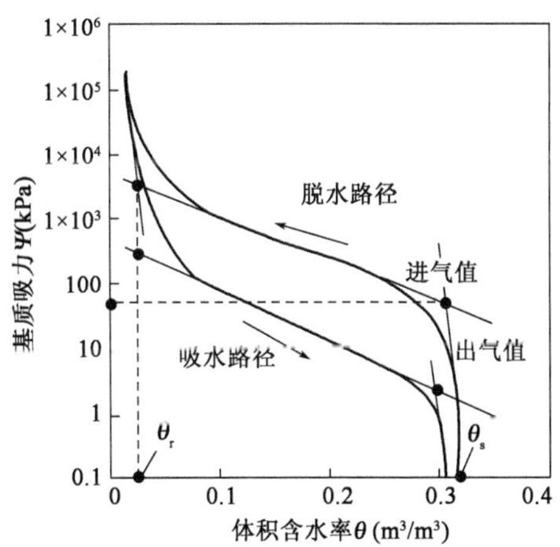

图3-4　典型非饱和土的SWCC（摘自文献[128]）

进气值和出气值是SWCC的两个重要参数，如图3-4所示。一般可采用量化进气值和出气值的方法，即通过在特征曲线的转折点构建双切线来确定，土体在同一基质吸力下脱湿过程中的含水率大于吸湿过程，这种滞后效应主要是由于吸湿和脱湿路径下土颗粒和孔隙水的不同接触角、“墨水瓶”效应和土中残留气泡所引起。影响SWCC的因素有土体本身固有性质[129-135]（包括矿物成分、土粒度成分分布、初始含水率和干密度、土体结构性）、外部环境[136-138]（温湿度及干湿循环）、应力历史和应力状态[135,139-141]等。由压力板仪获得传统的SWCC，一般是不考虑竖向应力和体积变化带来的影响,而实际上土体具有一定的竖向应力,理论上土体所处应力状态对其 SWCC 是有影响的。

3.2.2 土-水特征曲线的测定

为了考虑基质吸力对边坡稳定性的影响,而基质吸力又与土体含水率存在关系,因此需要测定表征这种关系的土-水特征曲线,获得降雨过程基质吸力的变化情况,进而更客观反映安全系数的变化。

土-水特征曲线可以通过多个平衡状态下的吸力及其对应的含水率来绘制,其方法有很多,如滤纸法、张力计法、压力板仪、Tempe 压力盒(也称为压力膜仪)。本书拟利用室内体积压力板仪测定有限数据点,然后利用 Van Genuchten 模型进行拟合的方法获得土-水特征曲线。体积压力板仪采用英国 GDS 公司生产的 Geo-experts 应力相关的土-水特征曲线压力板仪。

3.2.2.1 测定原理

土-水特征曲线的测定原理:对土样施加一定的吸力使土样中的水分逐渐排出或增加直到平衡,然后通过质量变化或水体积变化测量得出相应基质吸力下平衡的土样含水率,进而得到不同基质吸力作用下土样的含水率,将这些有限的数据进行拟合即可得到该土样的土-水特征曲线。

在大气压下测基质吸力,当土样中的负孔隙水压力接近 -1 大气压力,即零绝对压力时,量测系统内的水会汽化(这是因为水的沸点随着压强的降低而降低[142]),汽化水使量测系统内气体体积增加,这样不仅抵消了负压,也使得更多的水从量测系统进入土中,给直接量测造成了困难。在进行土-水特征曲线高基质吸力段量测时,为避免量测系统内出现低于零绝对压力的孔隙水压,常采用轴平移技术。轴平移技术通过施加气压力将基准压力平移,使孔隙水压力能以正的空气压力为量测基准,这样避免了孔隙水压力因接近零绝对压力而出现的汽化现象。试验表明,虽然孔隙气压力和孔隙水压力都平移了,但两者的差值不变,因此吸力保持不变。

压力板仪采用轴平移技术,在使用时,将土样置于密封的试样室内高进气值的饱和陶土板上,然后在试样室内施加一定的气压,从而控制土样的孔隙气压力;土孔隙水压力产生相应的变化,打破了之前的水势平衡状态,因孔隙水压力在陶土板的作用下应与大气压力保持一致,故水流入或排出土中,逐渐与陶土板外水的水势达到平衡,土样含水率通过测量排出或吸入的水体积推求,相应的基质吸力即等于试样室内的气压力。

3.2.2.2 仪器组成

Geo-experts 应力相关的土-水特征曲线压力板仪是一套研究应力相关的土-水特征曲线及其滞后性的装置。对于任何土均可获得不同应力状态下完整的脱湿和吸湿土-水特征曲线,最高基质吸力可达1500kPa,但具体的最大可控基质吸力取决于所用陶土板的进气值。本研究选用的陶土板进气值为500kPa 和1500kPa。

该仪器包括4个主要组成部分:压力板仪组件、压力控制面板、垂直气动加载系统和水体积测量系统。

(1)压力板仪组件。

压力板仪组件包括不锈钢试样室、螺杆、带有高进气值陶土板和冲刷凹槽的底座、环刀、透水石、顶盖、加载杆、压力盒和竖向位移传感器(图3-5)。该组件为土样提供了一个密闭的空间,可通过空气压缩机施加预期的竖向应力和空气压力,实现轴平移技术,并可由与加载杆相连的位移传感器测量竖向位移。

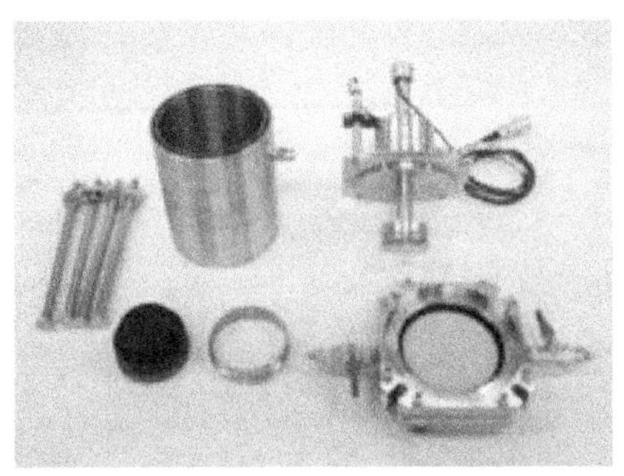

图3-5 压力板仪组件

(2)压力控制面板。

双精度压力表和调节器用于精确控制试样室内施加于土样的气压,如图3-6所示。位于控制面板下部的压力表和调节器可控制的气压范围为3~200kPa,其精度为5kPa;位于控制面板上部的压力表和调节器可控制的气压范围为10~1000kPa,其精度为20kPa。高、低压范围的选择通过转换右侧的按钮向上或向下来实现。电子数字显示器用于显示压力盒(左上)和位移传感器(左下)的读数。

(3)垂直气动加载系统。

如图3-7所示,垂直气动加载系统包括一个加载架、一个双向运动加载汽缸、一个压力表和一个调节器。压力表调节器用于调节加载压力的大小,双向运动加载汽缸上方配有一个按钮,用于控制加载汽缸的运动方向。

(4)水体积测量系统。

集气瓶用于收集可能通过陶土板扩散的空气,上面的水平标志是作为量测水体积变化的参考点;蒸汽饱和器用于使流入试样室的空气完全饱和,防止土中水分的蒸发导致水体积变化量测不准;平衡管用于储水和供水,上面刻有标度线和数字,每一格代表0.01g;量管的设置一方面用于冲刷气泡,另一方面用于存储和提供平衡管中的水，管上也有刻度线，最小格代表0.1g。水体积的变化可通过前后量管和平衡管读数的变化求得。

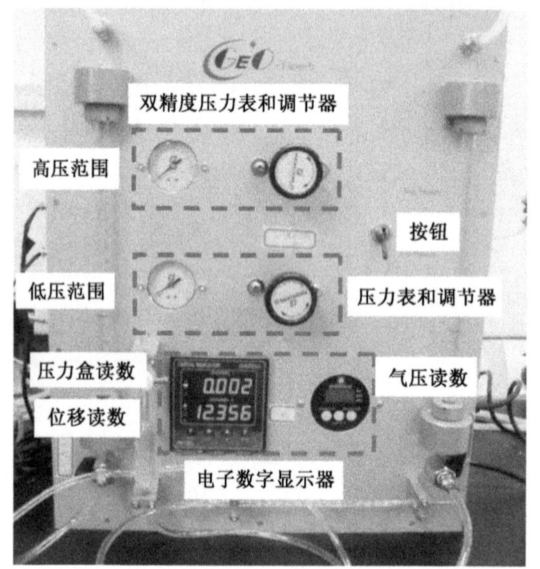

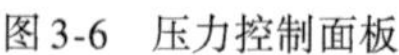
图3-6　压力控制面板

图3-7　垂直气动加载系统

水体积测量系统的连接示意图如图3-8所示，其主要有两个作用：①有效冲刷由于长时间的试验而累积的扩散气泡。②精确测量试验过程中土样内排出或吸入的水体积。

3.2.2.3　操作步骤

应力相关的SWCC试验具体操作步骤如下：

(1)安装、饱和陶土板。

安装陶土板时需对称拧，以防陶土板因受额外应力而破裂；按要求安装陶土板后，将其与底座一同放入饱和缸内抽真空饱和，饱和所用纯水为自来水沸腾20min冷却后获得。检查陶土板的进气值和密封情况，并重新饱和。

(2)饱和、置放试样。

按《土工试验规程》(SL 237—1999)[1]要求对原状样抽真空饱和，随后将其安放至擦干的饱和陶土板表面，确保两者接触良好，然后装配仪器，并密封试样室。

---

❶ 《土工试验规程》(SL 237—1999)2020年5月7日作废。本研究成果为早先取得，故此处仍使用旧规范。

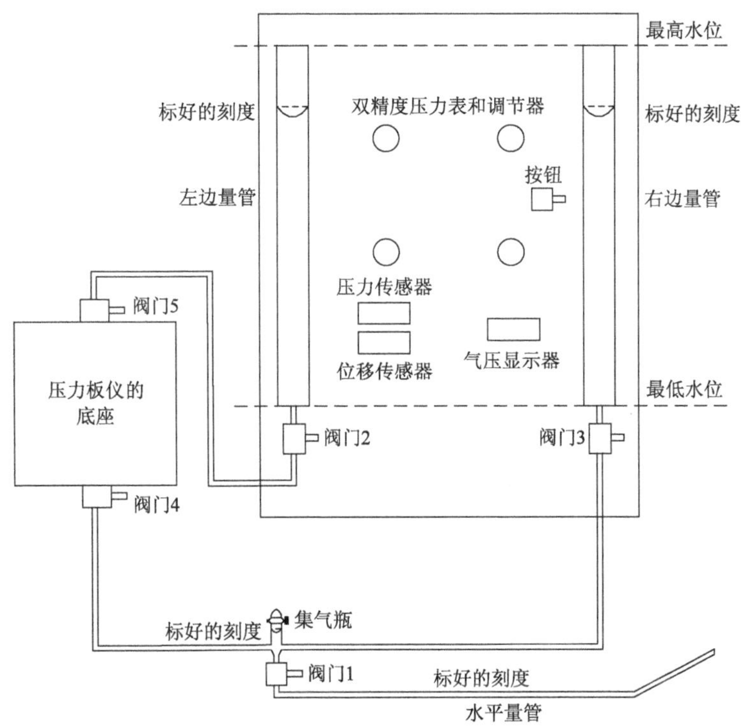

图3-8　水体积测量系统的连接示意图

(3)试样预固结(竖向应力为0时,省去该步骤)。

通过垂直气动加载系统施加目标竖向应力使试样固结,固结过程中应调整调节器,以确保压力盒读数保持不变,应注意目标竖向应力应考虑由顶盖、透水石和加载杆覆盖产生的应力,以及加载杆横截面受到的围压(气压)的影响。

(4)加压脱湿和减压吸湿。

预固结完成后,开始逐级增加气压(2号残积黏性土为0kPa、5kPa、10kPa、25kPa、50kPa、75kPa、100kPa、200kPa、400kPa、600kPa;残积砂质黏性土为0kPa、5kPa、10kPa、25kPa、50kPa、75kPa、100kPa、200kPa、300kPa、400kPa),试样排水;吸湿时,逐级降低气压,试样吸水,并依此循环进行反复干湿循环试验。为了减小水体积变化测量的误差,需不时冲刷系统,去除陶土板底部气泡,整个试验过程中,每12h记录一次数据,平衡标准为24h内排水或吸水量小于试样体积的0.05%[143-144]。值得注意的是,降雨过程土体以吸湿为主,所以本书重点研究吸湿过程1号残积黏性土的土-水特征曲线,对于脱湿过程,则施加以一接近陶土板进气值的气压(450kPa)使土样排水。

(5)拆卸仪器。

拆卸仪器后,立即称量并烘干土样,随后可计算各吸力对应土样的体积含水率或饱和度,最后绘制土-水特征曲线。

3.2.3 试验应注意的问题

3.2.3.1 试样制备及饱和

取原状土做试验时一般采用环刀法,设备配置环刀高度为19mm,也可采用不同形式的环刀。各级气压下水势平衡时间取决于试样的厚度、渗透性和陶土板的渗透性,故为了缩短试验时间,可以适当减小环刀的高度。试样根据不同的渗透系数选择相应的饱和方法和时间。

3.2.3.2 陶土板与平衡管的调平

平衡管是试验过程集水和供水的装置,一端开口与大气连通,另一端通过软管与陶土板相连,从而保证陶土板与平衡管同一高程位置水压一致,均为大气压。试验中一般将陶土板顶面与平衡管位置于同一高程。

3.2.3.3 吸力间隔

残积土在不同气压下出水量差别很大,一般是在小吸力时排水较快,需采用较小的吸力间隔;在大吸力时,排水量越来越小,可放大吸力间隔。但各类土大小吸力的界限不同,具体应根据试验而定。

3.2.3.4 水分蒸发

平衡管和量管均与大气连通,在试验过程中均存在蒸发现象,常常在管中液面以上观察到小液滴,试验时间越长,蒸发量越多,这就导致了水体积变化测量的误差。为了防止大量的蒸发,可在量管的出口安装一根橡皮管,当不使用冲刷功能时进行封闭;平衡管要求与大气实时保持连通,可在其出口处包裹湿布或湿棉花,以防过量蒸发。

3.2.3.5 施加真空

进行气泡冲刷和水体积测量的步骤均需要水的流动,水的流动可通过手泵或可充当手泵功能的洗耳球通过在一根量管端口加压或减压实现。加压时要求压力不能过大,以防空气扩散进入水中,抽真空减压则无此要求,冲刷效果较加压好。在正式试验前,应熟练控制水流动的操作,以免试验过程操作不当水流溢出导致前功尽弃。

3.2.3.6　空气扩散

非饱和土的压力板仪试验历时较长，会使空气通过土样和陶土板中的水扩散，虽然高进气值陶土板阻止了空气，但扩散是无法避免的。空气扩散有两种途径：一种是空气通过饱和或非饱和土中孔隙水的流动；另一种是空气通过高进气值饱和陶土板中水的流动。其扩散机理是空气在浓度梯度的作用下，由高浓度的区域溶解于低浓度的水中，随后在陶土板底部从水中逸出，集中在底部，这将使水体积变化的量测产生误差，也迫使被取代的水向上回到土样中[145]。特别是在高吸力（>300kPa）时，空气扩散作用很强烈。因此，在试验过程中，应经常冲刷系统，将空气带入集气瓶中，排除扩散的空气。

对扩散空气的冲刷是关键步骤，但是在冲刷过程中，易出现以下问题：

（1）当气泡从底板流入软管又流回底板时，有几次难以排出。

（2）有些气泡更倾向于从另一个无集气瓶装置的孔口流出，而这一端则难以有效排除气泡。

（3）底板出流孔与集气瓶之间软管较长，气泡黏滞在管中的可能性增加，而此类气泡常常难以排出。

前面三点如果给定足够长时间是可以克服的，但此过程土样水势趋于与量管水的水势平衡，而不是平衡管水势，时间一长，则影响土样的脱、吸水过程，也影响试验效率。

为了避免上述问题，可当扩散气泡一从底板出流孔排出时便进行收集、排除，这样能够提高除气的效果和效率。因此，可在不影响原先仪器合理摆放位置的前提下，参照集气瓶的装置定制两个集气瓶，安装在底板的两个出流孔附近。

3.2.4　试验结果与分析

试验过程中，每级压力下当24h内排水或吸水量小于试样体积的0.05%时即认为试样水势达到平衡状态，此时记录下读数，减压至下一级。1号残积黏性土的试验结果见表3-2。

压力板仪试验原始数据　　表3-2

湿土和环刀总重（g）	干土和环刀总重（g）	含水重量（g）	体积含水率（cm^3/cm^3）	基质吸力（kPa）
132.045	119.156	12.889	0.21	450
132.564		13.408	0.22	300
133.662		14.506	0.24	200

续上表

湿土和环刀总重(g)	干土和环刀总重(g)	含水重量(g)	体积含水率(cm^3/cm^3)	基质吸力(kPa)
134.672	119.156	15.516	0.26	155
136.622		17.466	0.29	100
138.035		18.879	0.31	75
140.113		20.957	0.35	50
141.284		22.128	0.37	40
142.578		23.422	0.39	30
144.130		24.974	0.42	20
145.215		26.059	0.43	15
147.027		27.871	0.46	10
149.022		29.866	0.50	5
152.744		33.588	0.56	0

利用VG模型拟合体积含水率和基质吸力间的关系曲线，如图3-9所示。VG模型拟合参数见表3-3。

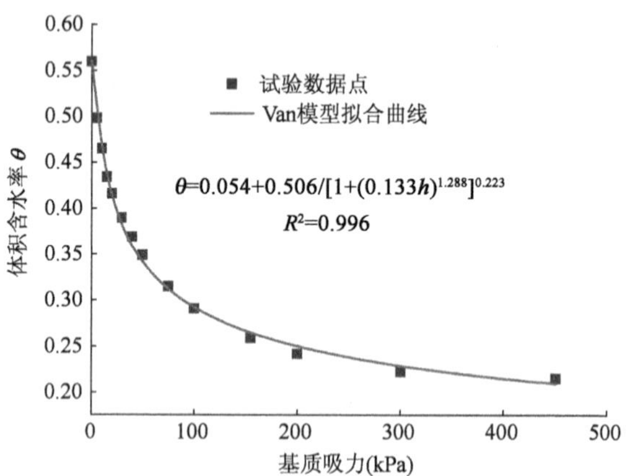

图3-9　VG模型拟合体积含水率和基质吸力间的关系曲线

VG模型拟合参数　　表3-3

土　样	α	n	m	θ_s	θ_r
1号残积土黏性土	0.133	1.288	0.223	0.560	0.054

3.2.4.1　不同计算方法的 SWCC 比较

图 3-10 为未考虑和考虑体变下 2 号残积黏性土 SWCC 的比较。

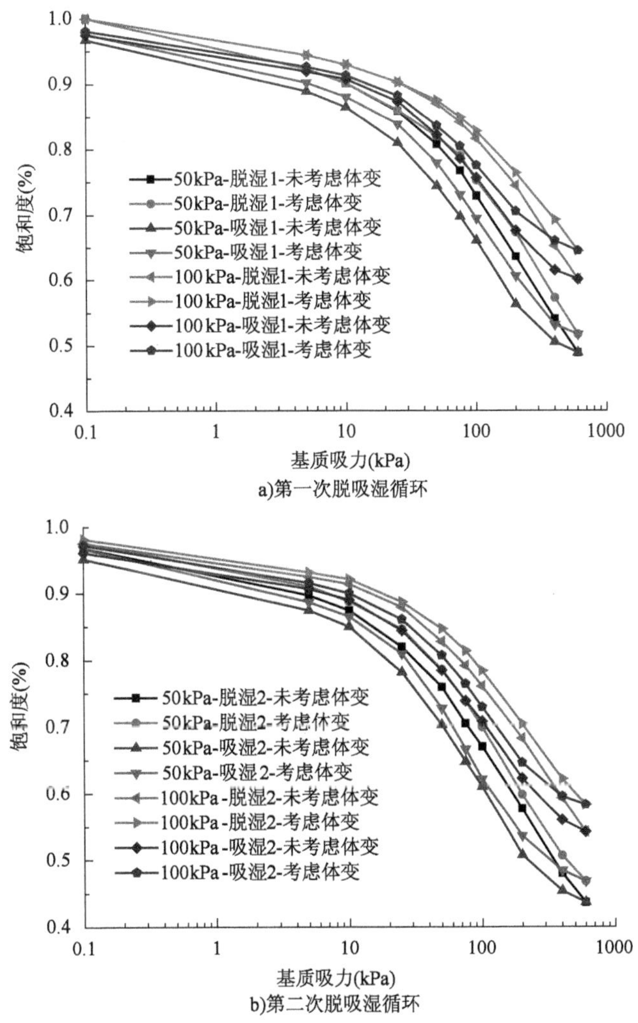

图 3-10　未考虑和考虑体变下 2 号残积黏性土 SWCC 的比较

图 3-10 表明,第一次脱湿过程中,净法向应力分别为 50kPa 和 100kPa 的残积黏性土在吸力为 25kPa 前的饱和度(含水率)皆无明显不同,而吸力在 25～600kPa 时,考虑体变的 SWCC 显然高于不考虑体变的 SWCC,因此,通过忽略体积减小的估算 SWCC 方法明显低估了土样内部的含水率或饱和度,具有更低的

进气值，随着吸力的增加，土体具有更高的排水速度；而在随后的吸湿过程或是再次脱湿和吸湿过程中，考虑体积变化和未考虑体积变化的脱湿和吸湿曲线与第一次脱湿曲线明显不同，这种差别反映了随后试验中土样发生不同程度的变形。总体上看，考虑体积变化的 SWCC 滞回圈面积比未考虑体变的小，即未考虑体积变化的传统分析得出的 SWCC 会高估土体受外界影响产生的变形；100kPa 围压下的脱吸湿曲线变化幅度比 50kPa 围压的小，土样上覆应力越大，土样的平均孔隙大小越小，土样刚度越大，土样整体抵抗变形的能力也越强。

3.2.4.2 不同条件下的 SWCC 比较

图 3-11 为不同条件下 2 号残积土 SWCC 的比较。从图中可以看出，无论应力大小为何值，脱水过程和吸水过程间存在明显的滞水现象[图 3-11a)]，第二次吸脱湿循环的滞回曲线的大小明显小于第一次吸脱湿循环，且低吸力情况下的饱和度也低于第一次吸排水过程，在减小吸力的吸水过程中，因土中有滞留封闭气泡而导致土体无法达到完全饱和状态（即饱和度为 1）；吸力和减饱和特性的关系与吸湿和脱湿历史有关，第一次排水速率会稍高于第二次排水速率，这主要由于经过第一次吸水时，土体体积发生改变，土体原始结构破坏导致土样的初始大孔隙比减小，使第二次排水速率减小；第一次吸水特性与第二次吸水特性也有所不同，这种变化可能与第一次和第二次排水后土体结构改变有关，排水时土体内部成分会初始聚合形成胶结物，聚合体间会形成一些相对较大的内部孔隙（Miller，2002），这些孔隙的存在会在一定程度上降低土样在第二次吸湿路径内的吸水速率，从而具有更低的饱和度。

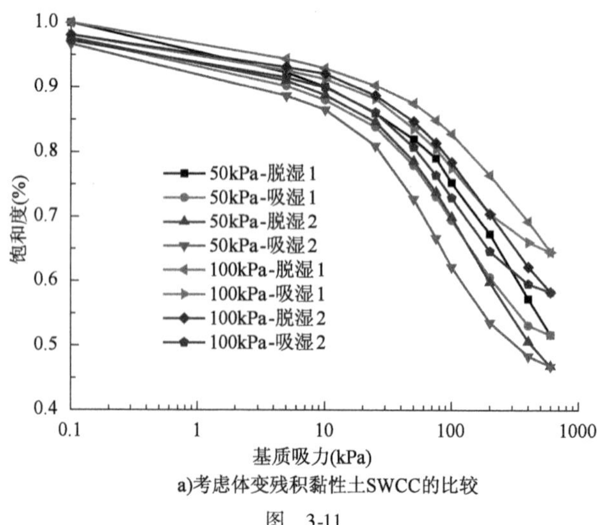

a)考虑体变残积黏性土SWCC的比较

图 3-11

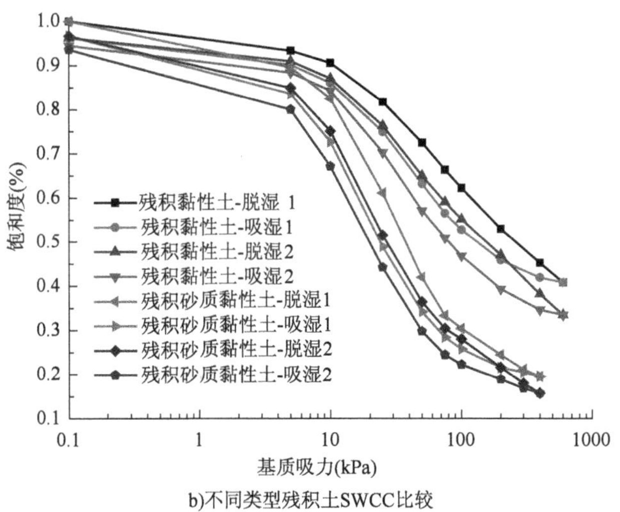

b)不同类型残积土SWCC比较

图 3-11 不同条件下 2 号残积土 SWCC 的比较

残积砂质黏性土的颗粒相对较大而且尺寸也较接近,孔隙均匀意味着所有孔隙在很窄的负孔隙水压力期间内就可以排水,从而导致它的 SWCC 函数的斜率会比残积黏性土陡,而残积黏性土孔隙尺寸会比较不均匀,饱和度函数斜率会相对平缓些[图 3-11b)],另外注意到,残积砂质黏性土在高吸力部分区域的曲线段发生明显的转折,即与残积黏性土的 SWCC 相比,残积砂质黏性土的残余含水率(饱和度)会相对比较明显。

3.2.4.3 不同应力状态的 SWCC 比较

图 3-12 为考虑体积变化的不同应力状态对 2 号残积黏性土 SWCC 的影响。土体上覆应力越大,土样因孔隙比的减小会具有更强的持水能力,进气值增加;应力水平越大,SWCC 滞回圈面积越小,滞水效应降低,可以预见应力水平增大到某个值后,滞水效应将越不明显,高应力水平下的土体内部孔隙大小和分布会趋于稳定的结构状态,此时施加更大的竖向应力对 SWCC 影响不大。

由于胶结作用减弱,颗粒间的胶结物会发生错动,然后形成新的结构,而排水过程中,土骨架收缩促使土体结构再受扰动,土中小孔隙会连通和加深,土体大孔隙数量增加,因此,第一次循环产生的滞回圈面积和进气值均大于第二次循环,并且随循环次数的增加,这种变化会因土体内部结构的调整而减小。上述分析表明,经历不同应力状态作用和不同脱吸湿阶段后,引起的土体内部结构改变是导致 SWCC 发生变化的根本原因,土体内部结构的改变反映了土体内部孔隙变化和颗粒位置的调整,一旦内部结构调整达到最终稳定状态,土体 SWCC 将不会因外部条件的变化而发生明显的改变。

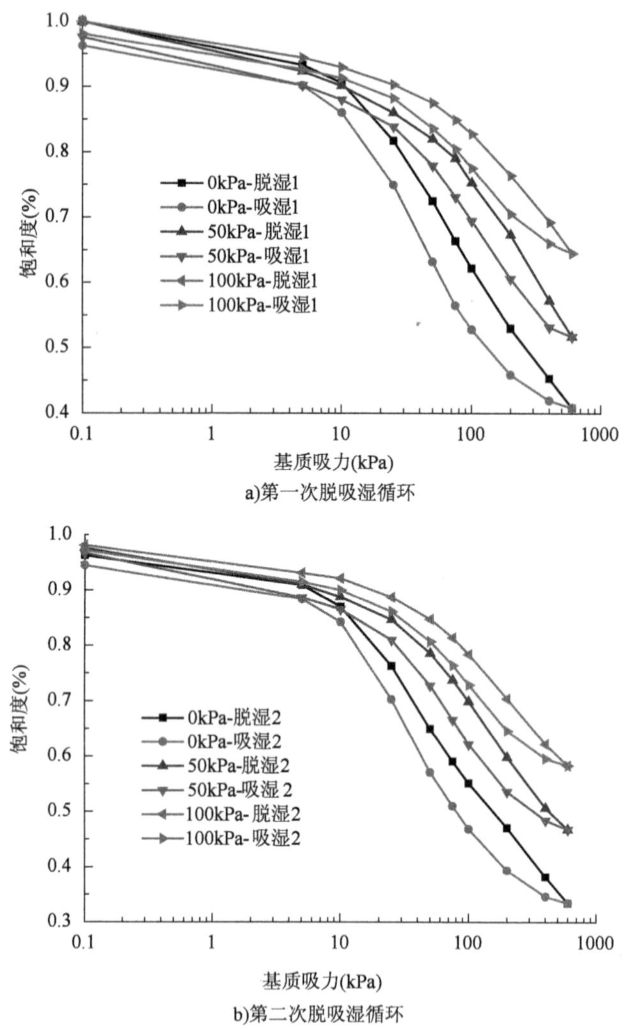

图 3-12　不同应力状态对 2 号残积黏性土 SWCC 的影响(考虑体积变化)

3.2.4.4　进气值和出气值分析

各情况下土体的进气值(AEV)和出气值(AExV)大小可见图 3-13 和表 3-4。考虑到残积黏性土孔隙分布较宽,土颗粒间的大孔隙容易被细粒(黏粒或粉粒)填满,使残积黏性土的大孔隙整体上小于残积砂质黏性土,这样就需要更高的负孔隙水压力才能将水排出土外,也就增加了残积黏性土的进气值(AEV_1 和 AEV_2

分别为 18kPa 和 14kPa)，而残积砂质黏性土孔隙大且接近，在相对低的负孔压下水较易排出，相应的进气值也就较小(AEV_1 和 AEV_2 分别为 12kPa 和 10kPa)。

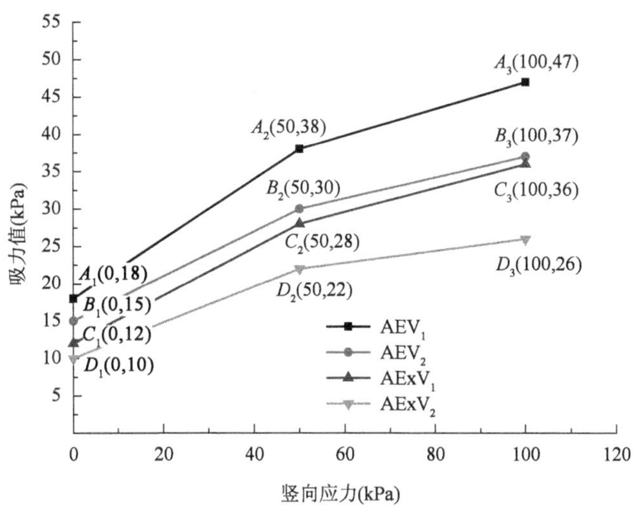

图 3-13　不同应力水平下残积土的 AEV 和 AExV 的变化趋势

残积土的进气值和出气值　　表 3-4

围压(kPa)		参数	脱湿 1(kPa)	吸湿 1(kPa)	脱湿 2(kPa)	吸湿 2(kPa)
0	2 号残积黏性土	AEV	18	—	15	—
		AExV	—	12	—	10
	残积砂质黏性土	AEV	9	—	7	—
		AExV	—	6	—	5
50(考虑体变)		AEV	38	—	30	—
		AExV	—	28	—	22
100(考虑体变)		AEV	47	—	37	—
		AExV	—	36	—	26

净法向应力越大的土体的 AEV 和 AExV 越大，且随干湿循环的增大，AEV 和 AExV 的增速有减缓的趋势，低竖向应力下(0 ~ 50kPa) AEV_1 和 $AExV_1$ 以及 AEV_2 和 $AExV_2$ 的改变不一致，分别增加约 1. 11 倍和 1. 33 倍以及 1 倍和 1. 2 倍，而高应力状态下(50 ~ 100kPa) AEV_1 和 $AExV_1$ 以及 AEV_2 和 $AExV_2$ 分别增加约 0. 24 倍和 0. 29 倍以及 0. 23 倍和 0. 18 倍。

众所周知，脱湿过程主要受窄的通道和土中多孔介质通道的细小孔隙控制，而吸湿过程主要受大孔隙尺寸影响。大孔隙尺寸易受净应力水平的影响，有效应力越大，土中大孔隙的变化越显著[146]。因此，高应力状态对吸湿过程的影响更显著，如图 3-13 所示，上覆应力水平为 50kPa 和 100kPa 时，第一次脱湿（A_2、A_3 点）和吸湿（C_2、C_3 点）间的变化幅度分别为 10kPa 和 11kPa，第二次脱湿（B_2、B_3 点）和吸湿（D_2、D_3 点）间的变化幅度分别为 8kPa 和 11kPa；土样上覆应力为零时，第一次脱湿（A_1 点）和吸湿（C_1 点）间的变化幅度为 6kPa，第二次脱湿（B_1 点）和吸湿（D_1 点）间的变化幅度为 5kPa，显然均比高应力水平点的变化幅度低。高应力状态下土体在吸湿和脱湿路径时 SWCC 形状的不平等变化促使彼此间更为接近，如图 3-10 所示的滞回圈面积无论是第一次吸脱湿还是第二次吸脱湿循环，皆表现出随上覆应力的增加而减小，也就是说，这种变化会减小 SWCC 滞后性随有效应力水平的变化。

3.2.4.5 SWCC 模型研究

体积含水率（饱和度）函数作为非饱和土瞬态分析中必须给出的参数，有时比较难获取或不能及时取得，那么就必须用一些拟合参数的闭合解定义该曲线，以此获得该函数的估算值。不同 SWCC 模型（如：Brooks-Corey 模型[108]、Gardner 模型[109]、Van Genuchten 模型[110]、Fredlund-Xing 模型[111]、Williams 模型[147]和 Farrell 模型[148]等）中所采用的拟合参数往往取决于土体的基本物理性质（孔隙分布、进气值等），较为常见的拟合参数有 3 个。根据已获取的 SWCC，研究区的残积土均呈非典型 S 形曲线，按照图 3-4 给出的确定残余含水率 θ_r 的方法，可知残积土的残余含水率不容易确定。因此，若不考虑残余含水率的影响，原始 3 参数 Gardner 模型和 4 参数 VG 模型、FX 模型可分别修正为：

Gardner 模型[109]：
$$\theta = \theta_r + \frac{\theta_s - \theta_r}{1 + a\varphi^b} \tag{3-1}$$

Gardner 修正模型：
$$S_r = \frac{1}{1 + a\varphi^b} \tag{3-2}$$

VG 模型[110]：
$$\theta = \theta_r + \frac{\theta_s - \theta_r}{\left[1 + \left(\dfrac{\varphi}{a}\right)^b\right]^c} \tag{3-3}$$

VG 修正模型：
$$S_r = \frac{1}{\left[1 + \left(\dfrac{\varphi}{a}\right)^b\right]^c} \tag{3-4}$$

FX1 模型[111]：
$$\theta = \theta_r + \frac{\theta_s - \theta_r}{\left\{\ln\left[e + \left(\frac{\varphi}{a}\right)^b\right]\right\}^c} \tag{3-5}$$

FX1 修正模型：
$$S_r = \frac{1}{\left\{\ln\left[e + \left(\frac{\varphi}{a}\right)^b\right]\right\}^c} \tag{3-6}$$

FX2 模型[111]：
$$\theta = \left[1 - \frac{\ln\left(1 + \frac{\varphi}{\varphi_r}\right)}{\ln\left(1 + \frac{10^6}{\varphi_r}\right)}\right] \frac{\theta_s}{\left\{\ln\left[e + \left(\frac{\varphi}{a}\right)^b\right]\right\}^c} \tag{3-7}$$

FX2 修正模型：
$$S_r = \left[1 - \frac{\ln\left(1 + \frac{\varphi}{\varphi_r}\right)}{\ln\left(1 + \frac{10^6}{\varphi_r}\right)}\right] \frac{1}{\left\{\ln\left[e + \left(\frac{\varphi}{a}\right)^b\right]\right\}^c} \tag{3-8}$$

上述式中：θ、θ_r 和 θ_s——体积含水率、残余体积含水率和饱和体积含水率；

S_r——饱和度；

φ、φ_r——基质吸力和残余基质吸力；

e——自然对数；

a、b、c——拟合参数。

为验证上述 4 种修正模型的适用性，通过假定基质吸力与饱和度具有一定的因果关系，采用判定系数来表征拟合效果好坏的一个量化指标，判断修正模型和样本实测值的拟合优度，具体公式如下：

$$R^2 = \frac{\text{ESS}}{\text{TSS}} = 1 - \frac{\text{RSS}}{\text{TSS}} = 1 - \frac{\sum (S_{ri} - \hat{S}_{ri})^2}{\sum S_{ri}^2} \tag{3-9}$$

式中：S_{ri}——实测的饱和度；

$\hat{S}_{ri}$——修正模型拟合的预测值。

表 3-5 为 SWCC 修正模型拟合结果及得分表，模型得分值根据拟合相似度的大小来确定，同一个编号的 4 个拟合相似度按照由高到低的顺序，确定分值依次为 4、3、2、1。总体上看，4 种模型的 R^2 均大于 0.95，拟合效果均较好；根据统计结果，拟合结果的好坏程度分别为 FX2 > VG > Cardcn > FX1，总分依次为 77、69、60、34，也就是说，FX2 模型用于模拟残积土 SWCC 曲线精度最高，VG 模型和 Garden 模型次之，FX1 模型稍差；但从模型的参数上看，修正的 VG 模型和

Garden模型参数显然比 FX2 模型简单，且公式简便，因此根据拟合优度分析结果，对于研究区原状残积土的土-水特征曲线，可优先依次选用修正的 VG 模型和 Garden 模型进行模拟。

各修正 SWCC 模型拟合相似度及得分表 表 3-5

编　号	Garden		VG		FX1		FX2	
	R^2	得分	R^2	得分	R^2	得分	R^2	得分
A-0-d-1	0.9958	1	0.9991	4	0.9960	2	0.9979	3
A-0-w-1	0.9699	1	0.9897	2	0.9927	3	0.9952	4
A-0-d-2	0.9772	1	0.9970	3	0.9939	2	0.9972	4
A-0-w-2	0.9662	1	0.9892	2	0.9915	3	0.9947	4
A-50-d-1-N	0.9986	4	0.9959	2	0.9846	1	0.9983	3
A-50-w-1-N	0.9899	2	0.9927	4	0.9820	1	0.9921	3
A-50-d-2-N	0.9972	4	0.9939	3	0.9779	1	0.9936	2
A-50-w-2-N	0.9884	2	0.9944	4	0.9803	1	0.9930	3
A-50-d-1-Y	0.9966	4	0.9874	2	0.9732	1	0.9932	3
A-50-w-1-Y	0.9912	3	0.9883	2	0.9823	1	0.9959	4
A-50-d-2-Y	0.9974	4	0.9932	2	0.9777	1	0.9967	3
A-50-w-2-Y	0.9894	2	0.9939	4	0.9826	1	0.9919	3
A-100-d-1-N	0.9981	4	0.9914	2	0.9818	1	0.9939	3
A-100-w-1-N	0.9899	3	0.9907	4	0.9797	1	0.9896	2
A-100-d-2-N	0.9964	4	0.9856	2	0.9781	1	0.9938	3
A-100-w-2-N	0.9916	4	0.9884	2	0.9785	1	0.9910	3
A-100-d-1-Y	0.9972	4	0.9901	3	0.9772	1	0.9899	2
A-100-w-1-Y	0.9895	2	0.9926	4	0.9778	1	0.9905	3
A-100-d-2-Y	0.9973	4	0.9916	2	0.9829	1	0.9950	3
A-100-w-2-Y	0.9852	1	0.9899	4	0.9859	2	0.9889	3
B-0-d-1	0.9776	2	0.9936	3	0.9892	1	0.9996	4
B-0-w-1	0.9694	1	0.9886	3	0.9875	2	0.9977	4
B-0-d-2	0.9844	1	0.9954	3	0.9944	2	0.9982	4
B-0-w-2	0.9740	1	0.9857	3	0.9848	2	0.9952	4
总分	60		69		34		77	

注：A/B-C-D-I-E 中，A/B 分别代表残积黏性土/砂质黏性土，C 为上覆应力值，D 为吸(w)/脱(d)湿，I 为循环次数，E 为考虑体变(Y)/不考虑体变(N)。

3.3 非饱和原状残积土抗剪强度研究

土体抗剪强度作为土力学和岩土工程的核心部分,在进行工程问题选址(包括地基承载力、侧向土压力、斜坡稳定等)和涉及外荷载作用下土体的稳定性时,需要对其有深刻的理解。土体的抗剪强度可定义为:内外应力作用下土体沿破坏面具有的单位面积上最大的内部阻力。实际上,天然土体受环境条件变化的影响,造成孔隙水压力分布不断变化,土体发生收缩和膨胀的动态循环,土体原生结构的改变使其抵抗外荷载能力不断调整,因此,开展针对多次干湿循环下土体形变路径发生改变引起的抗剪强度变化的研究具有重要的意义。

3.3.1 抗剪强度公式

在建立非饱和土各控制方程(热传导方程、本构方程、渗流方程和平衡方程等)的过程中,应选择尽可能少的独立状态变量来描述,但影响非饱和土的因素有很多(吸力、饱和度、温湿度等),因此,状态变量的选择并不是唯一的,应有理论和科学依据。Gens 等[149]指出:本构方程内变量的选择不是中立的,而应选择对本构关系发展(研究问题类型)有本质影响的变量,土体变形和强度是土体应力状态的反映,非饱和土是多相多孔隙介质,如何对其应力状态进行描述是十分重要的。

Bishop 的单值有效应力公式[150]和 Fredlund 的双应力状态变量[151]最具有代表性,公式分别为:

$$\sigma'_{ij} = \sigma_{ij} - u_a\delta_{ij} + \chi(u_a - u_w)\delta_{ij} \tag{3-10}$$

$$\sigma^*_{ij} = \sigma_{ij} - u_a\delta_{ij};s = u_a - u_w \tag{3-11}$$

式中:σ'_{ij}、σ_{ij}、u_a、u_w——非饱和土有效应力张量、总应力张量、孔隙气压力和孔隙水压力;

χ——有效应力参数,与饱和度和应力路径有关;

σ^*_{ij}——净总应力张量;

s——基质吸力;

δ_{ij}——kronecker 记号。

用以描述非饱和土三轴应力状态的净平均应力(p)、偏应力(q)表达式为:

$$p = (\sigma_1 + \sigma_2 + \sigma_3)/3 - u_a;q = \sigma_1 - \sigma_3$$

式中:$\sigma_i(i=1,2,3)$——3 个主应力。

Bishop 和 Blight(1963)基于有效应力原理提出的非饱和土扩展 MC 破坏准

则抗剪强度公式和 Fredlund 等(1978)基于双应力状态变量(如:净应力和基质吸力)提出的抗剪强度公式,作为非饱和土抗剪强度两个主要公式,具体的抗剪强度公式如下。

(1)Bishop 等提出的抗剪强度公式[152]:

$$\tau_{\mathrm{f}} = c' + [(\sigma_n - u_{\mathrm{a}}) + \chi(u_{\mathrm{a}} - u_{\mathrm{w}})]\tan\varphi' \tag{3-12}$$

式中:τ_{f}——非饱和土抗剪强度;

$\sigma_n - u_{\mathrm{a}}$——破坏包线的净法向应力;

c'、φ'——有效黏聚力、有效内摩擦角;

$u_{\mathrm{a}} - u_{\mathrm{w}}$——基质吸力;

χ——有效应力参数。

有效应力参数表达式是饱和度或基质吸力的函数,其表达式可通过数学方法和试验数据拟合获取。对于传统的三轴试验,依据 MC 破坏准则,结合大净法向应力、小净法向应力和基质吸力的值,可将有效应力参数表达为下式:

$$\begin{aligned}\chi_{\mathrm{f}} &= \frac{(\sigma_1 - \sigma_3)_{\mathrm{f}} - (\sigma_3 - u_{\mathrm{a}})_{\mathrm{f}}\tan^2\left(45° + \dfrac{\varphi'}{2}\right) - 2c'\tan\left(45° + \dfrac{\varphi'}{2}\right)}{2(u_{\mathrm{a}} - u_{\mathrm{w}})\tan\left(45° + \dfrac{\varphi'}{2}\right)\tan\varphi'} \\ &= \frac{(\sigma_1 - \sigma_3)_{\mathrm{f}} - (\sigma_3 - u_{\mathrm{a}})_{\mathrm{f}}\tan^2\left(45° + \dfrac{\varphi'}{2}\right) - 2c'\tan\left(45° + \dfrac{\varphi'}{2}\right)}{2(u_{\mathrm{a}} - u_{\mathrm{w}})\left[\tan^2\left(45° + \dfrac{\varphi'}{2}\right) - 1\right]}\end{aligned} \tag{3-13}$$

而 Khalili 和 Khabbaz(1998)认为将有效应力参数视为饱和度的做法与试验数据有较大出入,并提出另外一个表征有效应力参数的表达式[153]:

$$\chi_{\mathrm{f}} = \begin{cases}\left(\dfrac{u_{\mathrm{a}} - u_{\mathrm{w}}}{u_{\mathrm{e}}}\right)^{-0.55} & u_{\mathrm{a}} - u_{\mathrm{w}} > u_{\mathrm{e}} \\ 1 & u_{\mathrm{a}} - u_{\mathrm{w}} \leqslant u_{\mathrm{e}}\end{cases} \tag{3-14}$$

式中:u_{e}——出气值或进气值。

(2)Fredlund 等提出的具有两个独立应力变量(净法向应力和基质吸力)的抗剪强度公式表达式为[106]:

$$\tau_{\mathrm{f}} = c' + (\sigma_n - u_{\mathrm{a}})\tan\varphi' + (u_{\mathrm{a}} - u_{\mathrm{w}})\tan\varphi^b \tag{3-15}$$

式中:φ^b——抗剪强度-基质吸力破坏面的斜率,可称为吸力摩擦角。

3.3.2 非饱和土三轴试验步骤

非饱和土三轴试验步骤具体如下:

(1)试验前应确保陶土板底座呈饱和状态,施加 30kPa 左右的反压(反压值须小于 50kPa),打开孔压传感器端阀门,排出底座内部和管路中的气泡,然后关闭阀门,直至陶土板表面完全被纯水所覆盖。

(2)安装饱和试样。装样时应注意减小对试样的扰动,装试样帽前应用毛刷将橡皮膜与土样间气泡赶出,顶帽连接管应旋转缠绕在土样周边,以免和内压力室触碰,试样装完后应清理多余的泥浆。

(3)安装内压力室。安装前为防漏水,应在底座内密封圈涂上硅脂,并将湿差压传感器与内室参照管相连;为避免试验过程中产生大量气泡,应选择从内室管道给内室注纯水,利用吸球沿参照管壁给参照管注水,应注意接头处是否漏水,打开差压传感器上部堵头,排尽管路气泡,一旦堵头处无水流出,可用吸耳球施加一定压力来解决。除尽气泡后参照管水位保证大约在 2/3 位置,内压力室水位在细管中间位置。

(4)安装外压力室并注水。外室安装前为避免安装时加载杆挤压、损坏试样,应松开加载杆顶部固定螺钉,顺时拧动滑动螺母,使加载杆上移,并用抹布擦净、拭干通道环;外室安装时注意勿让加载杆碰撞内室,并确保加载杆与顶帽对正。若没有对正,可先挪动外室让加载杆先和顶帽对正,然后逆时针拧动滑动螺母降低加载杆高度,注意不要让两者完全接触,再将外室对正,最后通过螺栓固定外室;外室注水时应打开外室顶部排气孔,水位应高于试样,但不能淹没内室。

(5)加压检查、传感器清零和试样接触。加压前检查外部阀门是否关闭,将气压管路断开并打开阀门,随后施加 20kPa 围压用以观察外室是否密封和漏水,然后将轴向力、体变和位移传感器读数清零,最后拧动螺栓使加载杆和试样接触,接触力为 5N。

(6)设置试验条件。非饱和试验包括固结、吸力平衡和剪切三个过程,通过 4D 应力路径进行压力设置前,为保护设备并确保接触,应保证轴向压力 > 径向压力 > 孔隙气压 > 反压(轴压比围压大 5kPa),饱和试样进行排水固结时应将气压通道断开,避免水回流进入气压管路,固结平衡标准[154]为反压体积 2h 不超过 0.05mm^3,轴向应变不超过 0.01mm/h,固结时间不小于 24h;固结完成后进行吸力平衡,保持孔隙水压力为零,增加孔隙气压力,并同步增加围压值,并根据设计目的进行反复干湿循环试验,并控制脱湿最大吸力为 400kPa,吸力平衡标准[155]采用 24h 内失水或吸水质量小于试样体积的 0.05%(反压体积变化);采用轴向应变控制(最大应变为 25%)进行等吸力排水剪切试验,试验时保持固结力和吸力不变,剪切速率为 0.0038mm/min。

(7)压力卸载、拆卸外内室和试样。试验完毕后须卸载压力,卸压时应由内向外进行(顺序是反压、孔隙气压、轴压和围压),在卸载围压时可同步打开内外压力室排水阀,借助压力作用加快排水过程;卸载完成后应卸掉孔隙气压力管路,拧松加载杆顶部螺栓,使加载杆和试样分离;拧松螺栓卸载外室时避免与内室发生碰撞,拔出参照管两侧管路,取出内室时应慢慢摇动、缓慢取出,注意不应用力过猛;拆试样时先拆底部橡皮筋,在压力室外进行拆试样帽工作,随后清洗陶土板、底座和试样帽,并在陶土板上面覆盖一层水,以减少下次陶土板达到饱和的时间。

3.3.3 三轴试验成果分析

3.3.3.1 非饱和土剪切特性的变化

2 号非饱和残积黏性土三轴试验的应力-应变关系曲线(图 3-14)及其剪切破坏形态(图 3-15)表明:

(1)第一次吸湿,低围压(50kPa)、低吸力(50kPa)作用下土体剪切峰值强度/残余强度为 144kPa/103kPa,应变软化现象明显[图 3-14a)],土体剪胀,破坏形态如图 3-15b)所示;而高围压(200kPa)、高吸力(200kPa)作用下土体剪切峰值强度/残余强度为 318kPa/308kPa,偏应力达到峰值后略有下降,应变软化现象不显著,但有剪切面形成,破坏形态如图 3-15c)所示。

(2)第二次吸湿,无论是低围压、低吸力还是高围压、高吸力作用,土体剪切过程中的应力-应变关系皆有显著软化现象[图 3-14a) ~ c)]。围压 50kPa,吸力 50kPa、100kPa、200kPa 时的剪切峰值强度/残余强度分别为 140kPa/98kPa、185kPa/159kPa、268kPa/245kPa,而围压 200kPa,吸力 50kPa、100kPa、200kPa 时的剪切峰值强度/残余强度分别为 311kPa/264kPa、356kPa/290kPa、441kPa/359kPa,即高吸力、高围压作用下土体易发生剪胀,达到峰值偏应力后下降明显[图 3-14c)],并伴有明显剪切面,破坏形态如图 3-15d) ~ f)所示。

(3)非饱和土在第一次脱湿和第一次吸湿路径下的应力-应变关系曲线和破坏形态有所不同[图 3-14d)]。同一吸力、围压下,脱湿路径土体的破坏应力会高于吸湿土体(如:吸力、围压皆 200kPa,脱湿、吸湿路径下的剪破应力分别为 459kPa、445kPa),并且脱湿路径土体呈现应变硬化的破坏形态[图 3-15a)],土体剪缩、破坏面不明显。

非饱和土三轴实验的剪切初期,试样表现出较明显的弹性特征,达到峰值应力后应力-应变曲线为非线性,此时为塑性变形阶段。土体周边约束作用不强时，颗粒间的胶结作用会随偏应力的增加而逐渐丧失，颗粒间的错动或脱离咬合状态引起的摩擦力增大不明显，此时主要由土骨架的结构强度发挥作用，表现为软化现象；而当土体周边有很强的约束时，偏应力作用下土颗粒间挤密或因脱离咬合而增加的摩擦力（即摩擦强度）占有优势，一旦达到其破坏应变时，土体在剪切面形成前仍具有较强抵御外部荷载作用的能力，土体强度增大，表现出收缩和硬化的特性，并且无明显的剪切面。因此，土体的结构强度和摩擦强度的发挥程度取决于其外部所受的约束条件。一般来说，低围压下土体剪切表现出较低的破坏应力和应变软化现象，而高围压下会表现出较高的破坏应力和应变硬化特性（第一次吸湿路径下）。

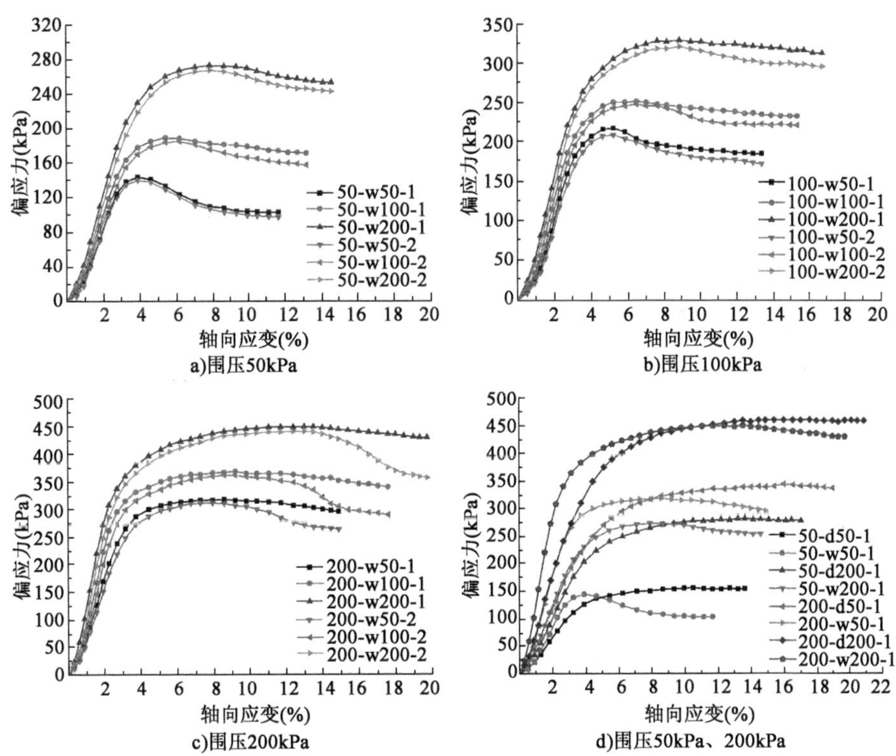

图 3-14 2 号非饱和残积黏性土三轴试验的应力-应变关系图

3.3.3.2 脱吸湿路径下土体强度分析

残积黏性土脱湿路径下的抗剪强度会大于吸湿路径［图 3-15d）中脱湿路径下的破坏应力大于吸湿路径］，这可归因于 SWCC 的水力滞回特性。同一吸力下，吸湿过程中的固液接触角大于脱湿路径下的接触角，接触角越大，持水性能越弱;同一吸力下,减饱和路径的土体含水率高于增饱和过程中的含水率,高含水率土体内部具有更大的土颗粒与水的接触面积[165],这有利于增强土体的抗剪强度。因此,脱湿路径下残积黏性土的峰值抗剪强度会低于吸湿路径的峰值抗剪强度。

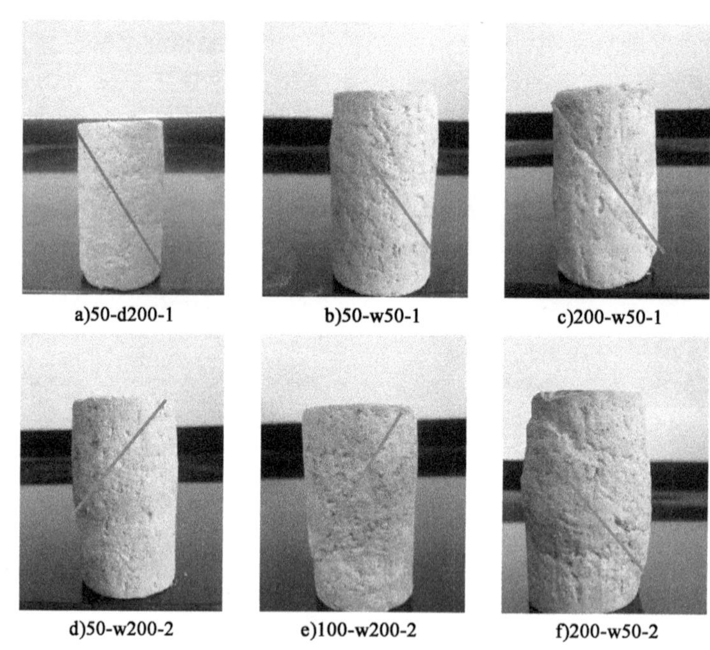

图 3-15　2 号非饱和残积黏性土典型破坏形态图

在相同吸力和有效应力作用下,经历脱湿路径土体的抗剪强度大于吸湿路径土体的抗剪强度;同一吸力条件下,第一次脱、吸湿路径的抗剪强度差值并不随有效应力的增加而增加,并在高吸力条件下表现出增加趋势,低吸力条件下表现出减小趋势,如:50-d/w50-1、50-d/w200-1、200-d/w50-1、200-d/w200-1 减少量分别为 15.3kPa、12.3kPa、15kPa、14kPa;而相同围压下,第一次脱、吸湿路径的抗剪强度差值有随吸力增加而减小的趋势,这种减小的趋势在低吸力部分尤为明显。上述现象表明,与脱湿路径相比,相同条件下土体经历吸湿路径后的抗剪强度受吸力路径影响更为显著,吸力越大,土体的抗剪强度越大。

3.3.3.3　土体剪切特性分析

残积黏性土在脱湿路径下的延性行为(应变硬化)和剪缩与正常固结土的

剪切性状相类似,而吸湿路径下土样具有类似超固结土的剪切特性。土样初始时先进行饱和,随后在设计的净法向应力下进行固结,固结完成后逐级施加设计好的吸力,并在剪切前达到吸力平衡。形成于静态压缩(历史上经历正常固结)过程中的土体吸力会在饱和阶段释放出来,饱和完成后进行固结和吸力平衡所施加于土样上的净法向应力和吸力就好比正常固结土在固结过程中所需要的固结力,因此,施加的净法向应力和吸力类似于正常固结土体所需的先期固结应力,结果脱湿路径下的土样在剪切过程中会展现出符合正常固结土的延性和剪缩特性。围压、吸力分别为 50kPa、200kPa 时,脱湿路径下土体达到剪切峰值应力(分别为 155kPa、333kPa;284kPa、459kPa)后,土体抗剪强度不随应变的增加而下降,具有应变硬化现象和剪缩特性[图 3-14d)、图 3-15a)]。与脱湿路径类似,吸湿路径的土样经历饱和、固结,然后逐级施加设计吸力进行脱湿试验,最后逐级递减吸力至目标吸力,完成所设计的第一次吸湿路径试验(多次吸湿路径的试验过程与第一次吸湿路径试验相同),同样在剪切前达到吸力平衡状态。虽然土样在饱和阶段会将形成于其经历正常固结过程中的吸力进行释放,但在吸湿前土样会经历脱湿路径前施加的净法向应力和最大的设计吸力(400kPa),这犹如超固结土形成时经历的先期固结应力,结果吸湿路径下(或多次吸湿路径)土样在剪切过程中表现出的脆性和剪胀性与超固结土的剪切特性相似。

3.3.3.4 有效应力及矿物成分分析

表 3-6 表明,相同围压下,不同吸力土体在第二次吸水后体积发生膨胀。根据毕肖普有效应力,土体骨架应力由外部荷载和基质吸力共同作用产生,外部荷载不变时,土体吸水导致其吸力降低,使吸力对土颗粒间应力的贡献程度下降,土体有效应力减小,引起体积膨胀、孔隙比增加。

不同吸湿循环路径下土体的孔隙比、饱和度和含水率　　表 3-6

围压(kPa)	目标吸力(kPa)	第一次吸湿			第二次吸湿			孔隙比变化	饱和度变化
		孔隙比	饱和度	含水率	孔隙比	饱和度	含水率		
50	50	0.9352	0.7881	0.2760	0.9397	0.7281	0.2562	0.0045	-0.0600
	100	0.9252	0.7117	0.2466	0.9312	0.6595	0.2300	0.0060	-0.0522
	200	0.9173	0.6464	0.2221	0.9244	0.6063	0.2099	0.0071	-0.0401
100	50	0.9043	0.8191	0.2774	0.9077	0.7729	0.2627	0.0034	-0.0462
	100	0.8963	0.7548	0.2534	0.9009	0.7125	0.2404	0.0046	-0.0423
	200	0.8906	0.7006	0.2337	0.8965	0.6689	0.2246	0.0059	-0.0317

续上表

围压（kPa）	目标吸力（kPa）	第一次吸湿			第二次吸湿			孔隙比变化	饱和度变化
		孔隙比	饱和度	含水率	孔隙比	饱和度	含水率		
200	50	0.8611	0.8652	0.2790	0.8634	0.8312	0.2688	0.0023	-0.0340
	100	0.8552	0.8104	0.2596	0.8579	0.7978	0.2563	0.0027	-0.0126
	200	0.8510	0.7756	0.2472	0.8547	0.7512	0.2405	0.0037	-0.0244

注：围压50kPa、100kPa和200kPa在吸力路径0→400→s→0→400→s下的孔隙比/饱和度分别为0.9518/0.9998→0.9115/0.5932→s→0.9425/0.9345→0.9088/0.5627→s、0.9179/0.9998→0.8854/0.6611→s→0.9085/0.9589→0.8901/0.6401→s、0.8703/0.9998→0.8486/0.7365→s→0.8645/0.9704→0.8511/0.7237→s。

X射线衍射分析结果表明，残积黏性土由31%的石英、25%的正长石、7%的钠长石、14%的高岭石、13%的蒙脱石和10%的坡缕石组成。蒙脱石内具有可膨胀性的晶胞和大比表面积的特性，可吸收大量的水分。根据Likos和Lu[156]的研究，黏土膨胀可包括微观尺度上的晶胞膨胀和宏观尺度上黏土矿物中蒙脱石的总体积增加两方面。土体吸水时，水分可进入晶胞之间，改变晶胞间距，导致黏土矿物晶胞层间脱离或是分散成单个晶胞体，引起微观上的晶胞间膨胀，使土体总体积增加；而晶胞间膨胀是可逆的，即黏土可在脱湿过程中失水收缩。但与晶胞间膨胀不同，黏土总体积增加具有不可逆和滞后的特点。

含蒙脱石的黏土矿物在吸水条件下产生的晶胞间膨胀会因外荷载的作用而形状变小，土体结构发生改变，改变的结构无法在随后的脱湿路径中恢复，即产生不可逆膨胀，不可逆变形可提供一个更加开放的结构并形成更大的孔隙比，从而使土体抵抗外部荷载的能力随之下降。吸湿过程中，非饱和土中的孔隙水与土颗粒作用强烈，吸水时吸力减小，土体饱和度增加（饱和度增加的程度与土中孔隙占水有关），即土中孔隙内部土水弯液面的数量减小，引起粒间接触的竖向应力减小，导致土体结构的整体稳定性下降，微观上表现为土体的屈服应力和强度减小。因此土体不能够持续维持其实际所受等偏应力或是剪应力，土体表现出软化特性[157-158]。

3.3.3.5 不同吸水次数土体软化效应分析

土体的累积不可逆膨胀定义为第二次吸湿时的孔隙比大小与第一次吸湿时的孔隙比大小之差（表3-6）。结果表明，同一围压下，第二次吸湿的饱和度（含水率）小于第一次吸湿过程中的饱和度（含水率），土体发生累计的不可逆膨胀。土体所受的有效应力和内部吸力越大，累计不可逆膨胀越小，表明残积黏性土的膨胀性具有应力相关的特点,净法向应力和土体内部吸力越大,吸湿时体积变化的大小和变化速率减小,即围压或吸力越大,对抑制黏土吸水膨胀的能力越强,导致晶胞间膨胀引起总体积增加的效率随围压和吸力的增大而减小。

虽然更低的饱和度和含水率(第二次吸湿)表明土体内部有更多的孔隙可受土水弯液面的影响[159],但弯液面可提供的稳定效应显然是无法抵抗吸湿循环过程中发生的累积不可逆变形而导致的土体软化,最终体现为第二次吸水后的破坏应力小于第一次吸水后的破坏应力。高围压下土体经历吸湿路径后的饱和度大于低围压条件下的土体,高饱和度土体内部可受土水弯液面影响的孔隙数量少于低饱和度下的土体,因此,多次吸水后的高饱和度土体可因受土水弯液面有利影响的减弱而变得相对不稳定,从而导致其在剪切过程中抵御外部荷载(偏应力)的能力减弱,同时,土体内部可产生累计不可逆变形(表3-6)。上述条件综合引起土体达到破坏时所需应力的下降。与低围压下土体的应力-应变关系曲线相比,高围压土体的应变软化现象因多次吸湿循环后产生的累计不可逆变形和较高的饱和度更加明显,这归因于SWCC水力滞回特性[58,160]引起土体饱和度的变化和产生的不可逆变形(或累计不可逆变形)的。Take等[161]曾对英格兰一无黏性土原始大坝经历持续吸、脱湿循环的变形进行调查,结果表明,土体含水率和吸力的干湿循环变化引起了边坡一定程度上的滑动。根据测斜仪读数,这些滑动产生的变形和拉张裂缝是不可逆的,并最终导致边坡渐进式破坏。

3.3.3.6 饱和度变化对土体强度的影响

综上所述,水力滞回特性引起饱和度的变化对土体强度的影响可从两个方面来阐述:

(1)饱和度越高的土体,其内部具有更大的土颗粒与水的接触面积,有利于增强土体强度,也表明脱湿路径下土体的抗剪强度高于吸湿路径下土体的抗剪强度。

(2)饱和度越高的土体,相应的其内部可供土水弯液面影响的孔隙数量少于低饱和度土体,即弯液面可提供的稳定效应较弱。多次吸水后土体饱和度下降,弯液面可提供的稳定效应会越强,但产生的累计不可逆变形可导致土体后期强度的下降。

本研究和先前的许多研究[122,162]都表明脱湿路径下土样具有塑性破坏的特点,而吸湿路径具有脆性破坏的趋势,但Tavakoli等[163]的试验结果却表明,土样在低应力水平(50kPa)下脱湿路径比吸湿路径具有更显著的脆性破坏,有效应力加快了脆性破坏逐渐向塑性破坏过渡,并且高应力环境下的吸湿和脱湿路径具有相同的破坏特性(塑性)。值得注意的是,先前的研究对于初始干湿条件(即第一次吸湿循环)的比较多,而较少注意多次吸湿循环的剪切破坏特性。因此,不同应力水平和吸力历史下的特性不能够简单用统一的塑性或脆性破坏来概括,水力滞回特性引起饱和度的变化导致第一次吸湿路径下土样比初始脱湿路径具有更高的"初始刚度"[图3-14d)],并且多次吸湿路循环后土体的剪破特性(表现为剪胀和软化特性)随有效应力水平和吸力水平的增加而表现出更加明显的应变软化趋势。

3.3.4 干湿循环对残积土抗剪强度的影响

等吸力剪切试验过程中 $p-q$ 平面内的强度关系曲线如图3-16和图3-17所示。$p-q$ 平面上的临界状态线可表示为 $q=R(s)p+C(s)$,$R(s)$ 和 $C(s)$ 都为基质吸力 s 的函数,前者是强度包络线的斜率,后者是强度包络线的截距[164]。由表3-7可知,同一吸力下,不同吸脱湿试验的临界状态参数 $R(s)$ 变化不大,可认为 $R(s)$ 与吸力水平无关;第一脱湿时的 $R(s)$ 值(平均值为0.8450)会稍大于第一次(平均值为0.8338)和第二次(平均值为0.8260)吸湿过程,可认为 $R(s)$ 受吸力路径变化影响,经历多次的干湿循环(吸力路径反复发生变化)后 $R(s)$ 值可能会显著下降。文献[165]针对击实样和干湿循环样(5次循环)的剪切结果表明,两者 $R(s)$ 值可相差约11%(前者均值为0.749,后者均值为0.669),吸力路径多次变化后强度参数 $R(s)$ 会降低。

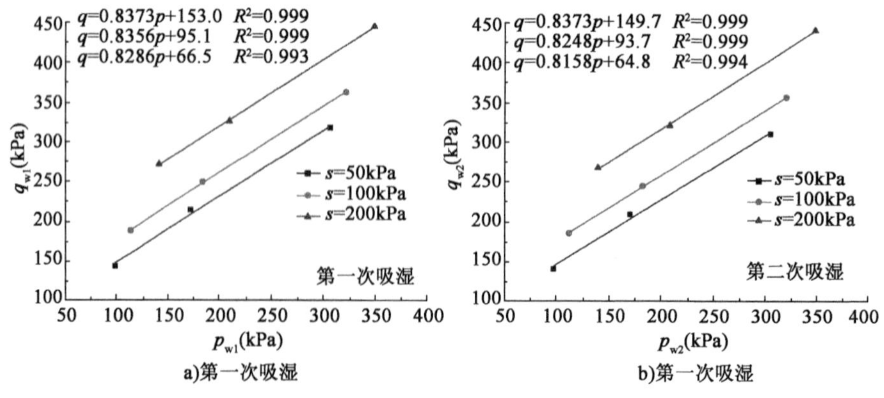

图3-16 不同吸湿循环次数下 q 与 p 的关系式

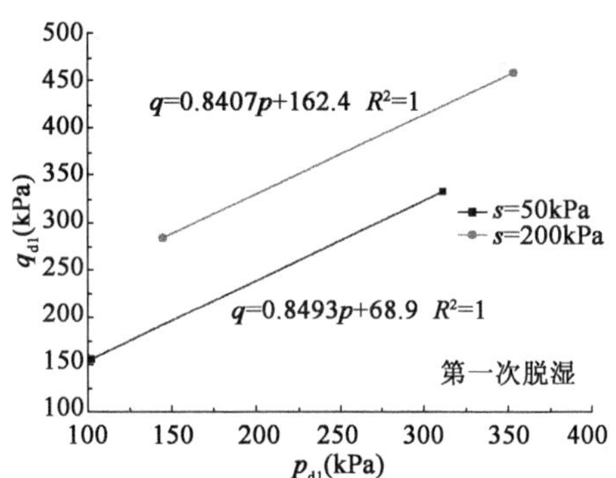

图 3-17　第一次脱湿 q 与 p 的关系式

残积黏性土抗剪强度参数指标　　　　表 3-7

试验过程	基质吸力(kPa)	净围压(kPa)	q(kPa)	p(kPa)	$R(s)$	$C(s)$(kPa)	c(kPa)	φ'(°)	编号
第一次脱湿	50	50	155.3	101.8	0.8493	68.87	31.9	21.9	50-d50-1
		200	333	311					200-d50-1
	200	50	284	144.7	0.8407	162.38	75.3	21.7	50-d200-1
		200	459.2	353.1					200-d200-1
第一次吸湿	50	50	143.9	98.0	0.8286	66.52	30.9	21.3	50-w50-1
		100	214.5	171.5					100-w50-1
		200	318	306					200-w50-1
	100	50	188.4	112.8	0.8356	95.112	44.1	21.5	50-w100-1
		100	249.7	183.2					100-w100-1
		200	362.8	320.9					200-w100-1
	200	50	271.7	140.6	0.8373	153	71.6	21.6	50-w200-1
		100	326.3	208.8					100-w200-1
		200	445.2	348.4					200-w200-1
第二次吸湿	50	50	140.2	96.7	0.8158	64.826	29.6	21.0	50-w50-2
		100	208.6	169.5					100-w50-2
		200	310.5	303.5					200-w50-2
	100	50	185.1	111.7	0.8248	93.74	42.3	21.3	50-w100-2
		100	244.4	181.5					100-w100-2
		200	356.2	318.7					200-w100-2
	200	50	267.5	139.2	0.8373	149.70	68.7	21.6	50-w200-2
		100	321.1	207.0					100-w200-2
		200	440.8	346.9					200-w200-2

注：A-BC-I：A 为围压，B 代表吸湿(w)或脱湿(d)，C 为设计吸力值，I 为吸脱湿次数。

根据 Fredlund 等[106]提出的基于双应力变量强度理论的非饱和土抗剪强度公式,结合临界状态参数,土体的有效内摩擦角 φ' 和总黏聚力 c 可分别表示为[166] $\sin\varphi' = 3R(s)/[6 + R(s)]$,$c = (3 - \sin\varphi')I(s)/6\cos\varphi'$。脱吸湿循环下,残积黏性土原状样的总黏聚力随吸力水平的增加而增加,有效内摩擦角在第一次脱湿、第一次吸湿和第二次吸湿试验的均值分别为 21.8°、21.5°、21.3°,总体上看有所下降,但降低幅度不大,这与较少的脱、吸湿循环次数有关。

图 3-18 为 $C(s)$ 随吸力的变化趋势,研究吸力范围内($s \leqslant 200$kPa),吸力对原状土抗剪强度的贡献[即 $(u_a - u_w)\tan\varphi^b$ 部分]呈线性增加趋势,假定表达式为 $C(s) = \mu s + i$,根据曲线拟合结果,拟合精度高,并有 φ^b-d-1 = 16.1° > φ^b-w-1 = 15.2° > φ^b-w-2 = 14.6°(表 3-7),经历脱湿、吸湿、再脱湿、再吸湿路径后,相同吸力对土体抗剪强度的贡献程度不同,φ^b(反映抗剪强度增长速率与基质吸力的关系)值的降低幅度约为 9%,多次吸力路径变化过程中因滞水特性而引起的含水率、饱和度的下降和产生的累积不可逆膨胀,改变了土体内部微观结构,局部微小裂隙扩张或贯通,土体内大孔隙数量增加,从而削弱土颗粒间的联结作用,进而降低土体的抗剪强度,可以预见经历更多次的含水率变化路径后 φ^b 值可进一步降低,φ^b 值的减小是土体内部微观结构发生变化的宏观反映。但这里必须指出的是,许多学者研究成果表明[132,155,167]低吸力下可将 φ^b 视为常数,而超过某个吸力值(高吸力部分)φ^b 随吸力增加而减小。不同土质下 φ^b 随吸力增加的变化趋势应有不同,表 3-7 中所研究吸力不超过 200kPa,φ^b 大体上随着吸湿循环次数的增加而减小,均值为 15.3°。表 3-8 表明,吸力为 0 时,土体的饱和抗剪强度随吸力路径的多次变化发生一定程度的变化,第一次脱湿和第一次吸湿过程中饱和抗剪强度值基本上保持不变,均值为 17.3kPa;土体经历第二次吸湿后,饱和抗剪强度与第一次吸湿路径相比,有较为明显的下降。

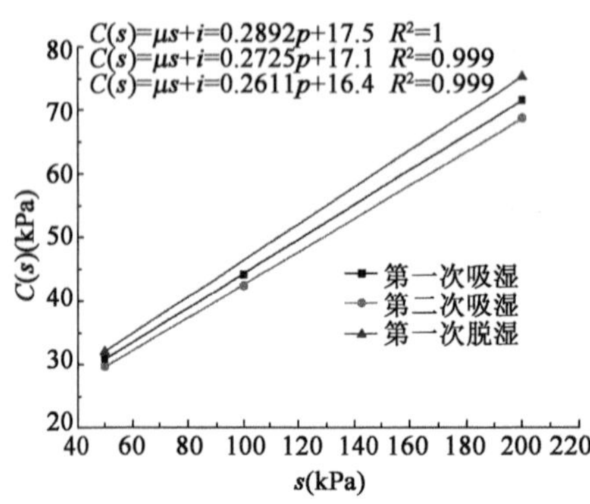

图 3-18 吸力对抗剪强度的贡献

吸力-抗剪强度参数变化 表 3-8

试验过程/编号	μ	φ^b(°)	降幅(%)	i(kPa)	降幅(%)
第一次脱湿/d-1	0.2892	16.1	—	17.5	—
第一次吸湿/w-1	0.2725	15.2	5.6	17.1	2.3
第二次吸湿/w-2	0.2611	14.6	9.3	16.4	6.3

在相同吸力和有效应力作用下,经历脱湿路径土体的抗剪强度大于吸湿路径,但随着有效应力的增加,这种趋势并没有减少(50-d/w50-1、50-d/w200-1、200-d/w50-1、200-d/w50-1 减少量分别为 11.4kPa、15kPa、12.3kPa、14kPa),并且变化趋势不大。换句话说,滞水特性对土体抗剪强度的影响随有效应力的增加不太明显。

从式(3-12)和式(3-15)中可以看出,有效应力参数和吸力内摩擦角的协调关系式为:

$$\tan\varphi^{b} = \chi_{f}\tan\varphi' \tag{3-16}$$

根据表3-7和表3-8的计算数据可计算出第一次脱湿、第一次吸湿和第二次吸湿的有效应力参数分别为0.722、0.692和0.669。随着吸水循环次数的增加,有效应力参数总体上会有下降的趋势,同一净应力和基质吸力下,由式(3-12)和式(3-15)可以得出土体的有效应力水平下降,土体抗剪强度会降低,也就是说土体会逐渐"软化"。

3.3.5　残积土有效抗剪强度指标的确定

土质边坡的主要破坏模式是受剪破坏,其稳定性主要取决于土体抗剪强度的大小。直接剪切试验是确定土体抗剪强度参数 c、φ 常用及简便的方法。根据模拟现实土体固结程度和破坏速度的不同,直接剪切试验可以分为快剪、固结快剪和慢剪,获得的抗剪强度参数意义也不同。其中慢剪试验是在试样上施加垂直压力待试样排水固结后,再缓慢施以水平剪力,过程也要求排水固结,获得的土体抗剪强度参数为有效抗剪强度参数。

非饱和土延伸的摩尔-库仑强度理论建立在有效抗剪强度参数的基础上,应选择慢剪试验进行土体抗剪强度参数的测试,试验步骤如下:

(1)将试样放入剪切盒。注意需在上下盒中试样的顶底面放入透水石和湿滤纸。

(2)施加压力。向试样施加不同的垂直压力,分别为50kPa、100kPa、200kPa和300kPa,在施加压力5min后,往剪切盒水槽内注满水,利用试样的毛细吸力作用使之始终处于饱和状态,确保固结试验过程中试样的水分不蒸发。

(3)施加水平剪力。待试样在垂直压力的作用下固结稳定后,施以水平剪力开始试验,剪切速率选用仪器自带的

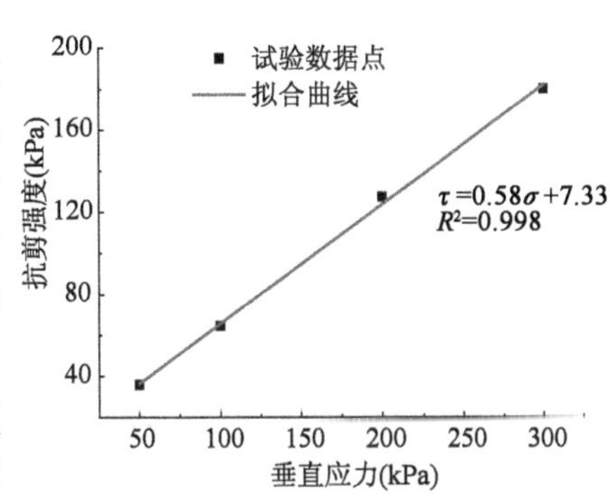

图3-19　1号残积黏性土抗剪强度表达式

最低挡位(0.02mm/min)。

(4)拆卸试样,整理仪器,绘制应力-剪力曲线,获取有效应力抗剪强度参数。试验成果如图 3-19 所示。

由图 3-19 可知,试样有效抗剪强度参数 $c' = 7.33\text{kPa}$,$\varphi' = \arctan 0.58 = 30.11°$,结合预测的基质吸力项,即可得到残积土的非饱和抗剪强度。

3.4 渗透性函数的确定

渗透性函数是描述非饱和渗流的重要参数,但由于实测非饱和土渗透系数的困难和条件限制,采用 Van Genuchten 模型来预测渗透性函数,所需参数为土的饱和渗透系数和土-水特征曲线。

3.4.1 饱和渗透系数的确定

饱和渗透系数采用北京中科路达试验仪器有限公司生产的 TST-55 型变水头渗透仪,并按照《土工试验规程》(SL 237—1999)的规定测定,试验获得 20°水温时饱和渗透系数为 $1.17 \times 10^{-6}\text{m/s}$。饱和渗透系数的测量作为基本的土工试验,其过程在此不再赘述。

3.4.2 非饱和渗透系数的确定

1 号残积黏性土的土-水特征曲线如图 3-9 所示,利用 VG 模型可直接预测出 1 号残积黏性土的渗透性函数,用双对数坐标表示的渗透性函数如图 3-20 所示。

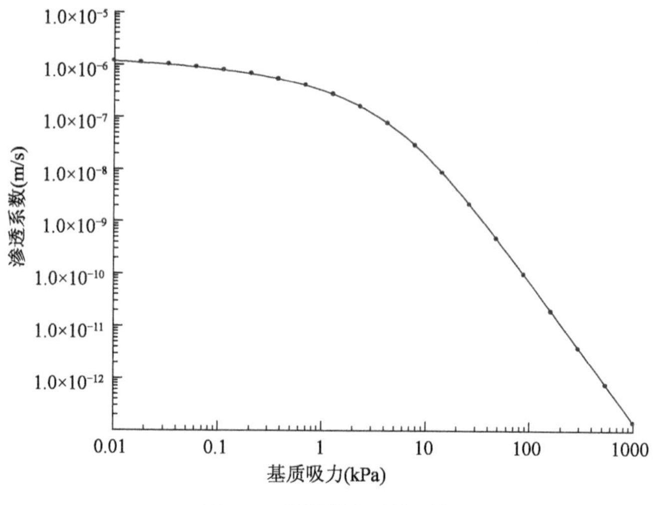

图 3-20 预测的渗透性函数

3.5　渗气系数的测定

考虑气体在降雨过程中对入渗以至稳定性的影响是很有必要的，而二相流的分析需要以土体在不同含水率下的渗气系数作为基础，土的渗气系数与含水率有关，干土的渗气系数达到最大，饱和土的渗气系数最小。因此，本节介绍了渗气系数的获取。

3.5.1　渗气试验原理

渗气系数的测定是基于气体流动的达西定律，类似于水流的达西定律，即：

$$v = k_a i(v = Q'/At, i = \Delta P/\rho_a gh) \tag{3-17}$$

式中：v——气体流速（m/s）；

Q'——某个时间段通过土样的气体总量（m^3）；

A——土样的横截面面积（m^2）；

t——试验历时（s）；

k_a——土样的渗气系数（m/s）；

i——土样气压梯度；

ΔP——土样两端气压差（kPa）；

ρ_a——空气密度（kg/m^3）；

h——试样高度（m）。

由此可知，测定试样的渗气系数需要 Q'、A、t、ΔP、ρ_a、h，其中 A 和 h 已知，ρ_a 与压力、温度有关，通过理想气体状态方程可得，试验过程只需获得 Q'、t、ΔP 和气温的数值。如图 3-21 所示，试验开始时，打开马氏桶的开关放水，装置内（马氏桶上方、管道和试样底部）气体体积膨胀，形成真空；装置外为大气压强，气体在压力差的作用下通过土样进入装置内，水流速度逐渐稳定，系统处于动态平衡状态，装置内外压力差由 U 形管读出且读数保持恒定。通过土样进入装置的气体体积等同于流出水的体积，这时用量筒接水，同时计时，经过一段时间（一般为 1min 左右）收集一定水量，用精度 0.1g 的天平称重，换算流出水的体积，得出该气温下的气体体积。这样就完成了一次渗气系数的测定。测定不同含水率下土体的渗气系数并转换为 20℃ 标准温度时的渗气系数，通过拟合可得到渗气系数与含水率的关系曲线，并用于水-气二相流的研究。

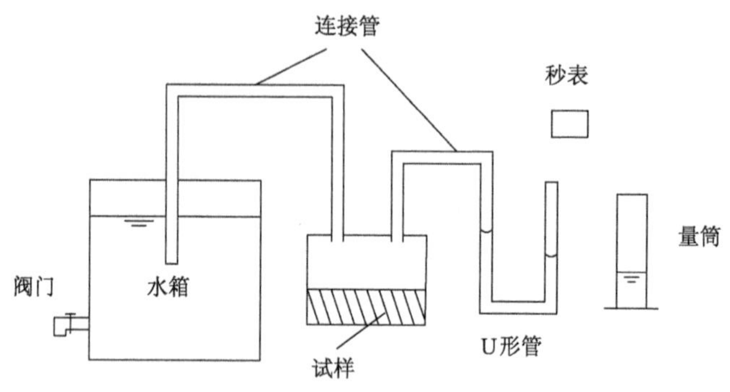

图3-21 渗气系数测定原理

3.5.2 渗气装置组成

利用变水头TST-55渗透仪和马氏桶,笔者开发了一套非饱和土渗气装置,如图3-22所示,用于测量不同含水率下土体的渗气系数。此装置由马氏桶、试样室、U形管及若干管路组成。

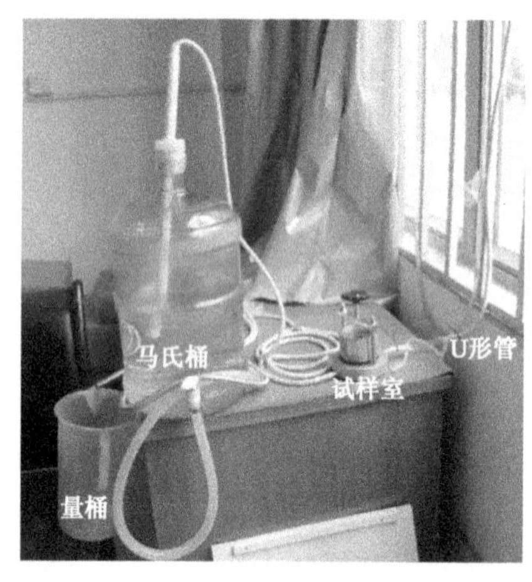

图3-22 渗气装置

3.5.2.1 马氏桶

马氏桶是提供恒定流量的装置,其原理及组装实物如图3-23所示。将水桶进水口加塞塞紧,塞中插入管,使管下口淹没水中。当桶中水流出时,水面以上形成真空,空气只从管进入桶中,表现为管中不断冒泡,水面下降,管下口处的水压即为大气压,越往下水压呈线性静水压分布。因此,只要水位不低于管下口,管口以上水的增减将不影响静水压,从而保持了出流流量的恒定,此桶称为恒压桶,也叫作马氏桶。试验中的马氏桶由带水龙头的水桶、聪明盖、PVC管、水管连接而成。PVC管由橡胶管与试样室连接,故管下口水压为装置内负压,不是大气压。

3.5.2.2 试样室

试样室用于放置试样,由TST-55渗透仪(即变水头试验所用渗透仪)改装而成,连接方式如图3-24所示。密封圈的作用是保证气体只从试样顶面进入,护筒则依靠自重保证密封圈发挥作用。

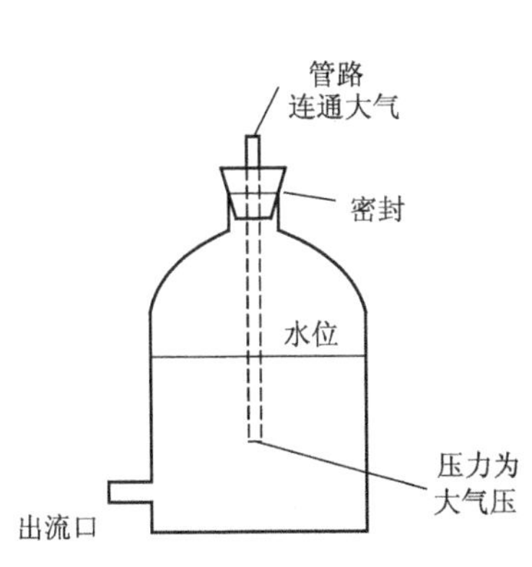

图3-23 马氏桶原理及实物

图3-24 试样室连接方式

3.5.2.3 U形管

U形管为两根最小刻度为1mm的玻璃管通过橡胶管连接而成，用胶布固定在窗栏上，如图3-25所示，用于测量装置内外的压力差。管的长度决定了能够测量到的最大压力差。U形管中液体用水即可，初始液面位置一般在中间刻度处。

3.5.3 渗气试验步骤

(1)取原状土。现场用环刀切取原状土，环刀规格为61.8mm×20mm，口径与渗透试验用环刀一致。

图 3-25　U 形管

(2)风干试样。试验主要进行吸湿过程渗气系数变化的测试,通过自然风干的方法使含水率降低,直到试样质量基本不变时,即认为达到最低程度。

(3)连接装置,检查气密性。渗气系数的测定对气密性有极高的要求,不允许出现漏气现象。如图 3-26 所示,对于管与管的连接,可先在较小的管口处缠生料带,塞入较大的管中,再在连接处用保鲜膜缠几圈,绑紧;对于水桶桶口与聪明盖的连接,先在桶口缠保鲜膜,套入聪明盖,再在聪明盖与桶过渡处缠薄膜;对于聪明盖与 PVC 管的连接,由于 PVC 管刚好可以从聪明盖中穿过,只需在两者接触处涂上凡士林就能很好地保证其气密性。装置连接好后,将渗透仪密封(密封性检查见图 3-27),打开水桶开关,水开始流出,流量逐渐减少,如果稳定在某一流量,则装置连接失败;如果最后停止出水,说明气密性合格,进入下一步骤。

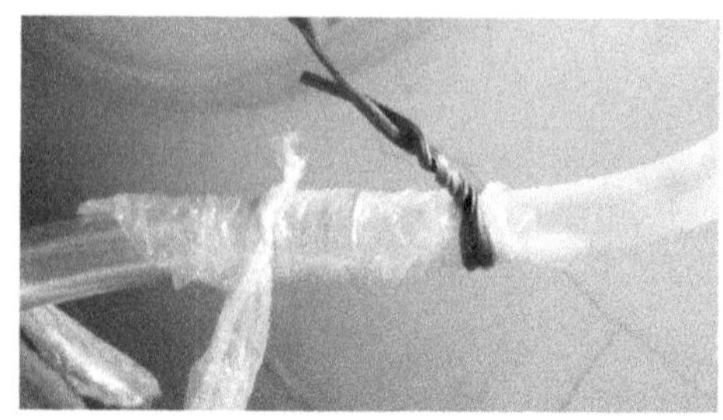

图 3-26　管口气密措施

(4)安装试样。从环刀底部套上两个与渗透仪配套的密封圈(如果只套一个,密封圈处在环刀刃口处,密封效果差),如图 3-28 所示,置于装好透水石的底座上，套上护筒，利用自重使密封圈贴合更紧。

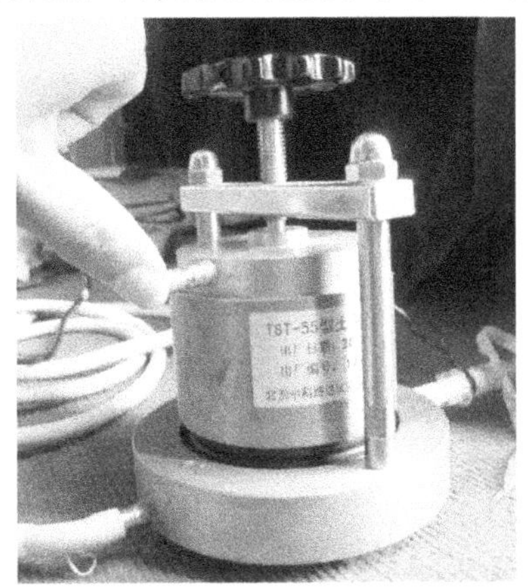

图3-27　渗透仪密封性检查

图3-28　密封圈装配示意图

(5)称量量筒初始重量、记录气温和U形管初始读数。量筒由精度为0.1g、量程为3kg的天平称量，气温由温湿度计给出，U形管只需读取一边数据。

(6)开始试验。打开水桶开关，待U形管读数稳定后，将其记录下来，然后开始接水并计时，一定时间后(一般为1min)，关闭开关，称量量筒和记录相应的历时。

(7)拆卸试样室，称量试样与环刀总重，并配制下一级含水率。试样与环刀总重的称量用精度为0.001g、量程为200g的电子天平进行；原状土配制含水率可通过水膜转移法进行，即将试样置于精度0.001g的电子天平上，用吸耳球在试样表面均匀缓慢地滴入预定的水量，一般为2g左右，然后将试样用底盖盖住，包裹在保鲜膜里进行养护，使水分在水膜压力作用下逐渐转移，最后均匀分布在试样内部。

(8)重复步骤(3)～(7)，直到土样接近饱和。此次试验中当土样接近饱和时，渗气阻力大，U形管读数会有起伏，即结束试验。

(9)烘干土样称重，计算各级体积含水率，绘制成果图。

3.5.4　渗气试验结果

表3-9为试验原始记录数据。

试验原始记录数据　　表3-9

土与环刀总质量(g)	U形管右侧读数(cm)		量筒质量(g)	量筒与出流水总质量(g)	时间(s)	气温(℃)
	试验前	试验中				
120.863	26.63	26.25	313.4	1652.6	68.75	30.3
122.419	26.88	26.48	313.8	1510.5	60.16	30.9

续上表

土与环刀总质量(g)	U形管右侧读数(cm)		量筒质量(g)	量筒与出流水总质量(g)	时间(s)	气温(℃)
	试验前	试验中				
124.532	26.95	26.12	312.5	1532.8	62.6	28.9
126.364	27.01	26.24	1367.4	1753.4	34.15	29.3
127.118	27.19	26.30	314.7	777.3	46.75	29.3
129.087	27.28	26.24	315.6	815.9	52.34	28.9
131.754	27.30	25.60	312.6	761.2	52.56	28.3
133.432	27.35	25.04	310.2	689.5	51.75	28.9
135.32	27.45	23.96	310.5	671.2	61.75	29.4
137.322	27.50	22.70	314.0	516.1	61.75	27.4
139.095	27.7	14.94	313.2	455.6	84.00	27.4
140.450	27.76	13.85	315.7	429.5	252.9	27.0

利用 Excel 编辑相应公式进行计算得出的试验结果，见表 3-10。

试 验 成 果 表 3-10

环刀面积(cm^2)	环刀高度(cm)	干土与环刀总质量(g)	饱和体积含水率(cm^3/cm^3)	体积含水率(cm^3/cm^3)	饱和度	渗气系数(m/s)	20℃渗气系数(m/s)
29.96	2.0	112.451	0.541	0.140	0.259	2.03×10^{-5}	2.11×10^{-5}
				0.166	0.307	1.93×10^{-5}	2.00×10^{-5}
				0.201	0.372	9.15×10^{-6}	9.47×10^{-6}
				0.232	0.429	5.71×10^{-6}	5.92×10^{-6}
				0.244	0.451	4.33×10^{-6}	4.48×10^{-6}
				0.277	0.512	3.58×10^{-6}	3.70×10^{-6}
				0.322	0.595	1.96×10^{-6}	2.02×10^{-6}
				0.350	0.647	1.23×10^{-6}	1.28×10^{-6}
				0.381	0.704	6.48×10^{-7}	6.71×10^{-7}
				0.415	0.767	2.65×10^{-7}	2.73×10^{-7}
				0.444	0.821	5.08×10^{-8}	5.24×10^{-8}
				0.467	0.863	1.24×10^{-8}	1.27×10^{-8}

3.6　蒸发效应的研究

蒸发作用是影响边坡水分分布的又一重要因素。蒸发使坡体含水率降低，有利于边坡稳定性，特别是在降雨结束后，一部分水继续下渗，另一部分水在表面接受蒸发，下渗作用可能使边坡更危险，而蒸发对抑制这种危险能起多大作用呢？

在计算中考虑蒸发的方法是在模型边界赋予一负的流量，但流量大小是个未知数，或者流量大小的可能取值不可随意选定，公式计算理论众多，无统一标准，因此，需要通过试验来确定可能的取值。实际上，蒸发强度与气象因素如太阳辐射、气温、湿度、风速等及边坡水分分布息息相关，而这些因素均是随着时间推移而变化且变化情况难以实时掌握，所以建立气象信息与蒸发量的关系很有必要，但从现场监测的角度出发存在困难，故可考虑利用室内蒸发模型来研究蒸发效应。

实际气象的多变性导致蒸发量不同，在计算中，更关心蒸发量的取值范围，可通过给予一恒定的高温气候条件来确定蒸发强度变化曲线的上限，而下限几乎不蒸发，在此范围内设定不同的蒸发曲线应用于数值模拟计算。本部分试验即确定蒸发强度变化曲线的上限。需要说明的是，试验未考虑风的因素对蒸发的影响。

3.6.1　蒸发试验模型

蒸发试验模型如图3-29所示，由带孔洞的有机玻璃管、底板、全光谱加热灯、温湿度计、塑料盒、扰动土样、厚纸片、支撑架、精度0.001g的天平、薄膜组成。

试验的基本思路是在顶端开放的空间内，利用加热灯模拟太阳对土体的辐射作用，使土样蒸发失水，通过测定不同时间内土样的质量，得出在某个环境条件下土体含水率和蒸发强度的关系。

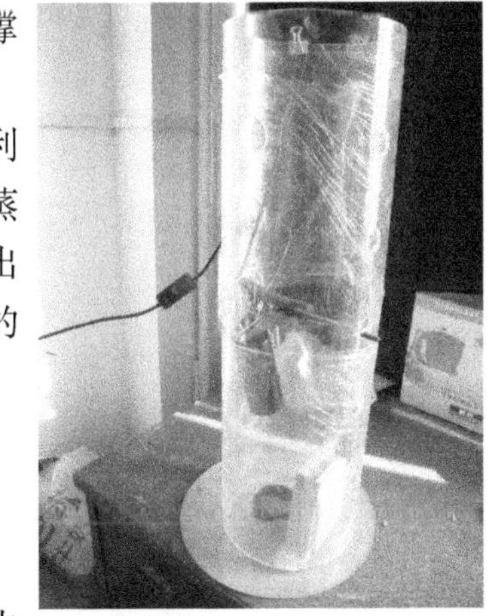

图3-29　蒸发试验模型

3.6.2　蒸发试验步骤

具体试验步骤如下：

(1)饱和土样。抽真空饱和后将土样放入水中静置数天,待试验时再取出。

(2)装好蒸发设备。用支撑架穿过加热灯和有机玻璃管的孔洞,使加热灯挂于有机玻璃管中,保证在试验过程中以同一角度照射,用薄膜封起孔洞;放入温湿度计和一有开口的厚纸片,厚纸片需在温湿度计和加热灯之间,如图 3-30 所示,图 3-31 为纸片的开口形式;在底板其他位置铺上一层扰动土。

图 3-30　纸片位置示意图

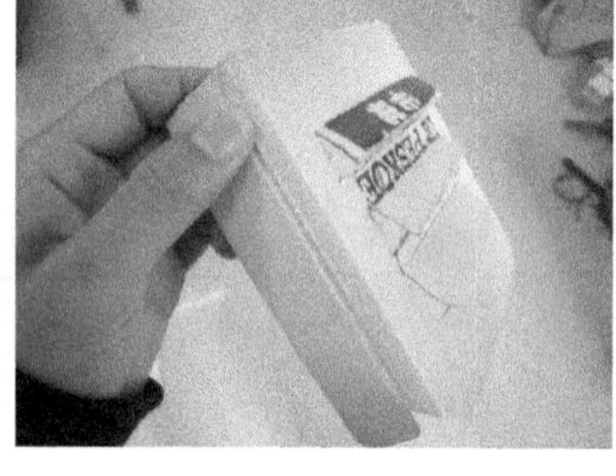

图 3-31　纸片的开口形式

(3)打开加热灯电源进行照射升温。加热灯又称为全光谱太阳灯,其光谱类似于太阳光谱,比起白炽灯和红外线灯更适用于模拟太阳的辐射作用。利用加热灯照晒数小时,待温湿度读数不变时,取出温湿度计,而加热灯则继续工作。温湿度计所示温度为 37℃、湿度为 38%,通过调节加热灯位于有机玻璃管不同孔洞高度,可以得到不同的环境条件。

(4)放入试样。提起有机玻璃管,将已经称重的饱和土样放在铝盒盖上,接受照射。历经数小时后结束试验,拆卸仪器。

3.6.3　蒸发模型说明

对于蒸发模型的应用,有以下几点需要说明:

(1)使用有机玻璃管。实际中的边坡较大,在阳光普照下,其水分蒸发成气体,运移方向可认为是向上的。为了将土样的蒸发限制在一维空间和悬挂加热灯,应选择有一定长度和直径的有机玻璃管来限制试验空间。试验用有机玻璃管外径 20cm、长度 70cm。

(2)装土的环刀需放置在塑料盒内。由于试验过程土样不断失水产生裂缝,如果仅靠环刀的侧壁阻力将土样限制在环刀内,则在裂缝产生后不能方便地取出土样称重和放入土样继续蒸发。

(3)在管底铺一层扰动土样。空气中的热量主要来自地表,地表从太阳吸收热能,然后通过辐射、传导和对流的形式传给空气,而太阳辐射直接被大气吸收的部分使空气增热作用极小(只能使气温升高0.015~0.02℃),所以需在试样周边铺一层土,用于模拟地表土体的吸热和增温作用。

(4)在加热灯和温湿度计间放一开口厚纸片。温湿度计是用于测定空气中的温度和湿度,受到阳光的辐射会吸热进而使所测温度上升,故使用时应避免其受到热源直接辐射。使用开口的厚纸片不仅能有效挡住光的照射,而且只允许空气流通,保证了所测温度和湿度的准确性。图3-32为加热灯视角,从图中可知光线照射不到温湿度计。

图3-32　加热灯视角

(5)避免天平受热。前期对蒸发模型进行探索时,设计了直接将试样置于天平上进行加热的方法,但在加热试样的同时也会使天平受热而测量数据跳动、不准确,故采取试样和天平分离的方法。

3.6.4　蒸发试验结果

试验环境温湿度条件为温度37℃、相对湿度32%,试验进行时间约10h,每隔5min采集一次数据,获得约120组数据,为升温过程时间与残余质量的关系。首先,将获得的数据整理为升温过程时间与相应时间内平均蒸发强度的关系,如图3-33所示。

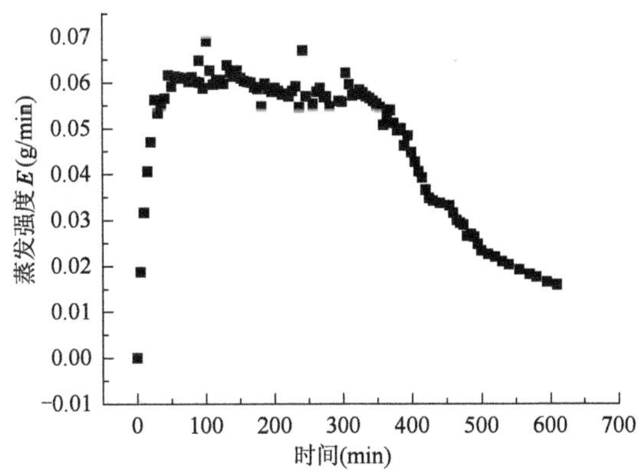

图3-33　考虑升温过程时间与蒸发强度的关系

前期蒸发强度逐渐增强,是因为土体吸热温度逐渐上升导致的。由于此蒸发模型试验未考虑实际边坡温度变化过程的蒸发规律,而重在获得温度场一定时的蒸发强度与时间的关系,故剔除前面几组数据,重新绘图并用SWeibull2模型进行拟合，其中 SWeibull2 模型的表达式为 $E = A - (A - B)e^{-(kt)^d}$，结果如图 3-34所示。

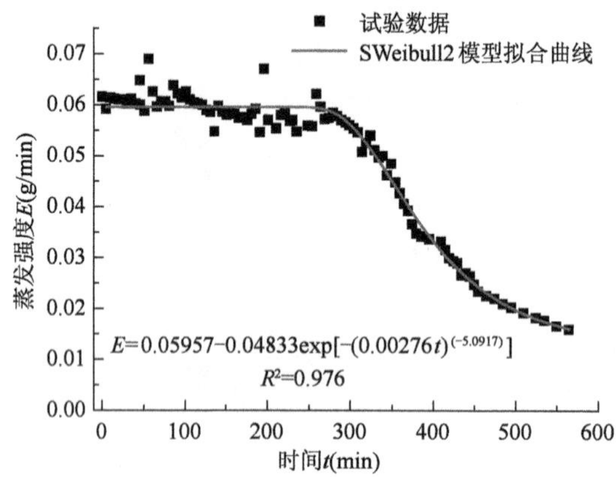

图 3-34　不考虑前期升温过程时间与蒸发强度关系

对比 2.6.1 节的图 2-7，结果较为一致。SWeibull2 模型拟合参数见表 3-11。

SWeibull2 模型拟合参数(1)　　表 3-11

土 的 类 别	A	B	k	d
凝灰熔岩残积土	0.05957	0.01124	0.00276	-5.0917

进一步做数据处理，将图 3-34 的时间坐标转换为体积含水率坐标，即计算出各个时间下相应的体积含水率，同样利用 SWeibull2 模型进行拟合，结果如图 3-35所示。

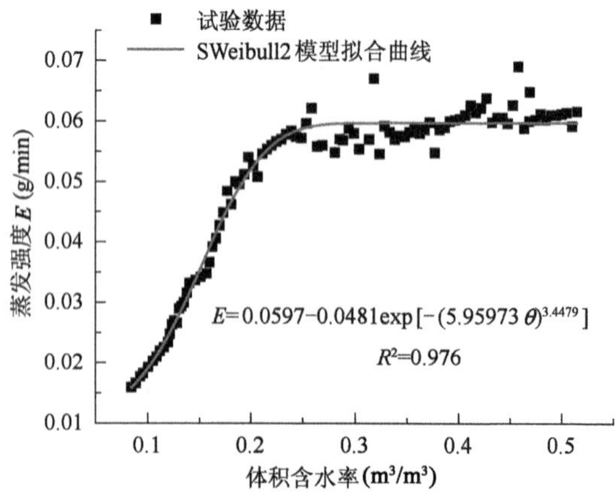

图 3-35　体积含水率与蒸发强度的关系

对比 2.6.1 节的图 2-7，结果也较为一致。此时，SWeibull2 模型拟合参数见表 3-12。

SWeibull2 模型拟合参数(2)　　表 3-12

土 的 类 别	A	B	k	d
1 号残积黏性土	0.0597	0.0116	5.95973	3.4479

3.7　田间持水量的测定

土体中的非饱和带又称为包气带，由土颗粒、水和空气组成。按照水分分布特征由上往下可分为三个明显不同的水分带：表层悬着水带、中间包气带和毛管水带[104]。表层悬着水带为包气带土体表层，水分以悬着水的形式存在，受蒸发和降雨影响大。中间包气带位于表层悬着水带和毛管水带之间，它不直接与外界发生水分交换，因而水分变化较小，相对稳定；当地下水位较浅时，中间包气带可能不存在，当地下水位较深、降雨量丰富及土体渗透性较好时，中间包气带的含水率大致在毛管断裂含水率和田间持水率之间[104]。在地下水位以上土中，水分受孔隙形成的毛管力作用，沿着孔隙上升到一定高度，形成一个水分带，称为支持毛管水带，简称毛管水带。在该带中，含水率自下而上减小，由饱和含水率减小到与中间包气带下端接触的含水率。

对于沿海地区的福州闽侯县上街镇，降雨丰沛，拟研究区边坡土体具有弱透水性。表层悬着水带的水分运动受降雨与蒸发影响大，毛管水带的水压力沿着高程线性减小，中间包气带相对稳定，故可认为含水率大致位于毛管断裂含水率和田间持水率之间。因此，为了确定中间包气带的水分分布进而确定孔隙水压力分布，有必要进行田间持水率的量测，而毛管断裂含水率的出现与蒸发作用有关，可在田间持水量确定的边坡孔隙水压力分布的基础上施加蒸发边界条件实现。

3.7.1　测定方法选择

田间持水量的测定方法有田间法和室内法两种[170]。田间法即小区灌水法，是在拟测场地有代表性的地段上，围起一定面积的小区，并充分灌水，在排去多余的重力水后，土体保持着最大悬着水量，即田间持水量；室内法为环刀法，又称为威尔科克斯(Wilcox)法，是以一环刀大小试样为研究对象。田间法数值准确，能代表自然状况下的田间持水量；而室内法只能取得田间持水量的近似值。但由于场地为开挖边坡，坡顶道路不通，田间法受到限制，因而采取室内法进行测定。

3.7.2 测定步骤及结果

环刀法测田间持水量的步骤如下[170]：

(1)饱和试样。用环刀在现场取原状土,在环刀的一端盖上无孔的底盖;在另一端铺一滤纸,盖上有孔的底盖,并以此端作为下端,放在高度大于环刀的塑料盒中。向盒中加水,水面保持距环刀上缘低1~2mm处,注意勿使环刀整体浸水,静置24h进行饱和。

(2)制备风干样。在相同的土层中取扰动土,烘干后通过1mm筛,装入另一环刀中,装入时轻拍压实即可。

(3)排除重力水。将饱和的湿土环刀的有孔底盖打开,连同滤纸一起放在装有同类土的风干样环刀上,让两者接触8h。

(4)测含水率。测定试验后原状土的含水率,此值即为该土体的田间持水量。

对同一土样进行两次测试,结果相差1%以内,取平均值,见表3-13。

试验成果　　表3-13

环刀号	环刀+湿土重(g)	环刀+干土重(g)	含水质量(g)	体积含水率(m^3/m^3)	平均体积含水率(m^3/m^3)
260	139.266	119.159	20.107	33.51%	33.81%
	139.618		20.459	34.10%	

以体积含水率表示,测得1号残积黏性土田间持水量为33.81%,通过3.2节的土-水特征曲线拟合公式可推得,在此体积含水率下的基质吸力值大概为53kPa,并以此值作为边坡计算中初始状态吸力分布的最大值。

3.8 本章小结

该章通过应力相关的土-水特征曲线压力板仪系统和非饱和土三轴仪,重点对非饱和残积土2号黏性土及残积砂质黏性土开展多次吸湿循环下的SWCC滞回特性、抗剪强度应力-应变关系和剪切特性的变化规律及其相互关系研究。探讨了常用的3类预测SWCC公式的适用性,从土体结构性、有效应力原理、矿物成分和SWCC水力滞回特性对试验现象进行解释,全面、多角度分析和阐述吸湿循环次数引起的非饱和土剪切特性和抗剪强度参数变化规律。进一步提出土体强度软化本质上是水力滞后特性引起土体饱和度的变化和不可逆变形(或累积不可逆变形)综合作用的结果,指出经多次吸湿循环后,虽然土体饱和度下降引起弯液面可提供的稳定效应会增强，但产生的累积不可逆变形是导致多次吸水循环后土体强度下降的主要原因。最后通过理论计算得出，多次吸脱湿循环后，反映抗剪强度与基质吸力的关系的 φ^{b} 值和有效应力参数具有逐渐下降的趋势，即多次吸水后土体强度进一步软化。

同时，本章对 1 号残积黏性土开展相关确定其数值计算所需水力和强度参数的室内试验，试验操作和原理的准确性、可行性决定了所取得的参数的可靠性，具体结论有：

(1)采用压力板仪测试了吸湿过程残积土的土-水特征曲线，结合 VG 模型获得了吸湿过程中体积含水率和基质吸力关系的表达式，作为预测渗透性函数和稳定性计算的基础。其中 VG 模型拟合参数为 $\alpha = 0.133$，$n = 1.288$，$m = 0.223$，$\theta_s = 0.56$，$\theta_r = 0.054$。

(2)利用自行改装的渗气装置测试了残积土在不同体积含水率下的渗气系数，以分析气相流对边坡渗流及稳定性的影响。

(3)基于组装的简易蒸发试验模型，研究恒定环境条件下残积土样内部的水分蒸发规律，为后续探讨降雨前后蒸发作用对边坡稳定性的影响做准备。

(4)通过室内环刀法测试了残积土试样的田间持水量，确定了边坡模拟计算中选用的初始含水率分布状态。田间体积持水量为 33.81%。

(5)利用慢速直接剪切试验获得了土样的有效抗剪强度参数：$c' = 7.33\text{kPa}$，$\varphi' = 30.11°$；根据土-水特征曲线预测了吸力内摩擦角的变化，从而得到非饱和土的抗剪强度表达式。

土体的不均匀沉降、干湿效应引起的不可逆变形以及外部荷载的多重作用不仅打破了土体内部原有孔隙结构的排列和分布，形成内部空隙空间尺寸和分布的变异性，而且雨水的入渗进一步改变土体孔隙水气的储存和迁移以及孔隙通道的分布规律，其根本原因在于残积土内部孔隙结构、渗流路径和荷载变形的相互影响和相互制约。因此，为了分析相互制约关系的时空演化特征，可进一步构建干湿循环效应下残积土孔隙演化与变形耦合的数学模型，为降雨诱发滑坡成灾机理、风险评估与防灾减灾方法的研究提供理论依据。同时，在本章的基础上，仍需对多次吸水后残积土微观层面机理及结构变化做进一步研究，从土体结构性出发，采用结构势来定量分析累积不可逆变形引起的土体强度软化。实际工程中应注重对天然土体累积变形的监测，避免土体发生突发性破坏。

第4章 含水率和干密度对残积土抗剪强度参数的影响研究

4.1 引 言

闽东南地区的花岗岩残积土(Granite Residual Soil)分布范围广,结构性强,具有各向异性和不均匀性、浸水易崩解和软化、亲水性好等工程特性,降雨期间的非饱和花岗岩残积土边坡因含水率增加,基质吸力锐减,可导致天然边坡失稳,其特有的工程性质须进一步引起高度的重视[171]。自然界和岩土工程问题中遇到的土大多数为非饱和土,土的抗剪强度作为土力学和岩土工程的标志,主要受土体的种类(颗粒的矿物组成)、原(次)生结构和含水率等因素的影响[132,172]。目前,许多学者在非饱和土抗剪强度方面的研究主要体现在抗剪强度理论公式和本构模型的建立[59,173-175]、利用非饱和土试验(直剪仪和三轴仪)研究不同应力路径下区域性土体力学特性的变化规律[176-178]、含水率变化对土抗剪强度指标的影响[132,179-180]等。非饱和土力学的不断发展离不开理论与试验的互相验证与促进,而室内土工试验可直观反映特定土体在不同试验条件下的抗剪强度指标,是一种可靠的方法,可用于检验强度理论公式的准确性。虽然许多学者为了研究非饱和土的力学特性,研制出许多仪器设备和提出很多适合特定条件下的土体本构关系,但土样体积变化小、水流速低,土体中各状态量的平衡需要很长时间,并要求很高的精确度,实际中很难开展这样耗时长、昂贵的试验和相应的生产研究。因此,本章以闽东南地区的3种非饱和残积土为研究对象,在分析闽东南地区花岗岩残积土工程地质特性的基础上,通过收集大量不同含水率下原状土的直剪试验成果来着重研究土体抗剪强度指标与含水率的关系,根据数理统计分析结果,综合考虑不同干密度与含水率对抗剪强度指标的共同影响,以期为工程实践提供参考。

4.2 研究区工程地质特性

闽东南地区的花岗岩残积土,广泛分布于低矮丘陵、残积台地等地带及三角洲冲积平原区、滨海滩地等地带,有的直接出露地表,有些位于薄层坡积土下

(埋深较浅)或软弱土层(淤泥、淤泥质土、粉质黏土等)。根据福建省地方标准《建筑地基基础技术规范》(DBJ 13-07—2006)[181],按不小于2mm的颗粒含量可将其分为残积黏性土①、残积砂质黏性土②和残积砾质黏性土③。表4-1、表4-2为上述3种类型残积土的物理、力学指标数理统计结果,基本数据来源于闽东南地区312份工业与民用建筑岩土工程勘察项目中的土工试验资料和福厦高速铁路沿线岩土物理力学性质研究报告中相关土工试验数据。

闽南地区残积土的物理指标统计　　表4-1

土层	统计类别	指标					
		ω(%)	ρ(g/cm^3)	e	I_P	I_L	n(%)
残积黏性土①	统计组数	134	134	134	134	134	134
	范围	16~44.8	1.62~1.99	0.63~1.34	5.8~24.8	0.1~0.75	38.7~53.2
	平均值	32.29	1.80	0.995	13.958	0.472	49.51
	变异系数	0.208	0.039	0.169	0.291	0.339	0.086
	标准值	31.30	1.79	0.969	13.36	0.448	48.88
残积砂质黏性土②	统计组数	466	466	466	466	466	466
	范围	14.6~40.6	1.67~2.08	0.60~1.24	5.0~26.8	0.05~0.65	37.4~53.6
	平均值	27.43	1.84	0.88	12.82	0.36	46.52
	变异系数	0.183	0.035	0.132	0.275	0.416	0.072
	标准值	27.07	1.83	0.87	12.55	0.35	46.26
残积砾质黏性土③	统计组数	197	197	197	197	197	197
	范围	12.6~35.2	1.71~2.1	0.61~1.08	7.1~24.7	0.01~0.6	37.7~51.9
	平均值	23.02	1.85	0.80	12.49	0.29	44.36
	变异系数	0.182	0.027	0.118	0.289	0.383	0.065
	标准值	22.51	1.85	0.79	12.05	0.28	44.01

闽南地区残积土的力学指标统计　　表4-2

土　层	统计类别	指标			
		c(kPa)	φ(°)	α_{1-2}(MPa^{-1})	E_{1-2}(MPa)
残积黏性土①	统计组数	93	113	110	128
	范围	11.6~34.7	10.1~29.3	0.28~0.59	2.68~6.57
	平均值	23.72	17.80	0.422	4.397
	变异系数	0.246	0.264	0.204	0.232
	标准值	22.69	17.06	0.408	4.243

续上表

土层	统计类别	指标			
		c(kPa)	φ(°)	α_{1-2}(MPa^{-1})	E_{1-2}(MPa)
残积砂质黏性土②	统计组数	344	435	424	437
	范围	13.4 ~ 35.9	11 ~ 31.9	0.21 ~ 0.56	3.18 ~ 8.0
	平均值	24.90	20.89	0.39	4.98
	变异系数	0.228	0.252	0.246	0.244
	标准值	24.38	20.46	0.38	4.88
残积砾质黏性土③	统计组数	113	179	182	175
	范围	16.6 ~ 39	15 ~ 35.4	0.17 ~ 0.53	3.61 ~ 9.33
	平均值	26.91	24.29	0.35	5.26
	变异系数	0.24	0.197	0.222	0.204
	标准值	25.88	23.68	0.34	5.12

由表 4-1 和表 4-2 可知，将残积黏性土①、残积砂质黏性土②、残积砾质黏性土③分别简写为①、②、③。含水率(w)变化较大，土体多处于可塑-硬塑状态；天然密度的变异系数很小，其标准值满足 $\rho^{①} < \rho^{②} < \rho^{③}$；孔隙比($e$)在 0.6 ~ 1.3 之间变化，其变化满足 $e^{①} > e^{②} > e^{③}$，主要原因是残积砾质黏性土中的粗颗粒成分与黏粒含量比大，黏粒与残留的石英颗粒间结合不够紧密；压缩性指数(α_{1-2})和压缩模量(E_{1-2})分别在 0.17 ~ 0.59MPa^{-1} 和 2.68 ~ 9.33MPa 之间变化，按其标准值属中等压缩性土；液性指数(I_L)和塑性指数(I_P)的变异系数较大，数据的离散程度大。一般来说，残积黏性土土粒细，黏土矿物的含量大，水化作用强度高，结合水含量大，I_P 值也越大，3 类残积土的 I_P 平均值符合 $I_P^{①} > I_P^{②} > I_P^{③}$；抗剪强度指标黏聚力($c$)和内摩擦角($\varphi$)的取值分别在 11.6 ~ 39kPa 和 10.1° ~ 35.4°之间，黏聚力指标和内摩擦角指标都符合① > ② > ③。对于经历完整风化过程的花岗岩残积土质边坡，由于上部土层物化作用强烈，其粗颗粒含量会少于下部土层，颗粒间的黏聚力随粗颗粒含量和粒径的增大而减少，而剪切时需要更多能量将粗颗粒剪断，因此，内摩擦角将随粗颗粒含量和粒径的增加而增大。总体上看，残积土从上至下的可塑性减弱，其物理性质越好，主要表现为天然密度逐渐增大，天然含水率、孔隙比、孔隙率及液性指数逐渐减小。

4.3 物理力学指标相关参数的建立

土体的抗剪强度指标在地基承载力、土坡和路基工程稳定性评价中是最基本的力学参数[135]。土体抗剪强度包含摩擦强度和黏聚强度，前者的大小与土

的密实度、颗粒级配和土粒表面的粗糙度等有关，后者取决于黏土颗粒之间的胶结作用和静电引力等因素。无论是内摩擦角还是黏聚力，其变化都受多种因素制约。花岗岩残积土受含水率变化的影响表现在其游离氧化物溶解于水中的程度和综合结构势的变化程度，而土体的密实度在一定程度上反映了孔隙比的大小，是土体变形空间大小的度量之一，也影响土体抗剪强度的发挥。

4.3.1　含水率对黏聚力的影响

利用室内土工试验的直剪试验成果，得到闽东南地区3类残积土（原状土）中含水率的变化对黏聚力影响的相关关系。图4-1～图4-3为3类残积土的含水率 w 与黏聚力 $\ln c$ 的关系曲线，经数理统计分析，剔除残差值较大的数据点（图中红色点），闽东南地区残积黏性土、残积砂质黏性土与残积砾质黏性土黏聚力对数值与含水率之间的经验公式以及统计范围可参见表4-3，所拟合 w-$\ln c$ 线性方程的相关系数值均大于临界相关值，表现为较好的相关性，与文献[179]的研究成果具有相同的规律。不同类别的残积土在不同 ρ_d 下均表现为线性负相关，由图4-1～图4-3可以看出，在 ρ_d 变化不大时，3类残积土的黏聚力均随含水率的增加而下降。含水率对土体黏聚力的影响表现在凝聚作用和润滑作用的发挥程度。凝聚作用主要是指水膜联结，润滑作用可反映颗粒胶结程度的强弱。含水率越小，水膜联结力大，凝聚作用显著，土体黏聚力较大；随着含水率的增加，水膜厚度增大，水膜联结作用减弱，凝聚作用降低，黏聚力降低；当凝聚力减弱到一定程度时，颗粒间的胶结作用开始逐渐丧失，此时含水率对土体主要表现为润滑作用。

不同干密度下花岗岩残积土抗剪强度指标随含水率的变化关系　　表4-3

残积土类	拟合方程	统计样本数(剔除数)	相关系数 R^2	临界相关值 (α=0.01)	ρ_d (g/cm³)	统计范围		
						c (kPa)	φ (°)	w (%)
黏性土①	$\ln c=3.801-0.0399w$	23(2)	0.906	0.515	1.2×(1±1%)	12～19	12～18	21～34
	$\ln c=4.006-0.0414w$	21(1)	0.877	0.537	1.4×(1±1%)	15～25	14～20	20～32
	$\ln c=4.051-0.0462w$	23(2)	0.848	0.526	1.6×(1±1%)	17～29	16～21	14～27
砂质黏性土②	$\ln c=3.782-0.0362w$	22(1)	0.899	0.526	1.2×(1±1%)	13～20	15～20	22～34
	$\ln c=3.999-0.0375w$	23(2)	0.913	0.526	1.4×(1±1%)	17～28	17～22	17～31
	$\ln c=4.090-0.0419w$	23(2)	0.844	0.526	1.6×(1±1%)	19～31	19～24	15～27
砾质黏性土③	$\ln c=3.832-0.0286w$	22(3)	0.907	0.561	1.4×(1±1%)	20～29	20～23	15～29
	$\ln c=3.981-0.0313w$	25(3)	0.833	0.515	1.6×(1±1%)	21～33	22～26	13～27

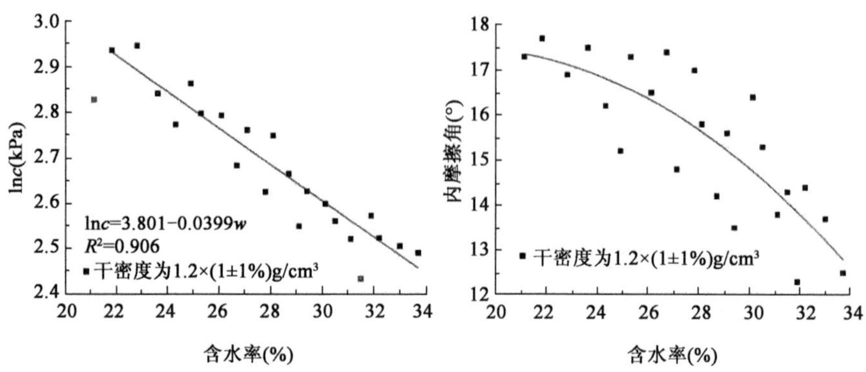

a)ρ_d=1.2×(1±1%) g/cm³时残积黏性土含水率与抗剪强度指标的经验关系式

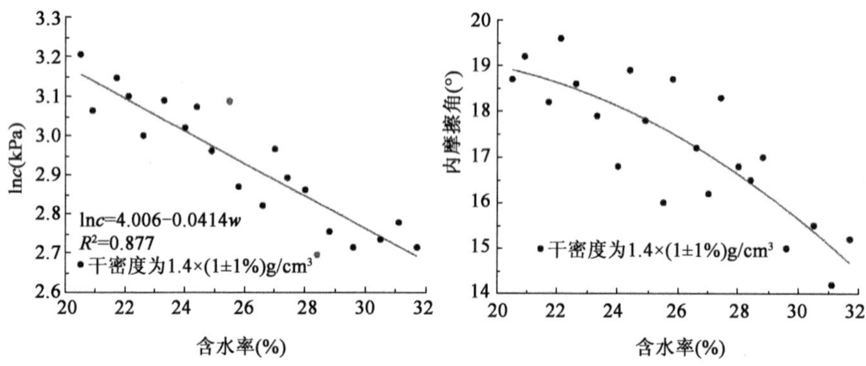

b)ρ_d=1.4×(1±1%) g/cm³时残积黏性土含水率与抗剪强度指标的经验关系式

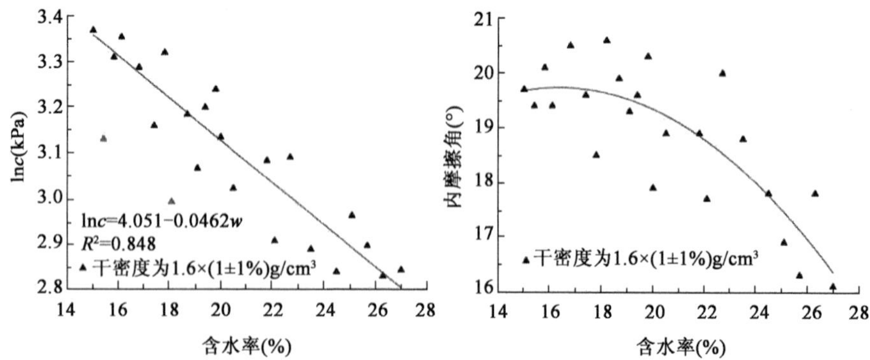

c)ρ_d=1.6×(1±1%) g/cm³时残积黏性土含水率与抗剪强度指标的经验关系式

图 4-1　残积黏性土含水率对抗剪强度指标的影响

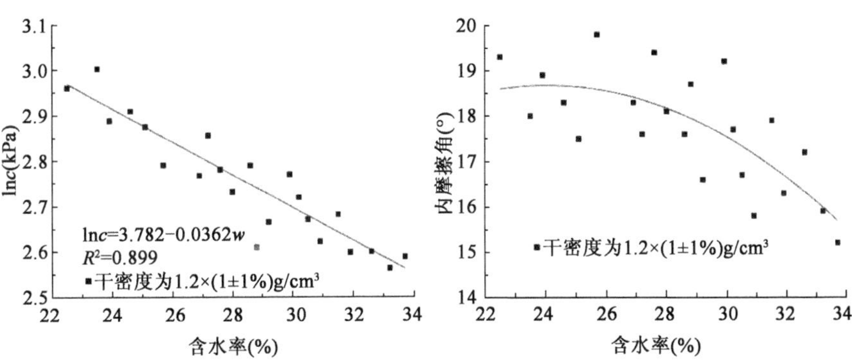

a)ρ_d=1.2×(1±1%) g/cm³时残积砂质黏性土含水率与抗剪强度指标的经验关系式

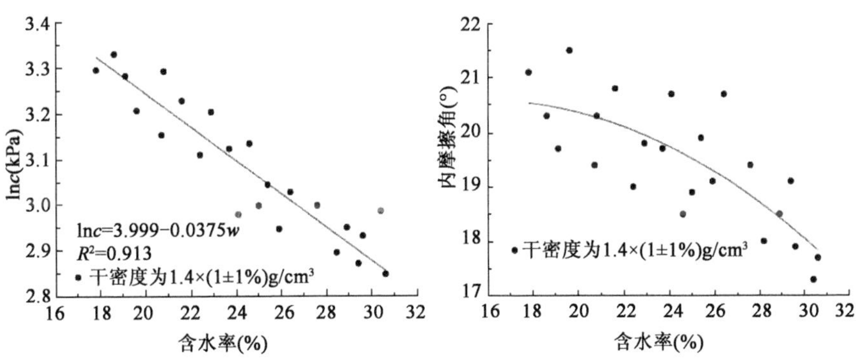

b)ρ_d=1.4×(1±1%) g/cm³时残积砂质黏性土含水率与抗剪强度指标的经验关系式

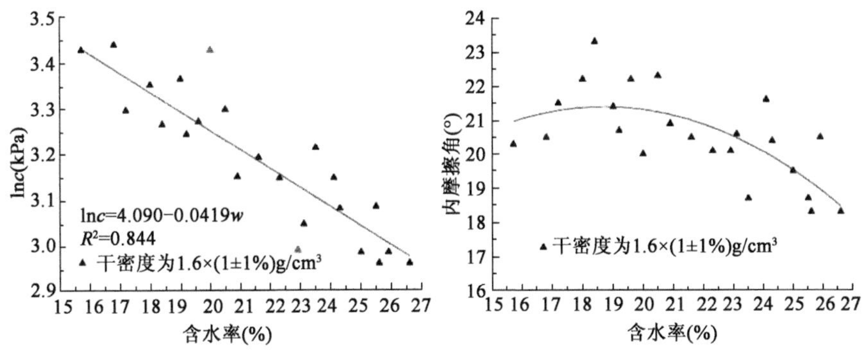

c)ρ_d=1.6×(1±1%) g/cm³时残积砂质黏性土含水率与抗剪强度指标的经验关系式

图4-2　残积砂质黏性土含水率对抗剪强度指标的影响

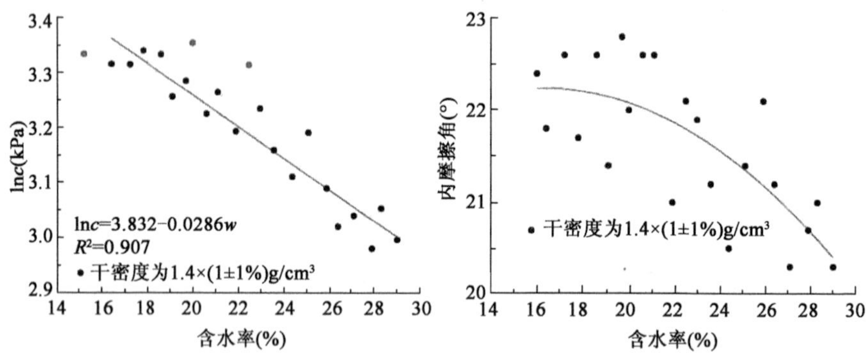

a)ρ_d=1.4×(1±1%) g/cm³时残积砾质黏性土含水率与抗剪强度指标的经验关系式

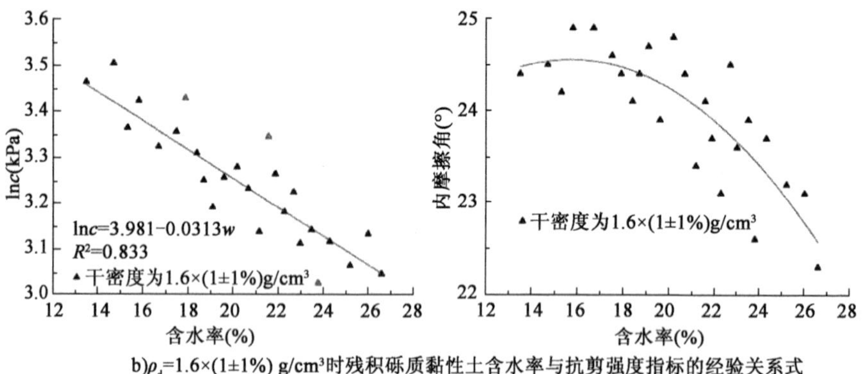

b)ρ_d=1.6×(1±1%) g/cm³时残积砾质黏性土含水率与抗剪强度指标的经验关系式

图4-3 残积砾质黏性土含水率对抗剪强度指标的影响

由表4-3及图4-1～图4-3可知，3类残积土的w-ln$c$经验关系式负斜率绝对值均随着密实度的增加而上升，ρ_d在1.4×(1±1%)g/cm³～1.6×(1±1%)g/cm³变化时3类残积土的斜率值波动较大（分别为1.116、1.117和1.094），此时ρ_d的增大虽然使孔隙比减小，但含水率对土体的压密作用仍然存在，还有进一步的变形空间可丧失，土体黏聚力值受含水率的影响较强；残积砾质黏性土在同一压实密度下的负斜率绝对值明显小于残积黏性土和残积砂质黏性土，反映含水率对该土层黏聚力的影响程度较弱，由于保留了原岩的结构强度和物化作用较弱，该土层的工程性质要好于其他两类残积土。

4.3.2 含水率对内摩擦角的影响

图4-1～图4-3同时也反映了含水率与内摩擦角的相互关系，内摩擦角随含水率的变化总是集中在一个范围内离散波动，详见表4-3中的统计范围。当压

实密度相同时，内摩擦角随含水率的增加总体呈现出非线性下降的趋势（高含水率下的内摩擦角值明显较小），但并不是所有的密实度下都呈现这样的规律。在 ρ_d 为 1.6g/cm^{3}时，3 类黏性土具有峰值点，这表明相对于黏聚力而言，w-φ 存在一个最优含水率，即含水率对土体抗剪强度的影响须考虑最佳含水率。密实度较小情况下，3 类残积土的峰值现象不明显，可能与所统计的含水率为高含水率有关。

4.3.3　干密度对黏聚力的影响

根据表 4-3 数理统计结果，可知闽南地区残积黏性土、残积砂质黏性土、残积砾质黏性土 w-ln$c$ 经验关系式的常数项系数和一次项系数之间的比值总体差别不大，这里以残积黏性土为例进行说明。对于残积黏性土，有：

$$\rho_d = 1.2 \times (1 \pm 1\%)\ \mathrm{g/cm^3},\ \ln c = 3.801 - 0.0399w$$

$$\rho_d = 1.4 \times (1 \pm 1\%)\ \mathrm{g/cm^3},\ \ln c = 4.006 - 0.0414w$$

$$\rho_d = 1.6 \times (1 \pm 1\%)\ \mathrm{g/cm^3},\ \ln c = 4.051 - 0.0462w$$

上述方程中，把干密度为 $1.2 \times (1 \pm 1\%)$ g/cm^{3}的常数项和一次项作为基准值，干密度为 $1.4 \times (1 \pm 1\%)$ g/cm^{3}时线性方程的常数项与一次项分别与各自基准值的比为 1.054 和 1.037，两者相差 1.6%，两个方程大致符合线性相关关系；而干密度为 $1.6 \times (1 \pm 1\%)$ g/cm^{3}时的比值为 1.066 和 1.157，差值为 8.5%，方程间也大致符合线性相关关系。

因此，考虑 ρ_d 对 ln$c$ 的线性影响系数为 β，有：

$$\rho_d = 1.2\ \mathrm{g/cm^3},\ \beta = 1$$

$$\rho_d = 1.4\ \mathrm{g/cm^3},\ \beta = (1.054 + 1.037)/2 = 1.046$$

$$\rho_d = 1.6\ \mathrm{g/cm^3},\ \beta = (1.066 + 1.157)/2 = 1.112$$

经拟合，可得 $\beta = 0.280\rho_d + 0.661\ (R^2 = 0.99)$

根据上面拟合结果，将干密度的线性影响代入公式，最后的形式为：

$$\ln c - (3.801 - 0.0399w)(0.28\rho_d + 0.661)$$

根据上述分析方法，考虑密实度的变化对残积砂质黏性土和残积砾质黏性土的影响（对于干密度为 1.2g/cm^3、1.4g/cm^3 和 1.6g/cm^3 的预测公式，可直接采用表4-3的拟合方程进行预测），最后结果见表4-4。拟合结果表明，所采用的经验公式能很好地反映花岗岩残积土黏聚力随干密度与含水率的变化关系。同时，为验证经验公式的可用性，选择闽东南地区花岗岩残积土的室内实测数据与预测数据进行对比，见表4-5。结果表明，实测数据与预测数据间的误差较小，可满足工程精度要求。

花岗岩残积土黏聚力随干密度与含水率的变化关系 表4-4

土　类	线性影响系数β	相关系数R^2	经验公式
残积黏性土①	$0.280\rho_d+0.661$	0.96	$\ln c=(3.801-0.0399w)(0.280\rho_d+0.661)$
残积砂质黏性土②	$0.298\rho_d+0.639$	0.98	$\ln c=(3.782-0.0362w)(0.298\rho_d+0.639)$
残积砾质黏性土③	$0.335\rho_d+0.531$	1	$\ln c=(3.832-0.0286w)(0.335\rho_d+0.531)$

经验公式 $\ln c(A+Bw)(C\rho_d+D)$ 预测结果分析 表4-5

土　类	干密度(g/cm^3)	含水率(%)	预测值(kPa)	实测值(kPa)	误差值(%)
残积黏性土①	1.198	32.8	12.0	12.2	1.6
	1.437	26.3	18.7	17.9	4.5
	1.551	19.5	27.4	28.2	-2.8
残积砂质黏性土②	1.207	30.8	14.4	14.7	2.0
	1.455	27.3	20.1	19.5	-3.8
	1.566	18.9	30.7	32.3	4.9
残积砾质黏性土③	1.382	27.3	20.8	21.9	5.0
	1.601	16.8	35.8	33.5	-6.9

4.3.4 干密度对内摩擦角的影响

土体密实度、颗粒结构和大小等都影响土的内摩擦角。一般情况下，含水率一定时，越密实的土其内摩擦角越大。土越密实，土颗粒间的咬合作用越强，整体结构性越好（颗粒间的约束作用越强），磨圆度越小，剪切过程中需要更大的能量来破坏整体结构性，因此，内摩擦角越大。由图4-1～图4-3可知，同种土在干密度为$1.2g/cm^3$、$1.4g/cm^3$、$1.6g/cm^3$范围时的内摩擦角将依次递增约3°，高密实度下内摩擦角与含水率的关系具有峰值特点。

4.4 本章小结

本章以闽东南地区的3种非饱和花岗岩残积土为研究对象，详细分析了残积土的工程地质特性，通过大量收集不同含水率下非饱和原状土室内土工试验成果，来着重研究土体抗剪强度指标与含水率的关系，结合数理统计分析结果，建立了针对闽东南地区花岗岩残积土含水率和干密度与抗剪强度指标之间的经验公式，并就含水率和干密度对黏聚力和内摩擦角的影响进行深入分析，得到了若干结论。

首先，同一干密度下，含水率对闽南地区3类花岗岩残积土黏聚力具有弱化作用，w-ln$c$为线性负相关，同一含水率下，高密实度残积土的黏聚力值明显大于低密实度土体；相对于黏聚力，含水率对3类残积土内摩擦角的影响较小，内摩擦角在含水率增大过程中具有非线性衰减的趋势，但在高密实度时3类残积土的内摩擦角变化具有峰值点，此时应考虑最优含水率。土体密实度对黏聚力的影响可用线性正相关来反映。一般情况下，干密度值越大，残积土黏聚力值也越大。

其次，花岗岩类残积土特殊的工程特性须引起高度重视，建立的针对闽东南地区花岗岩残积土黏聚力与土体含水率和密实度的相关经验公式，可为工程勘察、设计和施工的可靠性分析提供参考。

第5章　土坡对降雨入渗响应的试验研究

5.1　模型边坡降雨试验方案

降雨诱发滑坡发生是一个动态过程，降雨期间或雨后一段时间内，雨水入渗会导致非饱和土体吸力下降，降低土体的抗剪强度；未能入渗雨水会冲刷坡面、侵蚀坡脚，改变坡体原有结构；降雨引起地下水位上升的过程中，组成潜在滑体的土体的有效自重应力减小，增加其侧向动水压力，导致边坡失稳。因此，开展降雨入渗影响下的非饱和土坡渗流特性研究，尤其是入渗率和湿润锋运移等特性的研究，对于非饱和土坡的稳定性研究具有重要的理论与工程实践价值。

综上分析，可将降雨入渗对边坡稳定性的不利因素归纳为3点：①边坡土体吸收水分，含水率增加，土体重度增加，即坡体下滑力增大；②土体的抗剪强度受入渗雨水的软化作用，导致其抗滑力减低；③对于具有较高地下水位线、渗透性好的土体，雨水入渗可提高地下水位线，即可在坡体内形成渗透力和孔隙水压力，减小抗滑力，并增大下滑力。许多学者利用数值分析、原位监测和室内模拟人工降雨试验对边坡的吸力、含水率和土压力变化进行分析，以往研究[71-72,82,87]更多集中于坡体内吸力、含水率变化及边坡失稳过程演变，而重点开展针对闽东南残积土边坡应力性状变化的模型试验研究还较少；已有研究[4,7,9-11,31]主要通过理论分析及室内模型对降雨诱发滑坡失稳模式及机理进行研究，重点集中在降雨入渗规律的定量研究、降雨入渗影响下边坡中的非饱和渗流特性以及边坡失稳破坏过程的描述，而较少基于模型试验监测的土体吸力变化引起坡体变形入手，对降雨诱发非饱和残积土坡失稳机理进行研究；前述研究[9-11,46,47,50,71,72,87,186-191]主要集中在降雨条件与非饱和土入渗特性的映射分析中，基本上未能深入研究降雨入渗引起土体吸力和含水率的时变规律、入渗过程中的渗流特性等科学问题，导致降雨型滑坡预警缺乏更有力的理论支持。因此，本书以闽东南地区典型的残积土边坡为研究对象，通过建立好的室外人工降雨系统，结合新建的监测系统，对非饱和土坡对降雨入渗的响应及其失稳演变过程进行全方位、多参数研究。

试验目的：①揭示边坡不同位置土体的体积含水率、基质吸力、饱和度、土压力、坡体变形对不同降雨条件下的实时变化规律；②探究不同坡度、不同密实度边坡对降雨入渗响应的差别；③结合室内非饱和原状土体的SWCC试验成果，分析原状土和模型所有土体的 SWCC 的区别和联系；④从土体的基本特性入手，分析不同降雨条件、不同坡形、密实度和不同位置土体的入渗率、湿润锋的实时曲线；⑤研究针对闽东南地区降雨诱发非饱和土质边坡的失稳模式和机理，并探讨失稳预警因子的选择，以期为类似滑坡的预警预报提供参考。

5.1.1　试验元器件

5.1.1.1　模型箱和降雨系统

模型箱为固定式钢槽，长×宽×高分别为 3m×2m×1.5m，经力学分析，主体结构采用 160 槽钢和 80 方钢焊接而成，前后为 5mm 厚钢板，其中一个面可拆卸；同时根据《建筑玻璃应用技术规程》(JGJ 113—2015)的规定，两侧采用 15mm 厚钢化玻璃。

降雨喷头、安装支架及供水设备是降雨系统的核心组成部分。降雨喷头采用旋转下喷式喷头，3 种喷头编号/喷嘴直径分别为 1/9mm、2/11mm、3/13mm，选用的喷嘴直径越大，可过水流量越大，具有的喷洒范围也越大。根据现场实测，压力为 0.1MPa，一定喷洒面积下单组喷头的平均可喷半径和降雨强度依次分别为 2m 和 27mm/h、2.5m 和 50mm/h、3.2m 和 71mm/h。根据模型箱的面积和多次现场率定，最终喷头布设采用 1、2、3 号喷头为一个喷头组，共 3 个喷头组[图 5-1a)]，间距为 2.1m，喷洒均匀度为 0.82，通过调节不同的喷头工作压力(可调范围为 0.08～0.2MPa)，可得到的降雨强度范围为 17～170mm/h。

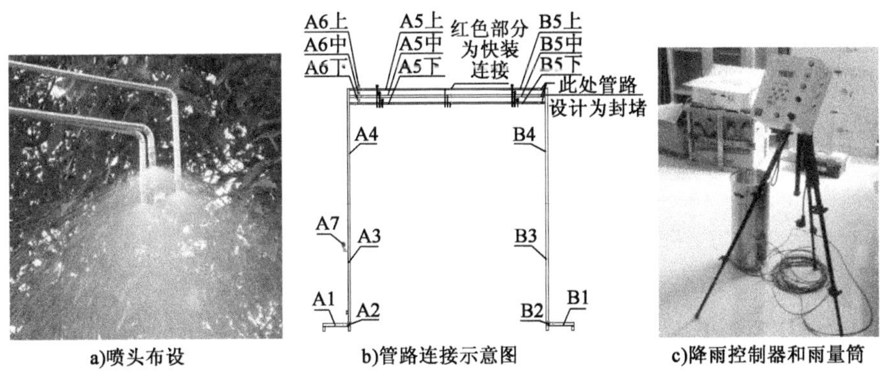

图 5-1　降雨系统的组成

降雨器支架长 5m，可达到高度 4.5m(其中一节竖杆可拆除，竖杆高度为 1m)，采用不锈钢管作为供水管道，为避免喷头长时间使用造成的堵塞，在压力管道前端配置水质颗粒物过滤器，通过水泵和供水管路给整套降雨系统提供水源支持,管道连接见图 5-1b),通过降雨控制器[图 5-1c)]获取实时数据,结合多参量数据接收软件对采集好的雨量数据进行后处理操作。

5.1.1.2　监测元器件

(1)水分计。

土壤水分计是通过测量土体介电常数来获取土体的体积含水率,一般情况下,输出的电压和被测土壤水分之间为非线性关系。水分计[图 5-2a)]测量土体的范围为周边 3 根钢针(直径为 3cm、长为 7cm)围成的圆柱体面积,周围 3 根钢针形成公共端,并在腔体内部用一个金属圆环连接,中心钢针为主感应端。使用时将水分计中的钢针插入被测土体,可量测 5% ~50% (m^3/m^3)的体积含水率值,误差为 ±2% (m^3/m^3)。使用前,应事先单独进行校准,可用水分计量测预先配制好的一定含水率的土体来判别;安装前,采用洛阳铲开孔至指定土体深度,可下套管或套筒以避免塌孔和缩孔;水分计安装过程中,可事先在水分计上安装套筒,放至孔位时改由人工加压安装,但应避免转动或倾斜,退出套筒时注意导线缠绕或人为拔断,导致埋设失败;埋设完毕后,回填钻孔,这里须确保回填土体的密实度应保持与边坡土体一致;读数前,应确保接线接头已接好,然后再打开电源进行读数;试验结束后,取出水分计时应小心谨慎,避免探针钢针受外力强压而毁坏。

水分计探头测量的是被测介质中水分的百分体积含量,由于被测介质的介电常数(ε)和介质中水分含量存在确定的函数关系,因此,通过内部特殊设计电路处理,将介电常数(ε)的变化以直流电压的变化输出,即可得出介质中水分含量与输出电压的关系,反复试验表明电压输出和被测土壤水分为非线性关系,公式为:

$$\theta = 144.7v^4 - 285.0v^3 + 195.0v^2 - 5.277v \qquad (v \leqslant 1.0V) \tag{5-1}$$

$$\theta = 500.0v^2 - 452.5 \qquad (1.0 < v \leqslant 1.11V) \tag{5-2}$$

$$\theta = 100 \qquad (1.11 < v < 1.20V) \tag{5-3}$$

式中:θ——水分的百分体积含量(%);

v——水分传感电压输出(V)。

(2)张力计。

张力计由陶土头、塑料管、集气管、传感器等部件组成[图 5-2b)]。陶土头有许多细小的孔隙,陶土头被水浸湿后,可在其内部孔隙中形成水膜,当土体不饱和时,张力计与周边土体土水势不平衡,导致张力计内部水分由陶土头进入土体,直至张力计的内部压力与土体孔隙水压力的水势相等,此时压阻式传感器可将张力计内的负压转换为电信号,最后将传感器量得的电压线性转化为负压,该值即为土体吸力。

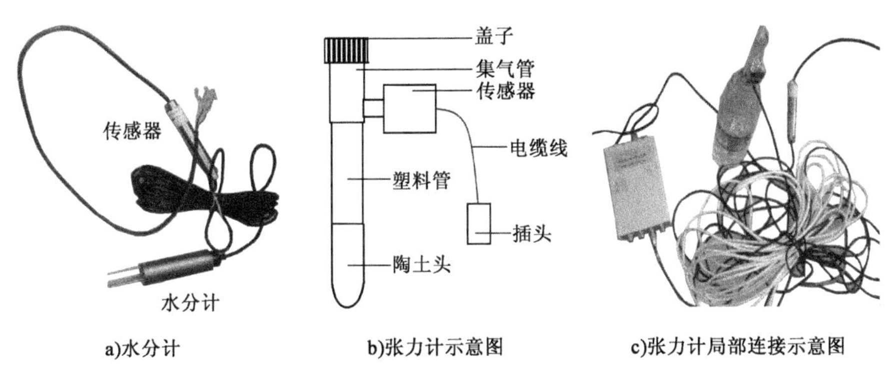

a)水分计　　b)张力计示意图　　c)张力计局部连接示意图

图5-2　水分计和张力计示意图

张力计使用前应先将其内部空气除净，用以达到其最大的灵敏度，具体步骤为：

①将新鲜纯水倒满仪器，开启集气管盖子，依靠水的重力作用使陶土头湿润，直至有水滴出。

②第二次注满纯水，旋紧盖子，让陶土头在空气中蒸发，一段时间后轻轻敲打仪器内部管壁附有的气泡，使其汇集于集气管。

③第三次注满纯水，并密封，重复步骤②。

④重复上述步骤2～3次后，量测电压，直至内部吸力达到85kPa，随后将陶土头放置于纯水内备用，因陶土头中部与传感器之间有一个压力值，试验开始前应进行零位校正。张力计的安装过程与水分计基本一致，将张力计埋置于指定深度前，须倒入少许泥浆，避免陶土头与粗颗粒触碰而损坏，垂直插入后回填土体，回填土体的密实度同样应保证与模型边坡土体密实度一致，以免试验失败。若试验周期很长，应定期检查张力计内的水位高度，当水位位于集气管一半处时，应原地开盖补充纯水，在此过程中应小心操作，以免造成仪器松动。通过四通道变送器[图5-2c)]可实现传感器信号(负孔隙水压力)与电压值间的转化，电压输出范围为0～5V(直流电)，线性对应孔压值为0～100kPa。这里应特别注意，四通道变送器应插入220V电源(交流电)，并且输入端为四孔插头，而输出端为三孔插头。

(3)土压力盒。

电阻式微型土压力传感器工作原理是：受力时，黏结在受力模型上的电阻应变片发生变形，导致电阻相应变化，结合标定参数(采用气压标定)，给出具体压力值，试验中采用的土压力传感器的量程为0～0.1MPa，型号为ϕ17mm×7mm。土压力盒埋设前，应预先钻好孔，为避免侧向和竖向土压力盒互相影响，应确保两者间距超过6倍的半径,实际取为2cm;保证传感器承压面朝向拟测定应力方向,也就是说,测定竖向土压力时,承压面垂直朝上;测定侧向土压力时,承压面应竖向朝内。为安放平稳和保证与土体接触面齐平,可用1:3砂浆事先做一个符合土压力盒的模具,表面用透明胶带粘紧[图5-3a)],而测定边坡下滑力前,土压力盒底面套有一坚硬垫片[图5-3b)],装入土压力盒并粘紧表面后,将完整模型用钉子固定于木板竖肋[图5-3c)]。同样,回填的土体密度应确保与周边土壤介质一致,为防由软质环氧密封固定的引线脱落,引出的传感器导线不能曲折。

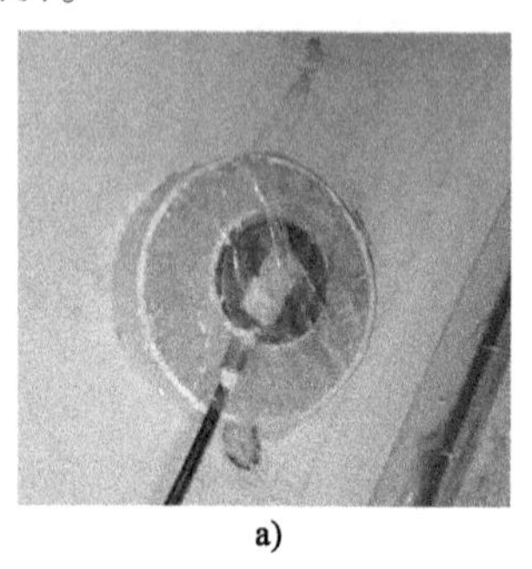
a)

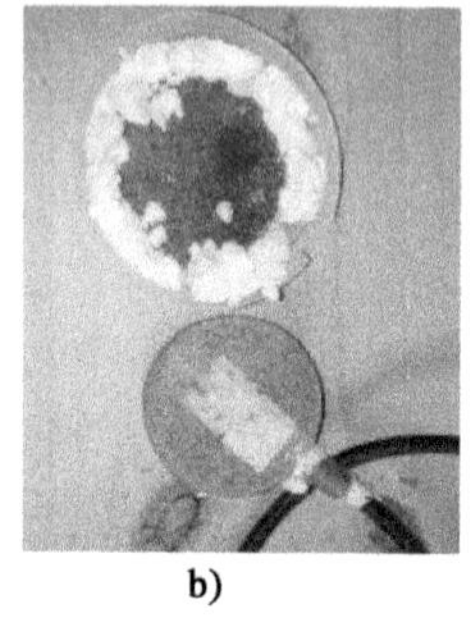
b)

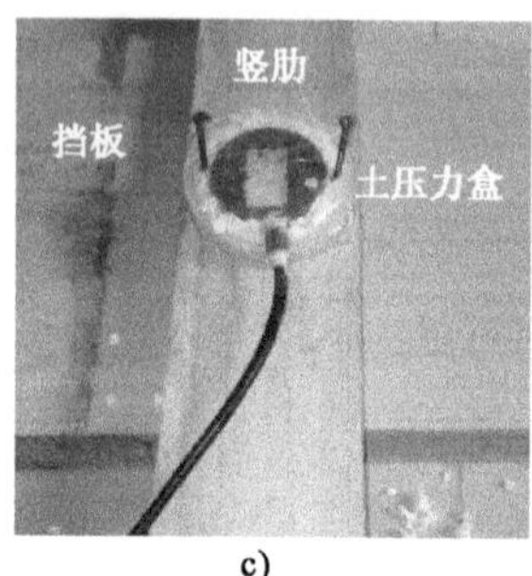

c)

图5-3 土压力盒埋设前示意图

5.1.2 监测系统

数据采集监测系统采用Windows平台,全中文图形化界面,使用简便、直观,数据库采用Paradox7,稳定可靠,便于维护、备份。各监测件并入系统前,都应先与传感器[图5-2a)]相连接。为避免混乱和便于管理,先将同种类型的监测件一个一个单独列出,用读数仪依次检查连接传感器的监测件是否有正常的读数,检查无误后,再将同种类型监测件及其连接的传感器并在一起,最后接入图5-4a)左侧总线。

由于监测件埋设位置、自动化采集箱和控制监测系统的计算机距离较近,因此直接连接计算机进行自动化采集。为了避免监测过程中出现无法读取传感器数据的现象,并入同一条总线上的传感器应尽可能少,并且务必确保各个接线接头处的六芯或四芯事先完好对接,同时,固定好连接计算机监测系统和自动化采集箱之间的串行口(RS232 ~ RS485转换器)接头,确保数据传输畅通。在正确设置好串行口参数后,需要设置数据记录文件,同时应将传感器编号及命名等信息录入和保存系统[图5-4b)],根据试验需要,自动设置采集数据的时间间隔[图5-4c)]。

因试验周期长、传感器数量多,经调试后选择:降雨中采集时间每隔12min,

初次降雨停止每隔 30min，直至雨停 3h，随后雨停 11h 每隔 60min 采集数据；二次降雨停止每隔 12min 至雨停 5h，随后雨停期间每隔 60min 采集数据，避免读取数据量过大而导致通道传输出现问题，并且应不定期读取传感器数据，用以检查是否出现问题[图 5-4d)]，以确保实时监测有效、顺利进行。一旦读取传感器数据不畅时，可先关闭自动采集电源，然后再打开，直至红灯长亮，即可重新读取数据进行分析。

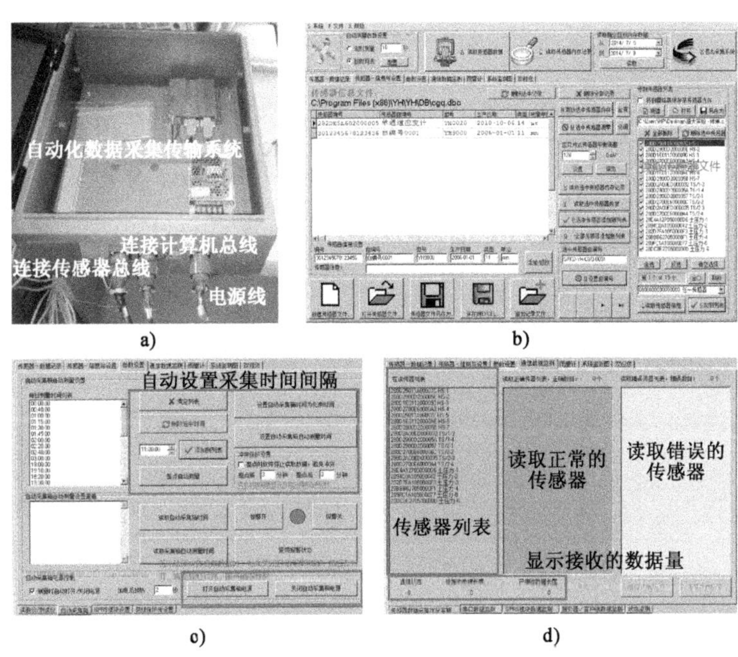

图 5-4　自动化数据传输和采集系统示意图

5.1.3　试验方案设计

闽东南地区残积土坡在雨季、台风暴雨期间易发生失稳破坏，降雨诱发的滑坡灾害不仅给居民生命、财产造成巨大损失，也严重影响交通及其他基础设施的安全运营，因此，开展降雨条件下区域典型土坡失稳机理、模式和滑坡预警预报研究具有重要意义。本节通过物理模型试验重现非饱和土坡对降雨入渗的响应及其失稳演变的全过程，通过对非饱和土含水率、吸力、土压力和坡体下滑力的实时监测，结合坡体位移、湿润锋和非饱和土入渗率的发展趋势，全面揭示残积土坡的失稳模式和机理。表 5-1 为各模型边坡的监测内容，其中全边坡模型考虑了体积含水率、吸力和土压力的变化情况，不涉及变形分析；无限边坡模型除了对体积含水率和吸力进行监测外，重点监测坡体下滑力和坡体变形趋势。为了方便后续对实时监测数据的分析，表5-2、表5-3给出了相应监测件的指定编号。

各模型边坡监测内容　　表5-1

试验	边坡模型	相对密实度（%）	坡角（°）	水分计数量（个）	张力计数量（个）	土压力盒数量（个）	变形分析
1	全边坡	84	34	7	7	6	×
2		84	45	7	7	4	×
3	无限边坡	84	26	3	3	3	√
4		77	26	3	3	3	√
5		77	17	4	4	3	√

全边坡模型监测件指定编号　　表5-2

监测点号	编　号		埋深（cm）	体积含水率HS	吸力XL
	水分计	张力计			
1	27	4-1	30/20	HS-1-30-1/2	XL-1-30-1/2
2	F7	3-2	30	HS-2-30-1/2	XL-2-30-1/2
3	AC	3-3	30	HS-3-30-1/2	XL-3-30-1/2
4	65	3-4	30	HS-4-30-1/2	XL-4-30-1/2
5	97	4-2	50	HS-5-50-1/2	XL-5-50-1/2
6	AB	4-3	70	HS-6-70-1/2	XL-6-70-1/2
7	F9/6B	4-4	70	HS-7-70-1/2	XL-7-70-1/2

注：HS-1-30-1/2、XL-1-30-1/2分别代表第一次/第二次降雨条件下，第一个埋深在30cm处土体的含水率、吸力。

无限边坡模型监测件指定编号　　表5-3

监测点号	编　号		埋深（cm）	体积含水率HS	吸力XL
	水分计	张力计			
1	6B	3-3	32	HS-1-32-1/2	XL-1-32-1/2
2	27	3-2	20	HS-2-20-1/2	XL-2-20-1/2
3	AC	4-1	20	HS-3-20-1/2	XL-3-20-1/2
1-5	F9	3-3	20	HS-1-20-1/2	XL-1-20-1/2
2-5	F7	4-2	32	HS-2-32-1/2	XL-2-32-1/2
3-5	27	3-4	32	HS-3-32-1/2	XL-3-32-1/2
4-5	AC	3-2	20	HS-4-20-1/2	XL-4-20-1/2

注：编号含义见表4-2。

试验用土来自福大南门，残积土的颗粒级配曲线见图3-1，因土方量大（如试验1用土5m^3左右），土体须重复进行使用，填筑过程采用统一的步骤进行，以尽可能确保试验结果可靠。模型边坡填筑前通过击实试验确定所用土体的最大干密度为 1.61g/cm^3，最优含水率为 23%；边坡成形过程中，为便于进行量化控制击实次数，采用木槌进行击实；击实时，根据垫块(采用木块)的长度分左、中、右 3 个部位进行依次敲击，然后往返 6 次，随后向前移动垫块(应确保后击实范围和前击实范围有一半土体交叉)，每个部位土体敲击次数应依次逐渐增加，避免减少对某个部位集中进行敲击；填筑土体每层 10cm，均匀铺撒，逐级成形至阶梯状(图 5-5)，阶梯前缘采用挡板约束土体，撤下挡板过程中，应做好土体的衔接，衔接部分的处理可参考文献[77]，全边坡成形后，即可进行削坡；无限边坡成形时，可用挡板依次分割，最后做好各部分土体的衔接。模型成形后，应先初次修整坡面，随后埋设监测件，调试完毕后再次修整坡面，并整理监测件线路，保证接头处可防水、防潮；为有利于坡体排水，无限边坡下滑端填筑 10cm 细砂(图 5-6)，前端挡板和底部皆采用开孔模板，为防止下滑力过大对挡板造成损坏，在安装土压力的中间部位添加一道竖向加劲肋[图 5-3c)]。最后调整好相机位置，以利于拍照。所有成形后的边坡静置 2d。整个填筑过程中，用环刀及时取样进行密实度和含水率计算，比较计算结果与预期结果的误差，及时调整击实次数和土体含水率(若水分过低，则可洒水补充；若干密度过低，可进一步击实；若密实度过高，则挖出重新填土)，尽量减小误差。

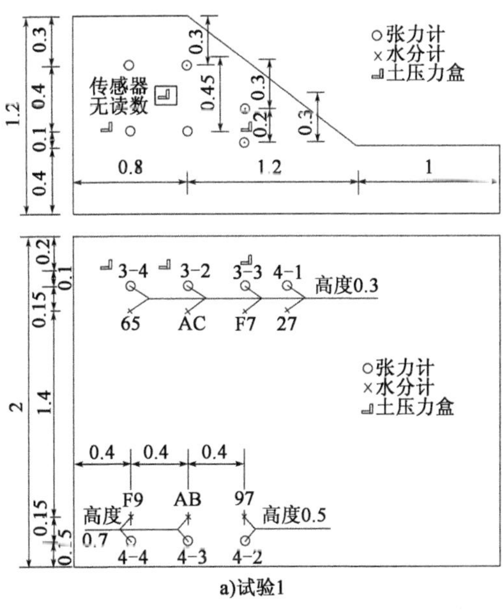

a)试验1

图　5-5

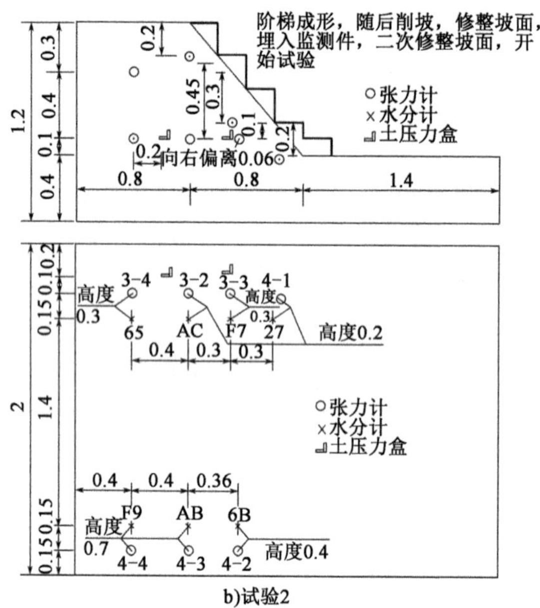

b)试验2

图 5-5　全边坡侧面、平面及监测件埋设示意图(尺寸单位:m)

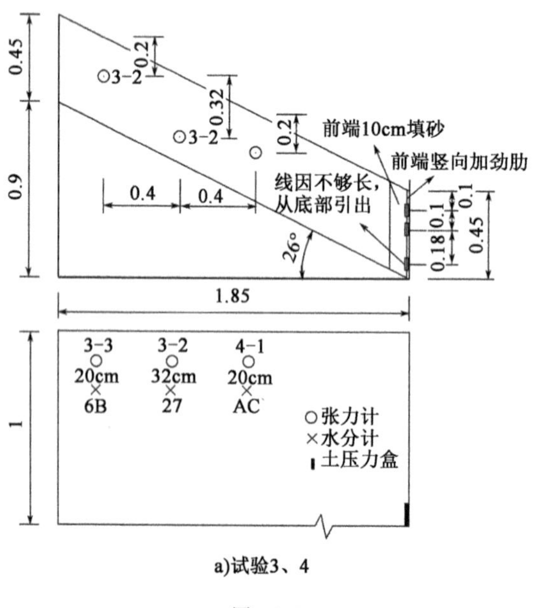

a)试验3、4

图　5-6

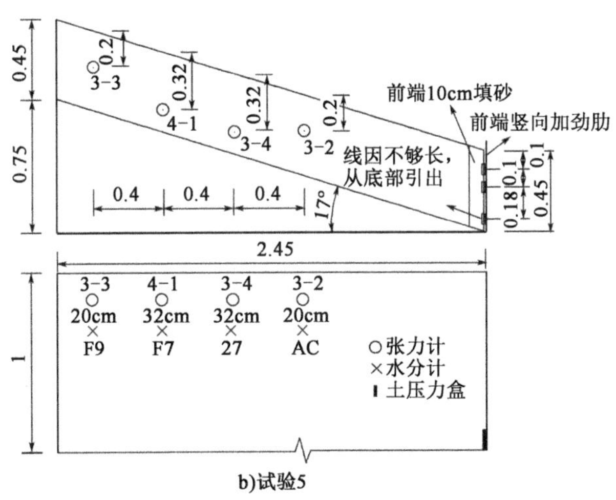

b)试验5

图5-6　无限边坡侧面、平面及监测件埋设示意图

5.2　模型边坡降雨试验成果

5.2.1　试验初始条件

通过对设计好的5组地质力学模型开展室外人工降雨试验，研究闽东南地区典型残积土坡对降雨入渗的响应及失稳机理。降雨诱发边坡失稳的过程实际上是组成边坡土体的破坏过程，为此，应从边坡土体的材料性状在降雨过程中的变化入手进行分析，重点考虑以下几个方面：土体物理状态的改变（含水率、饱和度）、土-水特征曲线、土压力（下滑力）、湿润锋、入渗率和入渗引起的变形。根据室内土工试验成果，各模型边坡降雨试验的初始条件见表5-4（室内土工试验所需的土样为模型边坡成形过程中随机选取不同时间和空间的土样）。

各模型边坡降雨试验的初始条件　　表5-4

试验	1	2	3	4	5
类别	全边坡	全边坡	无限边坡	无限边坡	无限边坡
坡角（°）	34	45	26	26	17
干密度 ρ_d（g/cm^3）	1.31	1.31	1.31	1.20	1.20
相对密实度RC（%）	84	84	84	77	77
孔隙率 n	0.441	0.441	0.441	0.488	0.488
孔隙比 e	0.789	0.789	0.789	0.953	0.953

续上表

降雨条件	第一次降雨过程:持时 6h、降雨强度 30mm/h,随后雨停 14h 第二次降雨过程:持时 3h、降雨强度 60mm/h,随后雨停 12h 两次累积降雨量一致,为 180mm				
饱和渗透系数 k_{sat}(m/s)	1.5×10^{-6}	1.5×10^{-6}	1.5×10^{-6}	4.5×10^{-6}	4.5×10^{-6}

一般情况下,5—6 月份的梅雨季降雨具有雨时长、雨量多、强度大、范围广的特点,伴有大雨到暴雨;而 7—9 月份的台风、雷雨季降雨时空分布不均,受台风影响,常出现暴雨,炎热天气时常有雨后雷阵雨发生。考虑雨季强降雨工况和人工模拟降雨设备的特点,最后选择持时 6h、降雨强度 30mm/h 和持时 3h、降雨强度 60mm/h 作为模拟降雨的输入条件。全边坡模型考虑不同坡度和不同阶段降雨的变化,无限边坡模型除了考虑不同坡度和不同阶段降雨外,还考虑了不同密实度的变化,不同边坡类型可进一步通过同一坡体位置来进行试验数据的对比分析。

5.2.2 非饱和土含水率对降雨入渗的响应

全边坡和无限边坡各部位土体含水率、基质吸力和土压力分别通过水分计、张力计和土压力盒监测得到,并利用式(5-4)计算土体在任何时刻降雨的饱和度。

$$S_r = \frac{\theta_w(1+e)}{e} = \frac{\theta_w}{n} \tag{5-4}$$

式中:S_r——饱和度;

θ_w——各时刻土体体积含水率;

n——土体的孔隙率。

5.2.2.1 坡体含水率受降雨历程的影响

因边坡成形时间的差异以及蒸发、气候条件等自然因素的影响,导致各边坡模型的初始含水率无法一致,边坡土体初始含水率与深度有关,坡体内部深处的体积含水率会稍大于边坡上部的体积含水率,表层土体体积含水率会较小。由表 5-5 和图 5-7a)可知,第一次降雨试验前,34°全边坡各深度处土体初始平均体积含水率(w_{r0})分别为埋深 30cm,w_{r0}为 22.7%;埋深 50cm,w_{r0}为 23.8%;埋深 70cm,w_{r0}为 24.9%。经过一段时间降雨后,各深度土体含水率开始变化,各自平均响应时间(t)为埋深 30cm,t 大致为 108min;埋深 50cm,t 约为 216min;埋深 70cm,t 大概为 240min。6h 降雨后埋深 30cm、50cm 和 70cm 土体含水率变化分别为 33.9%、28.4% 和 26.8%。降雨过程中土体含水率呈上升趋势,分别增加 11.2%、4.6% 和 1.9%,增加幅度由坡顶至坡体内部逐渐减少,也就是说不同深度土体对降雨入渗的响应程度和响应时间上均有所不同,坡表附近土体含水率对雨水入渗响应最快,并且最明显;含水率变化范围随着降雨的发展逐渐扩大,表明雨水入渗是从坡表处向坡体内部深处由上而下逐渐发展的。长时降雨后,坡体最终含水率相差明显,坡表附近土体含水率大,而坡体内部含水率较小;第一次雨停14h后,30cm、50cm和70cm深度处的含水率分别为32.8%、32.1%和31.4%,与降雨6h时的土体饱和度相比,深度为50cm、70cm处土体饱和度在第一次雨停14h的过程中仍有增加趋势,而浅层(30cm)处土体饱和度略有下降。

各时刻土体体积含水率　　表5-5

试验编号	传感器位置	各时刻平均体积含水率(%)				
		初始值	降雨6h	雨停14h	降雨3h	雨停12h
试验1	30cm	22.7	33.9	32.8	37.4	36.8
	50cm	23.8	28.4	32.1	36.5	37.4
	70cm	24.9	26.8	31.4	34.8	36.3
试验2	20cm	22.4	34.9	32.5	37.1	36
	30cm	23.4	33.8	32.6	36.3	35.6
	40cm	23	28.4	31.9	35.3	36.1
	70cm	24.8	26.4	30.9	33.8	35.6
试验3	20cm	22.8	36.0	34.4	38.1	37.4
	32cm	23.6	33.7	34.1	36.7	36.9
试验4	20cm	22.9	38.2	36.8	39.5	39.0
	32cm	23.6	35.1	36.1	38.8	38.5
试验5	20cm	22.5	40.4	39.1	41.5	40.8
	32cm	23.1	38.3	38.0	40.4	40.4

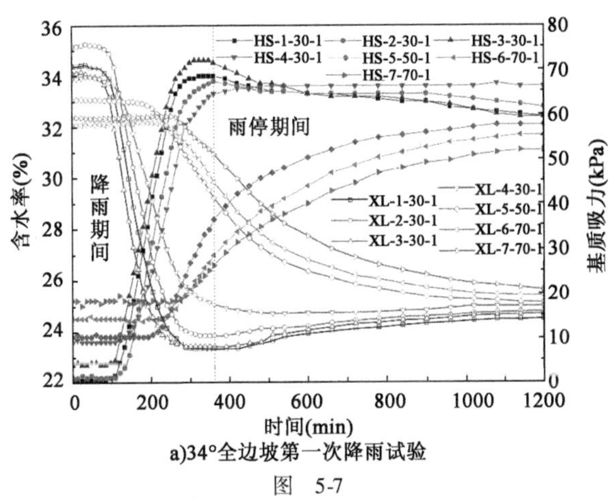

a)34°全边坡第一次降雨试验

图　5-7

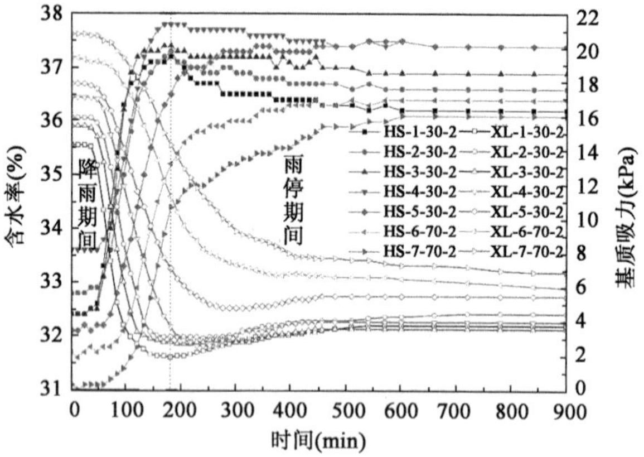

b)34°全边坡第二次降雨试验

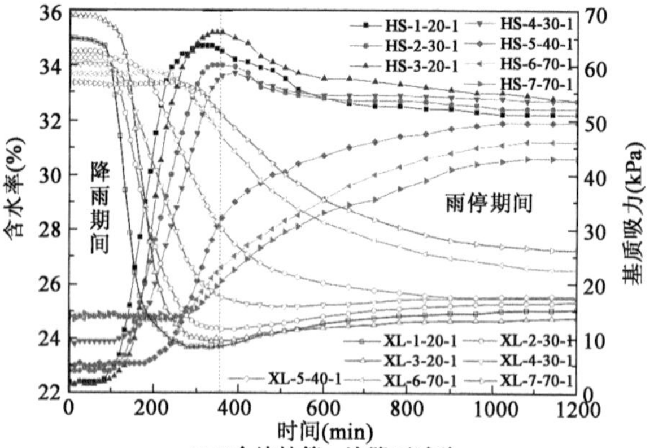

c)45°全边坡第一次降雨试验

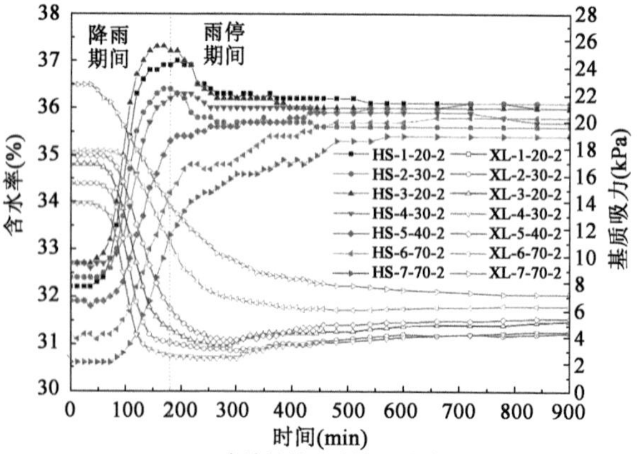

d)45°全边坡第二次降雨试验

图 5-7

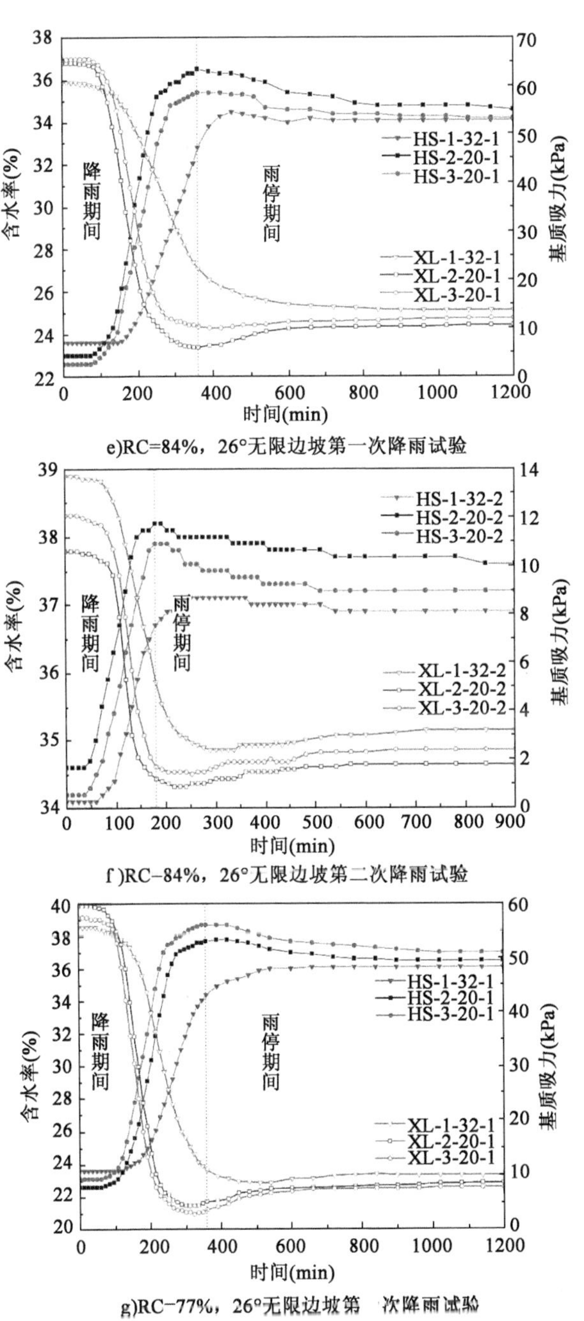

e)RC=84%，26°无限边坡第一次降雨试验

f)RC=84%，26°无限边坡第二次降雨试验

g)RC=77%，26°无限边坡第 次降雨试验

图　5-7

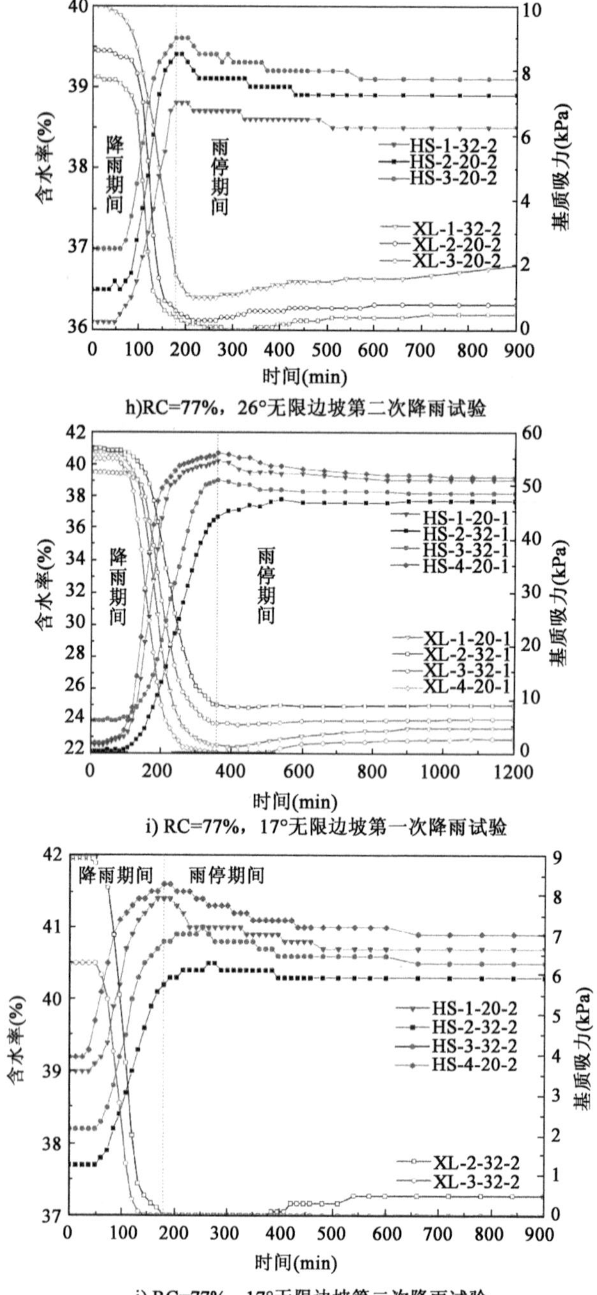

h)RC=77%，26°无限边坡第二次降雨试验

i) RC=77%，17°无限边坡第一次降雨试验

j) RC=77%，17°无限边坡第二次降雨试验

图 5-7　降雨条件下各模型边坡土体基质吸力和含水率的实时数据

虽然第一次降雨改变了边坡整体的含水率分布,但坡体各处体积含水率差别不是很大,第二次降雨 3h 后,30cm、50cm 和 70cm 深度处含水率分别增加至 37.4%、36.5% 和 34.8%,增加幅度分别为 4.6%、4.4% 和 3.4%。因第一次降雨期间坡表处增加的水分未完全排除,土体吸水能力尚无法有效恢复,导致第二次降雨期间坡表处水分增加幅度小于第一次降雨过程,而坡体内部深处因雨水的持续下渗,土体饱和度持续增加,这表明即使边坡无法在降雨期间发生失稳破坏,但经历长时间雨停后,雨水受重力场影响持续下渗,边坡也可能会因水分增加引起的土体强度丧失而失稳;在随后雨停的 12h 内,各自含水率变为 36.8%、37.4% 和 36.3%,变化幅度不大。上述现象反映了坡体内部深处在两次的降雨过程中含水率均呈上升趋势,而浅表土体含水率在雨中和雨停期间则分别呈现出先上升后下降的趋势。根据表 5-5 和图 5-7a),其余模型边坡降雨试验的坡体含水率受降雨历程的影响规律与 34°边坡大体一致。

5.2.2.2 坡体不同位置含水率变化趋势

边坡不同位置处土体含水率在雨中和雨后的变化有所不同,各层土体饱和度大小采用该位置所含水分传感器读数的平均值进行实时分析。以 34°全边坡模型坡体含水率随时间的变化趋势为例[图 5-7a)、b)]进行说明:第一次降雨初期,虽然坡表处土体初始含水率较低,但其对降雨入渗的响应最快,并且含水率上升速度也最快,表现在曲线斜率比坡体中部(50cm)或下部(70cm)陡,含水率增加幅度也最大,其次是坡体中部,而坡体下部因雨水入渗路径大,含水率变化小、增加幅度和速度低;雨后坡表处土体含水率有所回落,但因所研究边坡土体细粒含量大,渗透性差,降低幅度不大,其次是中部和下部。第二次降雨期间,虽然坡体上部和中部土体表现出的吸水能力弱于(含水率增量下降)第一次降雨,但对于越靠近入渗界面的位置,土体含水率的变化越显著;坡体下部土体含水率因降雨入渗和雨停期间的持续下渗而逐渐增加,但增加缓慢,由于第二次降雨强度较大,导致第二次降雨含水率增加的幅度大于第一次降雨。这也可从侧面反映边坡深部土体吸水能力不会同坡体上部和中部土体一样较快显现,而是受整个降雨周期、降雨条件和土体自身性质的影响,考虑到坡体下部远离入渗界面,因此,土体含水率的变化也较缓慢。

5.2.2.3 不同坡度边坡含水率对比分析

总体上看,对于同种类型边坡,不同坡度边坡土体含水率变化趋势大致相同,但局部有些不同。45°边坡在整个降雨试验中土体体积含水率的实时变化趋势与 34°模型边坡相似[图 5-7a) ~ d)],各深度处土体初始体积含水率和对降雨的响应时间分别为埋深 20cm，w_{r0}为 22.4%，t 为 84min 左右；埋深 30cm，w_{r0}为 23.4%，t 大致为 132min；埋深 40cm，w_{r0}为 23%，t 大概为 192min；埋深 70cm，w_{r0}为 24.8%，t 约为 288min；第一降雨 6h 和第二次降雨 3h 后，20cm、30cm、40cm、70cm 处含水率分别为 34.9%、33.8%、28.4%、26.4% 和 37.1%、36.3%、35.1%、33.4%；雨停 14h 和雨停 12h 后，20cm、30cm、40cm、70cm 处含水率各自为 32.5%、32.6%、31.9%、30.9% 和 37.1%、36.3%、35.3%、33.8%。表 5-6 为不同降雨阶段土体含水率的变化，其中含水率的变化值为各阶段含水率的终值与土体初始含水率的差值。

不同降雨阶段下土体含水率的变化 表 5-6

试验编号	传感器位置	各阶段前后含水率变化值(%)			
		第一次降雨	第一次雨停	第二次降雨	第二次雨停
试验 1	30cm	11.2	-1.1	4.6	-0.6
	50cm	4.6	3.7	4.4	0.9
	70cm	1.9	4.6	3.4	1.5
试验 2	20cm	12.5	-2.4	4.6	-1.1
	30cm	10.4	-1.2	3.7	-0.7
	40cm	5.4	3.5	3.4	0.8
	70cm	1.6	4.5	2.9	2.6
试验 3	20cm	13.2	-1.6	3.7	-0.7
	32cm	10.1	0.4	2.6	0.2
试验 4	20cm	15.3	-1.4	2.7	-0.5
	32cm	11.5	1.0	2.7	-0.3
试验 5	20cm	18.5	-1.3	2.4	-0.7
	32cm	14.5	-0.3	2.4	0

比较表 5-5 和表 5-6 可知，45°边坡在两次降雨期间 30cm、70cm 处土体含水率的增量（降雨 6h 为 10.4% 和 1.6%，降雨 3h 为 3.7% 和 2.9%）均略小于 34°边坡，并具有较迟的降雨入渗响应时间。同样的，不同坡度无限边坡（试验 4 和试验 5）具有与全边坡模型相似的规律，模型 4、模型 5 在 32cm 和 20cm 处对降雨的响应时间大致分别为 120min 和 60min、84min 和 36min，与 17°边坡相比，26°边坡的降雨响应时间会稍慢；根据表 5-5、表 5-6，17°无限边坡 20cm 和 32cm 处土体含水率在第一次降雨期间的增量（降雨 6h 为 18.5% 和 14.5%）会略大于 26°无限边坡（降雨 6h 为 15.3% 和 11.5%），由于缓坡在第一降雨过程中边坡土

体的吸水能力得到较充分的体现，导致在第二次降雨的过程中17°无限边坡20cm和32cm处土体含水率增量（降雨6h为2.4%和2.4%）会略小于26°无限边坡（降雨6h为2.7%和2.7%）。

综上所述，在相同降雨条件下，同一深度处陡坡的渗流路径会小于缓坡，引起缓坡对降雨入渗的响应时间会稍快于陡坡，而陡坡在同一条件下雨水入渗量较小，导致坡体体积含水率的增加较小。同时，陡坡雨停时的含水率相对较小，长时间雨停后陡坡含水率在某段时间内有较明显的下降趋势。因此，同等条件下，陡坡具有相对较快的雨后排水速度。此外，后续降雨对陡坡的影响可能会比缓坡来得明显。

5.2.2.4　不同密实度边坡含水率的对比

为研究不同密实度边坡对降雨入渗时间响应的异同点，制备了两种无限边坡模型，模型3、模型4的相对密实度分别为84%和77%。与全边坡模型降雨试验成果相似，无限边坡模型在降雨期间都观察到有土体体积含水率上升和吸力减小的现象，雨停期间浅层土体含水率小幅下降、吸力小幅上升。在相对密实度较高的模型试验中，同一深度处雨水入渗所需时间会长于密实度较低的试验，如第一次降雨历程中，模型3、模型4在32cm和20cm处对降雨的响应时间大致分别为168min和96min、120min和60min；高密实度边坡土体渗透性差，不易于雨水入渗，相同条件下坡体含水率增量小，并具有较小的稳定含水率，具体表现在：初次降雨条件下，密实度为84%的边坡在20cm和32cm处土体体积含水率增量（降雨6h为13.2%和10.1%）会小于77%密实度边坡（降雨6h为15.3%和11.5%）；由于间歇期时限较短的条件下，边坡还未完成自身排水，土体吸水能力仍处于恢复期间，无论是高密实度还是低密实度边坡，二次降雨引起的含水率变化不大，但高密实度土体在两次降雨期间仍具有一定的吸水能力，而低密实度土体的吸水能力会在第一次长时间降雨中得到充分释放。

5.2.3　非饱和土吸力对降雨入渗的响应

非饱和土吸力可将土颗粒聚在一起，从而对土体抗剪强度有贡献。降雨期间，渗入坡体内部的水分会降低吸力，进而降低土体的抗剪强度，使边坡失稳破坏。总体上看，各模型边坡土体初始平均基质吸力（S_0）因制样过程中温度、湿度、平衡时间等环境因素的影响，导致坡顶基质吸力会大于坡体内部，如34°全边坡模型埋深30cm、50cm和70cm的初始基质吸力分别为70.8kPa、63.4kPa和58.5kPa。虽然各模型边坡的初始孔隙水压力和体积含水率不同，但第一次降雨过程中土体基质吸力的减少并集中在一段时间内迅速降低的现象却是一致的,且边坡浅部土体的基质吸力会因排水而小幅恢复,坡体内部吸力会因雨水的持续下渗而持续降低;第二次降雨前,土体吸力因内部水分未排除而无法恢复,降雨条件下各深度处土体吸力仍下降,直至吸力完全丧失。

坡体不同位置土体吸力对降雨入渗的响应时间基本上与体积含水率对降雨入渗的响应时间一致(图 5-7),并且坡表处土体吸力下降幅度和速度均较大,其次是坡体中部和下部;根据各深度处土体含水率和基质吸力与时间的关系曲线,在整个第一次降雨试验,全边坡坡体内部深处土体的含水率和吸力集中变化的斜率明显小于边坡顶部处的变化斜率,且其含水率上升和吸力下降的拐点不太明显;而在第二次完整降雨历程中,坡体下部土体含水率和吸力随时间变化的关系曲线斜率会稍缓于坡体上部和中部的斜率,并都具有较明显的拐点,吸力和含水率最终都趋于一个较稳定的值,斜坡部分剩下的残余吸力较少(表 5-7);无限边坡因研究深度范围有限,在两次降雨历程中,吸力随时间变化曲线皆有明显拐点,但所有模型边坡吸力和含水率随时间变化的拐点并不总是出现在降雨停止的时刻,反而会随研究深度的增加而有所滞后。

各时刻土体基质吸力 表 5-7

试验编号	传感器位置	各时刻平均基质吸力(kPa)				
		初始值	降雨 6h	雨停 14h	降雨 3h	雨停 12h
试验 1	30cm	70.8	10.9	15.7	2.9	4.0
	50cm	63.4	41.3	17.9	7.1	5.5
	70cm	58.5	47.9	20.2	12.8	6.5
试验 2	20cm	66.9	9.1	14.6	3.1	4.4
	30cm	61.2	14.6	17.2	5.4	5.2
	50cm	61.2	30	17.8	11.0	6.3
	70cm	57.5	48.7	24.5	16.3	8.3
试验 3	20cm	65.2	8.3	11.4	1.4	2.1
	32cm	60.8	22.3	13.7	5.2	3.2
试验 4	20cm	58.6	4.4	8.2	0.5	0.7
	32cm	55.7	10.9	10	1.7	2
试验 5	20cm	55.6	0.8	3.6	0	0
	32cm	54.6	7.3	7.6	0	0.5

非饱和土吸力对降雨入渗的响应本质上是因雨水入渗改变了土体的空间水分分布规律引起的。根据图 5-7,土体吸力变化规律与体积含水率的实时变化

趋势具有高度的一致性，但变化并不同步。不同坡度和密实度模型边坡吸力实时变化规律可归纳为：与陡坡相比，缓坡土体吸力对降雨入渗的响应会更加迅速和明显（表5-8）；高密实度边坡具有更强的阻碍雨水入渗的能力，土体达到相同饱和度所需的时间也较低密实度边坡长。值得注意的是，经历两个降雨试验后，试验1～试验5浅层土体吸力几乎完全丧失，甚至出现吸力为零的现象，但根据式(5-4)计算可知：各模型边坡土体饱和度仍未达到1，此时32cm和20cm处3类无限边坡模型3、模型4、模型5的最终平均饱和度各自为：84.8%和85.6%、80.0%和81.1%、84.0%和84.8%。

不同阶段下土体基质吸力的变化　　　　表5-8

试验编号	传感器位置	各阶段吸力变化值(kPa)			
		第一次降雨	第一次雨停	第二次降雨	第二次雨停
试验1	30cm	-59.9	4.8	-9.9	-1.8
	50cm	-22.1	-23.4	-10.8	-1.6
	70cm	-10.6	-27.7	-7.4	-6.3
试验2	20cm	-57.8	5.5	-11.5	1.3
	30cm	-46.6	2.6	-11.8	-0.2
	40cm	-31.2	-12.2	-6.8	-4.7
	70cm	-8.8	-24.2	-8.2	-8
试验3	20cm	-56.9	3.1	-10	0.7
	32cm	-38.5	-8.6	-8.5	-2
试验4	20cm	-54.2	3.8	-7.7	0.2
	32cm	-44.8	-0.9	-8.3	0.3
试验5	20cm	-54.8	2.8	-3.6	0
	32cm	-47.3	0.3	-7.6	0.5

5.2.4　非饱和土饱和度对降雨入渗的响应

图5-8为整个降雨期间，边坡各位置饱和度随时间的变化趋势图。各曲线同时给出该位置处土体实时监测的孔隙水压力值。静置一段时间后，各监测位置饱和度大体上一致，这表明模型成形至降雨前土体仍能大致保持模型边坡制作时的含水率，直到张力计和周围土体发生水分交换。降雨期间，雨水由上到下入渗，第一次降雨后各模型边坡浅层土体饱和度在75%～84%之间，而坡体中下部土体饱和度为60%～65%，两者相差10%～20%；降雨约4.2h后，所有试验浅层土体（20～30cm）饱和度均出现快速响应，土体吸力也随之显著改变，此时试验1、试验2土体饱和度上升25%左右，试验3、试验4、试验5土体饱和度

上升幅度大致为33%，并在随后的1.8h降雨达到最大值；雨停期间浅层土体水分有所回落，土体吸力小幅恢复；浅层土体饱和度在第二次降雨约1.6h后迅速发展，全边坡和无限边坡模型增加幅度各自为10%和6%左右，随后降雨和雨停期间浅层土体饱和度无明显变化；试验4、试验5密实度较低，土体孔隙大，与高密实度土体比，具有较低的初始饱和度；坡体中下部监测点饱和度随降雨的进行缓慢增加，雨停后仍可持续增加直至稳定。

受降雨入渗作用的影响，边坡上部初始饱和度相对较低，但其水分上升速度最快，并且饱和度变化幅度最大，其次为坡体中部，而坡体下部变化最小，幅度也最小。降雨期间，与入渗界面距离越短，土体水分含量变化大，饱和度变化也越大，而距入渗界面越远，饱和度变化越小；降停后，上部土体含水率下降速度缓慢，水分含量有所变化，而下部土体饱和度仍持续上升。

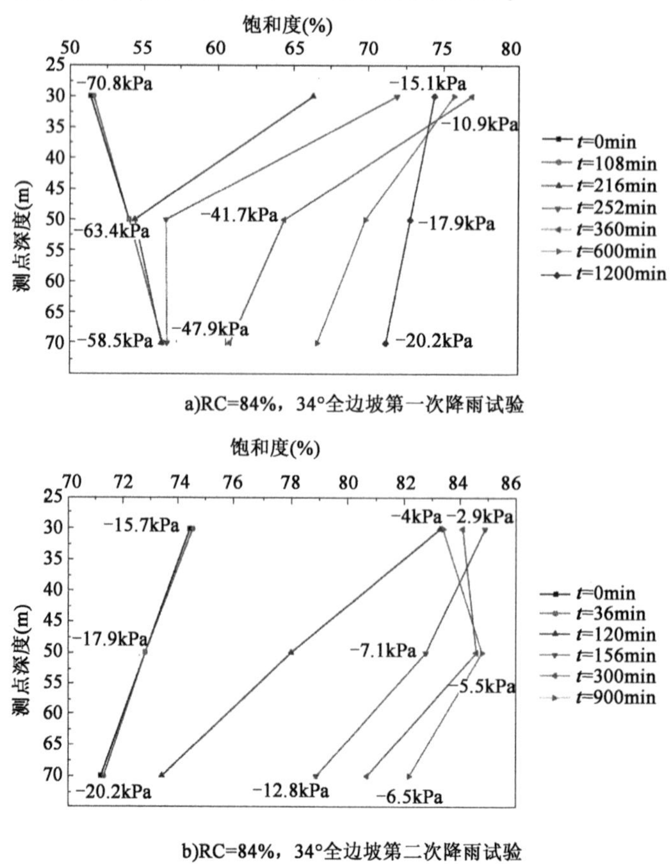

a)RC=84%，34°全边坡第一次降雨试验

b)RC=84%，34°全边坡第二次降雨试验

图 5-8

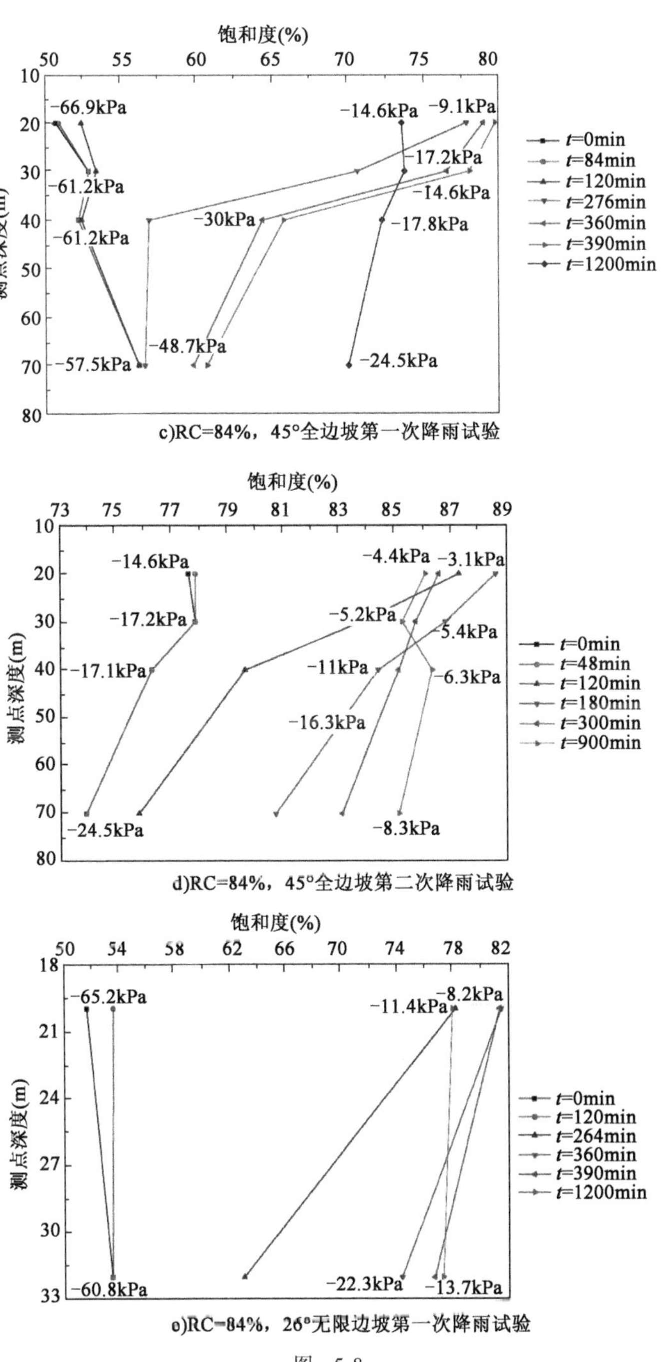

c)RC=84%，45°全边坡第一次降雨试验

d)RC=84%，45°全边坡第二次降雨试验

e)RC=84%，26°无限边坡第一次降雨试验

图　5-8

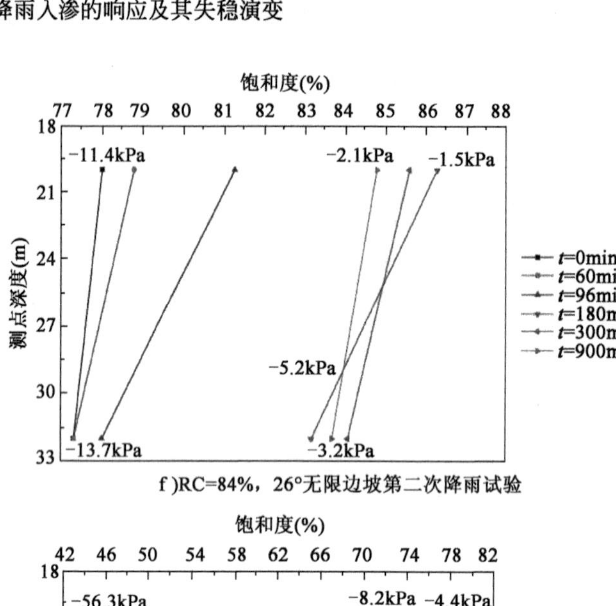

f)RC=84%，26°无限边坡第二次降雨试验

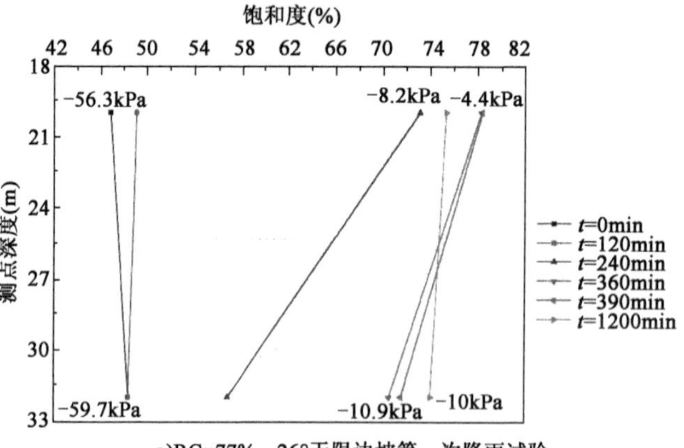

g)RC=77%，26°无限边坡第一次降雨试验

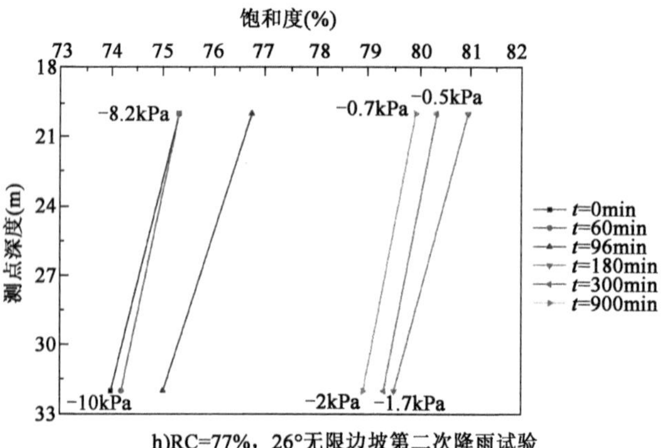

h)RC=77%，26°无限边坡第二次降雨试验

图 5-8

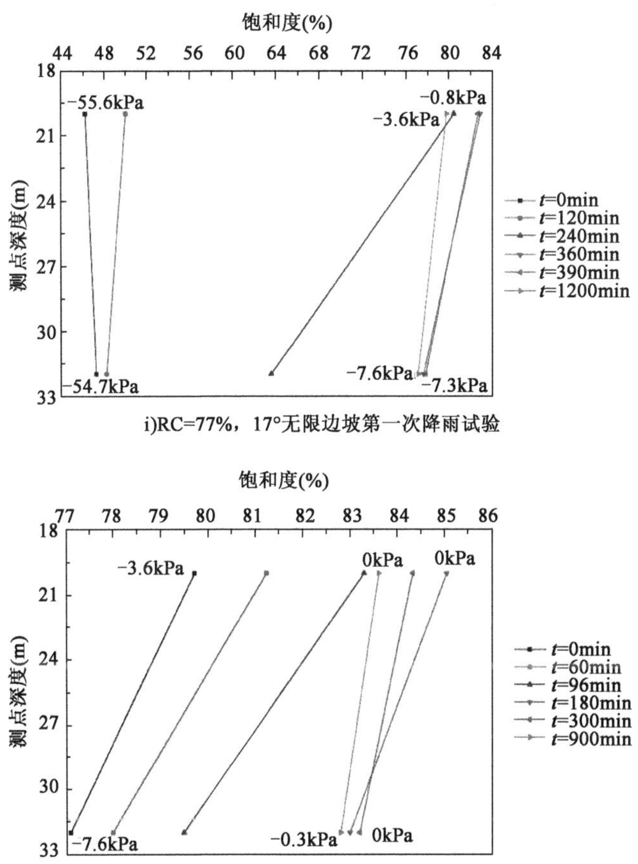

i)RC=77%，17°无限边坡第一次降雨试验

j)RC=77%，17°无限边坡第二次降雨试验

图5-8　降雨条件下各模型边坡土体饱和度剖面图

密实度一致的降雨试验的水分响应差异与模型成形过程中底部土体受到的过度击实有关,即:深部土体具有相对较高的密实度和较低的渗透系数[192-193];比较不同密实度边坡对降雨的响应时间和同一降雨时间下的饱和度增量和变化趋势可知,高密实度边坡具有更高的阻碍湿润锋移动的能力,对降雨入渗的响应具有更加明显的滞后性和前期不敏感性;尽管两次降雨强度和持续时间不一样,但从降雨入渗效果来看,由于第一次降雨期间坡体内部增加的水分无法及时有效地排出,导致第二次降雨引起土体水分增加的幅度下降,因此,雨水的持续入渗造成坡体内部深处土体吸力的损失和土体强度的下降应引起重视,与此同时,做好对边坡内部水分的疏排工作是预防雨后滑坡产生和降低雨后雨水持续下渗

的有效手段。

不同坡度、不同密度和不同类型边坡在成形后所拥有的初始体积含水率和吸力基本一致，模型边坡初始饱和度（45% ~55%）范围与现场原位测试所得土坡地表的饱和度较为一致。坡体内部不同位置吸力水平与平衡时间有关，模型静置时间一致（均为2d），高密实度边坡模型会因内部孔隙更紧密结合在一起而具有更加明显的孔隙间毛细效应，进而会有较高的初始吸力水平。两次降雨期间，各模型间的吸力和饱和度（体积含水率）的变化规律相类似，但低密实度和缓坡对降雨入渗的响应时间较高密实度和陡坡快，并且将其饱和至一定程度所需的时间也更短，降雨结束后所有水分计测得的土体饱和度都在70% ~90%之间。虽然通过式（5-4）计算的饱和度是假定孔隙率不变的情况下得出的，但人工降雨条件下各边坡土体因入渗引起的饱和度增加显然是无法达到完全饱和的，同时各试验土体吸力都基本丧失（尤其是试验4、试验5），这意味着土体吸力丧失并不一定伴随着土体的完全饱和，换句话说，即使降雨不足以使土体达到饱和，土体吸力也会持续减小并引起土体强度的损失。雨水第一次从上到下传播所需时间因坡度和密实度的不同而不同，湿润锋在相对密实度为84%无限边坡传播至20cm和32cm所需的时间为77%相对密实度边坡的1.6倍和1.4倍，45°全边坡模型在30cm和70cm处对降雨入渗的响应时间为34°边坡的1.2倍和1.2倍，而雨水入渗至17°无限边坡模型的20cm和32cm处所需时间分别为26°边坡的1.7倍和1.4倍，这表明现场压实在减少边坡内部土体吸力丧失速度上是一种有效的办法，坡度较大的边坡有利于雨水的排出和减小吸力的损失。由此可以预见，若边坡相对密实度进一步提高，雨水入渗所需时间将会有很大幅度的提高，入渗量会显著减少。诚然，对于路基边坡或是一些填方边坡来说，需要采用重型击实设备才能达到更高的密实度，但会给工程项目带来额外的施工难度。因此，对于香港土力工程处（GEO）[194]建议的相对密实度达到95%以上的必要性是值得讨论的。

5.2.5 非饱和土压力对降雨入渗的响应

降雨条件下全边坡各监测点竖向、侧向土压力随时间的变化曲线，如图5-9 ~图5-12所示。总体上看，降雨期间竖向、侧向土压力、土压力系数（为侧向应力和竖向应力的比值）基本上是在波动中上升；全边坡模型的压实度为84%，相对密实度较高，渗透性较小，雨水入渗至监测点位置的水量较少，结果引起土体自重增加的幅度不大；两次降雨期间，土压力对雨水入渗的响应有一定的滞后性；雨停后，因部分雨水排出坡体和持续下渗，监测点上覆土体自重有所减少，侧向和竖向土压力均有小幅下降，也就是说，监测点土压力在整个降雨历程中会发生波动；两类全边坡在靠近临空面处（埋深为0.45m）侧向土压力的增加幅度均大于坡体深处（埋深为0.7m）的侧向土压力，并都具有相对较高的初始土压力系数。随着第一次累积降雨量的增加，虽然45°和34°边坡在同一深度处的侧向和竖向土压力都增加，但土压力系数随时间的变化曲线却不尽相同，雨后45°边坡在0.45m和0.7m处的土压力系数只能维持较短时间，随后迅速下降并稳定至一数值。

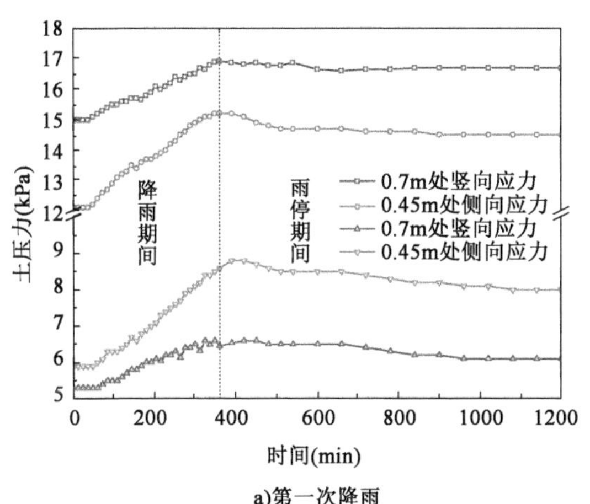

a)第一次降雨

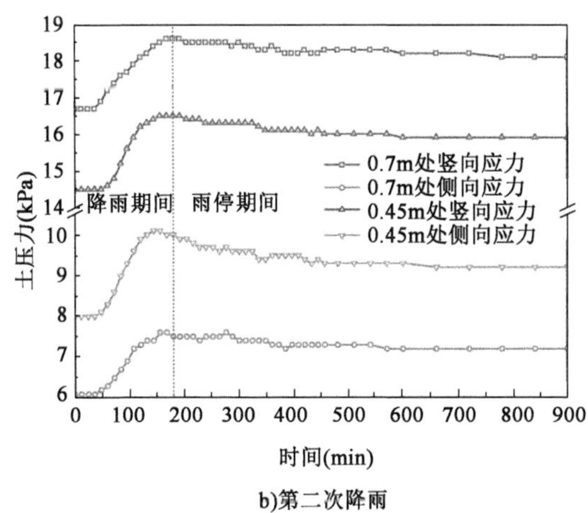

b)第二次降雨

图5-9　测点土压力随时间变化趋势（试验1）

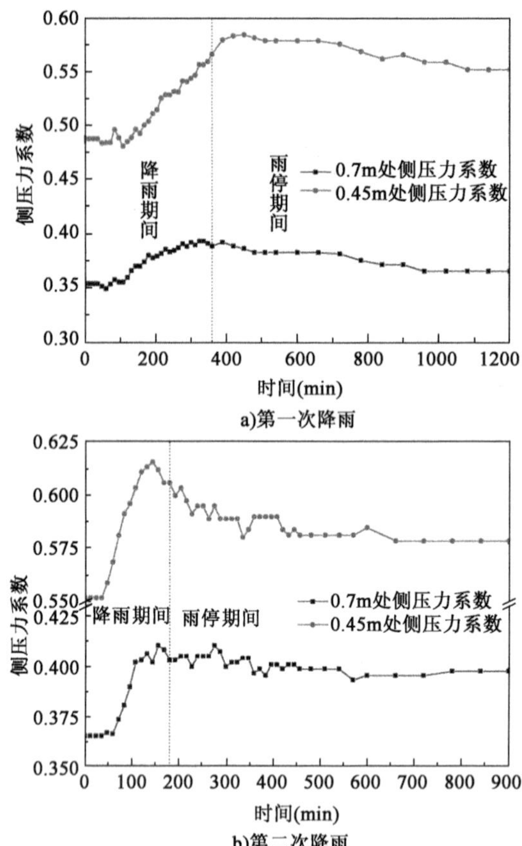

图 5-10 测点侧向土压力系数随时间变化趋势(试验 1)

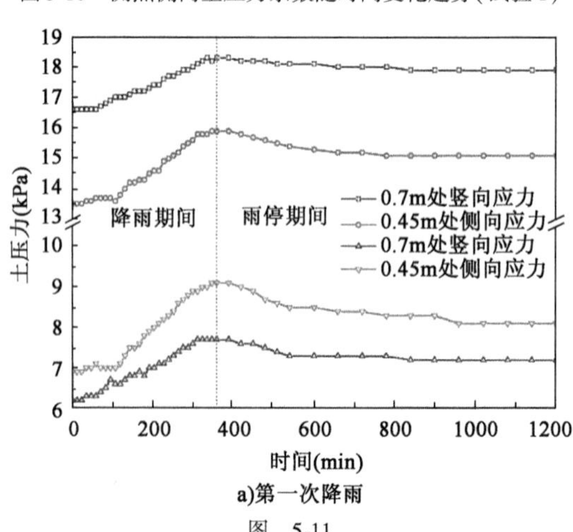

图 5-11

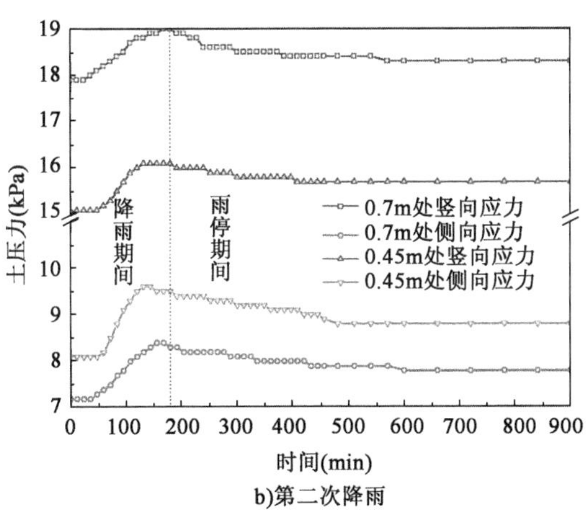

b)第二次降雨

图 5-11　测点土压力随时间变化趋势(试验 2)

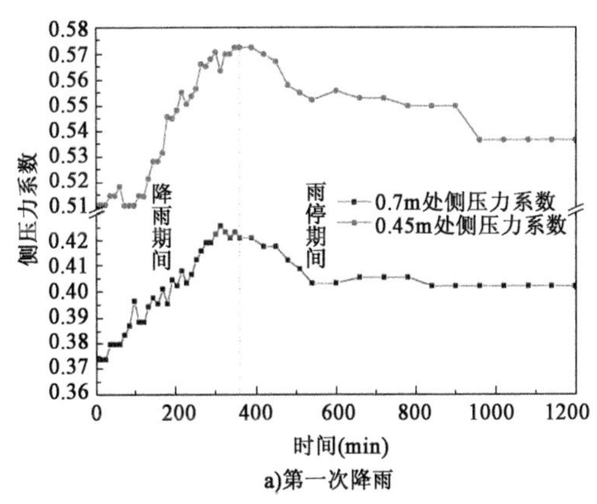

a)第一次降雨

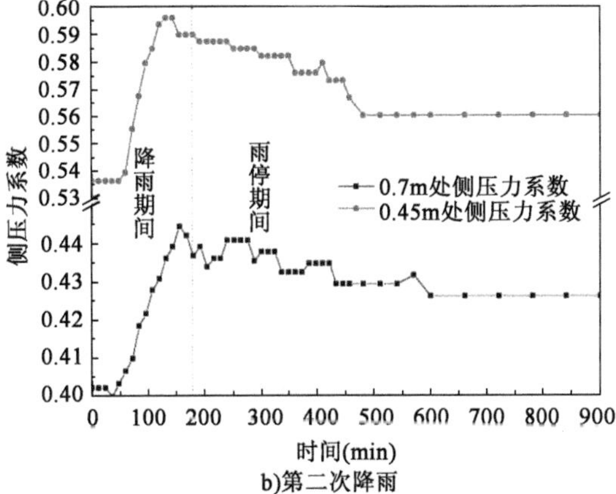

b)第二次降雨

图 5-12　测点侧向土压力系数随时间变化趋势(试验 2)

34°边坡雨后土压力系数变化缓慢,雨停后可维持较长时间的应力水平,并逐渐过渡至稳定数值。上述现象表明,陡坡的临空面一侧的初始应力水平较高,具有相对较高的初始土压力系数和侧压力值,相同条件下陡坡雨水入渗量相对较少,使竖向和侧向应力增加较小,导致靠近临空面处土体土压力系数增幅较小,降雨停止后因陡坡有利于水分的排出,促使其侧向应力变化较快,土压力系数具有较明显的下降段;缓坡有利于雨水的入渗,因此,降雨期间其土压力增加值相对较大,并具有较高的土压力系数增幅,雨停后水分不易排出坡体,导致其土压力不易恢复,土压力系数变化缓慢。

5.2.6 土坡前端推力对降雨入渗的响应

为了分析坡体内不同位置的水平推力在完整降雨期间的相对变化趋势,在模型边坡前沿埋设 3 组土压力传感器进行实时监测,并将降雨前的坡体各位置下滑推力值作为零参考点。

监测点下滑力随时间的变化如图 5-13 ~ 图 5-15 所示。本节以闽东南台风暴雨型非饱和残积土坡病害为基点,建立人工降雨和监测系统,研究不同降雨过程、不同坡度和密实度土坡前端推力对降雨入渗的响应,结合坡体内吸力、含水率和坡体变形实时变化规律,分析边坡应力性状变化,揭示降雨引起边坡应力状态改变机制,探讨降雨入渗对非饱和土强度与稳定性的影响。

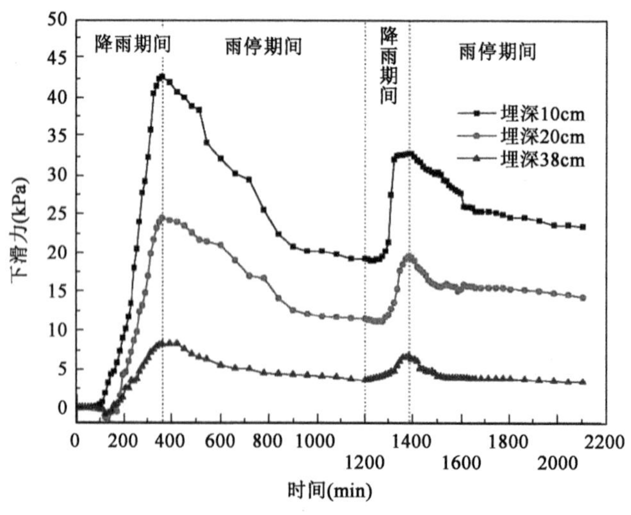

图 5-13 监测点下滑力随时间变化图(试验 3)

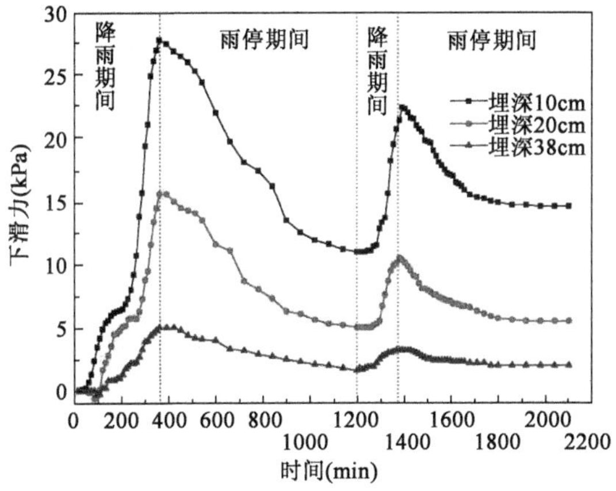

图5-14　监测点下滑力随时间变化图(试验4)

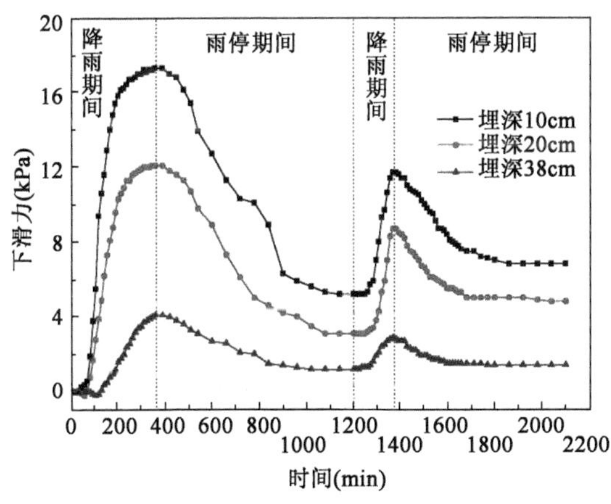

图5-15　监测点下滑力随时间变化图(试验5)

5.2.6.1　不同降雨历程的实时变化

3类无限边坡模型试验结果规律性比较一致。第一次降雨历程中,随着累积降雨量的增加,坡体前端下滑推力在降雨初期具有一定滞后性,随后快速增加,雨停后10cm和20cm处的土体下滑推力减小速度由快到慢,而38cm处下滑推力在雨停期内缓慢减小,可以预见,一旦停雨期加长,下滑推力可进一步降低,直至下降到一稳定数值;第二次降雨过程中,坡体继续下滑,坡体下滑力在原有剩余应力的基础上进一步增加。边坡前端下滑推力在降雨的作用下可达到峰值，降雨会引起土体软化，使土体强度降低，在某个时刻可能出现土体的下滑推力（降雨期间增大）大于土体抗滑力（降雨期间强度减小）的情况，从而导致边坡失稳。

5.2.6.2 不同深度坡体下滑力变化

完整降雨过程中，埋设 10cm 处的土压力盒读数增量最大，其次是 20cm 和 38cm 的压力盒，由上而下逐渐减小。坡体上部下滑力在雨停后显著变小，下降幅度和速度也最快，其他两层下滑力变化情况也基本与坡体上部相似。坡体上部土体上覆应力、应力水平都小于坡体下部，且约束也较小，土体状态易发生变化；坡表附近土体含水率、基质吸力受降雨影响显著，图 5-16 为模型试验 3 ~ 试验 5 的土体含水率和吸力的时变曲线，不同深度的含水率和吸力时变曲线根据图 5-7 的实测结果求均值获得。降雨期间坡面附近土体含水率（如 HS-2-20-1）、基质吸力（如 XL-2-20-1）变化速度快，变化幅度大；而坡底附近的含水率、基质吸力变化速度慢，变化幅度相对较小，这表明坡表处土体因降雨产生的附加荷载作用和软化效应最明显，根据毕肖普有效应力原理，土体骨架应力可由外部荷载和基质吸力作用引起，外部荷载不变情况下，土体吸水导致其吸力降低，吸力对土颗粒间应力的贡献程度下降，土体有效应力减小，土颗粒间的联结作用下降，应力释放，此时边坡的抗滑力易处于谷值，而坡体前端下滑力易处于峰值。

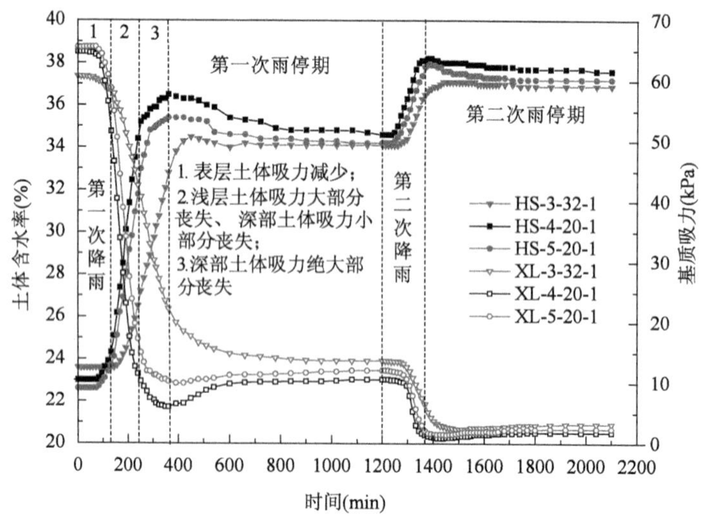

图 5-16　土体含水率和基质吸力的时变曲线（试验 3 ~ 试验 5）

总之,越靠近坡面的位置,因降雨而产生边坡坡前推力峰值越大,同时,坡体含水率的迅速增加引起边坡土体强度处于谷值,此时边坡处于极不稳定状态,一旦坡体前端下滑力峰值超过其不断减小的抗滑力时,边坡就会发生失稳破坏,这也是土质边坡在降雨条件下易发生浅层破坏的原因;雨停后坡体下滑力会随着时间的推迟而逐渐减小,边坡会慢慢过渡至相对稳定的状态。

5.2.6.3 不同坡度坡体下滑力变化

坡度为 26° 和 17° 的模型边坡试验规律基本一致,但也有些差别。如图 5-13、图 5-14 所示,初次降雨对陡坡影响明显,规律性较强,坡体下滑推力的峰值也较大,响应稍晚,并具有较快的变化速度;而降雨对 17°边坡的影响规律不同于陡坡,坡体中、上部下滑力峰值变化有小平台出现,下滑力对降雨的响应较快,峰值相对较小,而坡体下部下滑力变化趋势与陡坡一致。后续降雨过程中,两者在各个深度的坡体下滑力皆再次在累积降雨量达最大时出现峰值,并在随后的停雨期缓慢回落。

高应力水平边坡(陡坡)需要足够的雨水入渗才会出现明显的变化,表现为响应晚,变化速度快;低应力水平边坡(缓坡)在降雨初期就可出现变化,表现为响应早,早期变化速度缓慢,随着降雨作用的持续,后期变化速度有所加快,但仍不如陡坡来得显著。二次降雨期间,第一次降雨过程中未完全释放的应力会在二次降雨时进行释放,两者表现出的变化特性相同。

5.2.6.4 不同密实度坡体下滑力变化

如图 5-14、图 5-15 所示,不同密实度模型边坡坡体中、上部下滑力具有降雨后期快速增大、雨后减小的特点,而坡体下部下滑力在降雨过程中缓慢增加,并在雨停后小幅下降。坡体上、中、下部下滑力峰值依次减小,二次降雨后下滑力峰值皆有所下降。高密实度边坡土体结构性强,土颗粒胶结作用强烈,土骨架稳定性好,降雨初期因雨水入渗不足,导致其无法出现变化;直至降雨入渗累积到一定程度后,坡体下滑力出现快速响应,在较短时间内迅速达到峰值。低密实度边坡土体结构性差、孔隙大,土颗粒间的胶结能力不足,降雨初期,土骨架较易因降雨形成的附加荷载和软化作用而破坏,继而边坡出现较早变化,但变化速度缓慢。

二次降雨过程中,无论是高密实度边坡,还是低密实度边坡,各部位坡体下滑力响应皆较为迅速,直至二次达到峰值,降雨停止后,坡体剩余下滑力仍具有较高水平,这表明高应力区域土体应力的释放过程并不一定会在一次降雨过程中就得到完全释放;如果边坡自身排水性能不足,短期内的二次降雨或是多次降雨会促使剩余应力得以完全释放，这也是自然界中一些边坡在多次降雨后发生失稳破坏的原因。

5.2.7 土坡应力性状对降雨过程的响应

降雨诱发残积土滑坡在亚热带和热带地区非常普遍，此类滑坡深度一般较浅(1～3m)，滑面通常是平行或近于平行斜坡表面[195-198]，根据 Fredlund 等[106]提出的非饱和土抗剪强度理论，无限边坡安全系数可表示为[9,199]：

$$F_s=\frac{\text{抗滑力}}{\text{下滑力}}=\frac{c'+(\sigma_n-u_a)\tan\varphi'+(u_a-u_w)\tan\varphi^b}{\gamma_t z_w\sin\beta\cos\beta} \tag{5-5}$$

式中：c'、φ'——分别为有效黏聚力(kPa)和有效内摩擦角(°)；

σ_n——法向应力(kPa)；

u_w、u_a——分别为孔隙水压力和孔隙气压力(kPa)；

γ_t——土体重度(kN/m^3)；

β——坡角(°)；

z_w——边坡坡体深度(m)；

φ^b——吸力摩擦角。

边坡稳定性分析所需参数由非饱和土室内试验成果和已有工程案例综合确定，取值如下：残积黏性土的重度 γ_t 为 18kN/m^3，c'和 φ'分别为 24kPa、18°，φ^b 为 12°。根据实时监测资料，即可绘出试验 1 坡体上部总水平推力(结合不同位置坡体前端水平推力，将坡体上部水平推力近似为线性分布后换算所得)和平均含水率与时间的关系(图 5-17)以及不同深度边坡坡前推力和安全系数、坡体变形随时间的变化趋势图(图 5-18、图 5-19)。

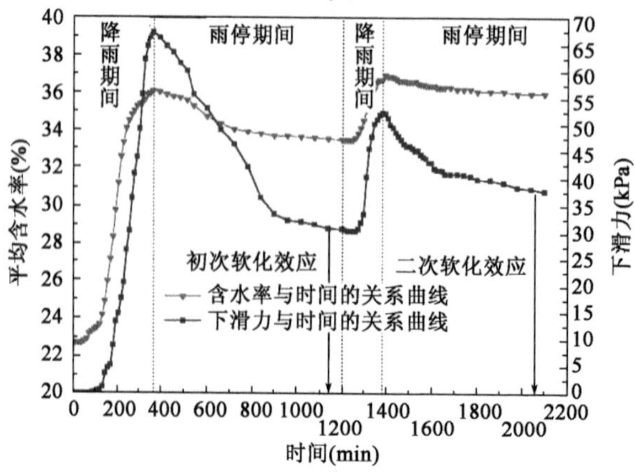

图 5-17　坡体总下滑推力和含水率的时变曲线

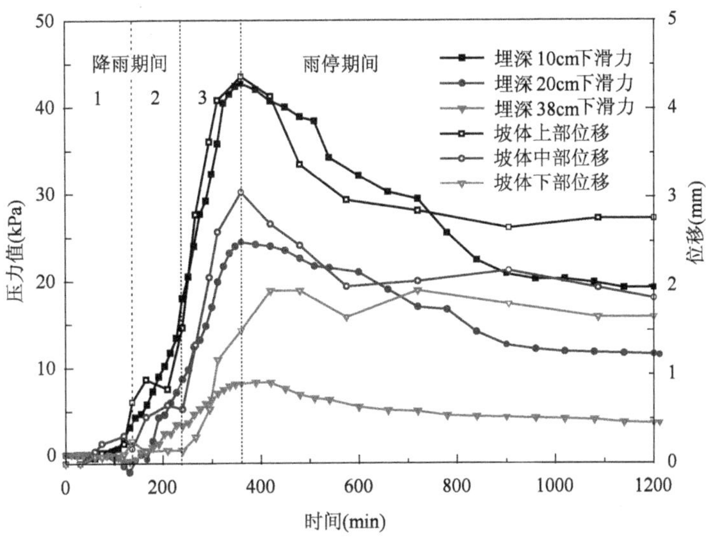

图 5-18　降雨条件下坡体位移和下滑推力的时变规律

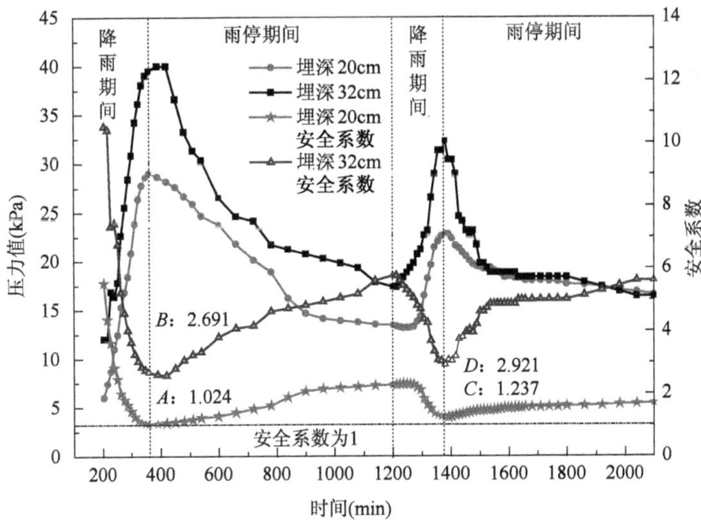

图 5-19　坡体总下滑推力和安全系数的时变曲线

图 5-17 表明坡体含水率因雨水入渗而增大，坡体上部总水平推力的变化较含水率变化迟，边坡上部的总下滑推力变化可分为 3 个阶段：缓慢增加、加速上升和雨后衰减阶段。降雨初期下滑力对降雨响应并不敏感，随着降雨入渗的累

积，边坡含水率可在短时间内剧烈上升，降雨对边坡的时空影响加大，边坡因降雨而产生的附加荷载作用明显，土体软化，此时赋存于坡体内的应力开始释放，坡体上部会具有高水平的下滑力；雨停后，雨水入渗停止，坡体上部土体含水率开始缓慢减小，降雨形成的附加荷载作用降低，导致下滑力从峰值开始减小。降雨产生的附加荷载可提高坡体内部的应力水平，降雨对土体的强度的软化导致其有效屈服面范围变小，从而使边坡原有高应力水平区域易达到屈服状态，降雨停止后，这部分区域的应力水平会低于初始状态，即降雨引起部分区域应力得以释放，释放出的应力会传递给边坡前沿的阻挡或支撑结构，抑或是周边土体，所以，坡体下滑力会在雨停后减小。因此，一旦已有支撑结构无法提供足够的抵抗边坡下滑的抗力，边坡就可在雨中产生破坏式的变形，直至失稳。

由图 5-16、图 5-18、图 5-19 可知：第一次降雨大概经过 200min 后，20cm 和 38cm 深度处边坡安全系数随坡前推力的快速增加而迅速减小，降雨初期(0 ~ 2.5h)，坡体上、中部土体仍有足够的刚度来抵御吸力损失引起的变形(图 5-18)，此时上、中部土体吸力已经开始部分下降(图 5-16)，坡体前端推力缓慢增加，而深部土体吸力仍然保留，坡体前端推力仍未有明显变化，边坡安全系数处于高水平状态(图 5-19)；降雨 2.5 ~ 3.5h 各部位土体变形开始缓慢上升，此时浅层土体吸力基本丧失，坡体前端推力逐渐上升，坡体上部土体安全系数降低，而深部土体吸力部分下降，前端推力小幅上升；降雨后期(3.5 ~ 6h)，坡体上、中部土体变形急剧增加直至最大值，而坡体下部土体位移响应较慢，坡前端推力由上而下增加幅度依次减小，位移峰值与坡前推力峰值相对应。总之，边坡坡体变形随土体深度的增加而减小，降雨入渗对深部土体的影响逐渐减弱，坡体上、中部土体变形显然较下部变化快，坡体变形与坡前推力变化规律基本一致。

第一次雨停后，坡体上、下部安全系数分别为 1.024 和 2.691(图 5-19 中 *A*、*B* 两点)，埋深为 20cm 以上土体基本破坏，现场量测失稳土层厚度约为 15cm；雨停 14h 后，坡表水分逐渐排出，土体基质吸力慢慢恢复，土体抗滑力缓慢增强，因降雨加载作用产生的坡体前端下滑推力会迅速减小，导致边坡安全系数逐步上升。第二次降雨条件下边坡安全系数和坡前推力与时间的变化趋势与第一降雨过程基本一致。值得注意的是，二次降雨结束后边坡安全系数(图 5-19 中 *C*、*D* 两点)比初次降雨大，尽管施加的累积降雨量一致，但新边坡经历一次降雨后，后续降雨对边坡稳定性的影响并没有初次降雨的影响明显，安全系数在后续降雨过程中的波动也没有第一次降雨的波动明显。上述分析表明，新边坡对降雨比较敏感，在降雨条件下比较容易失稳，而老边坡则相对较稳定。

第一次完整降雨过程中因边坡吸收的水分未有效排除,导致降雨对边坡产生的附加荷载和软化效应无法完全消除,因此,此时边坡会留有一定的剩余下滑推力,随着时间的推移,边坡会产生一定程度的不可逆变性,即下滑力会最终稳定至一个值,但回不到初始的应力水平。第二次降雨时,因第一次雨停的时间有限和所研究土体的细粒含量高,此时边坡仍有较充裕水分,边坡自身排水能力不足,导致剩余下滑力仍具有较高水平。虽然第二降雨强度大,但坡前总下滑力的实时变化曲线与第一次试验基本一致,且二次下滑力峰值在50kPa附近,小于第一次试验的70kPa(图5-17);此外,注意到雨后坡体含水率因监测时间周期短,而导致其下降幅度很小,但坡体下滑力仍小幅下降,这表明后续降雨对边坡应力状态的影响没有第一次明显,高应力水平区域在第一次降雨中未完全释放的应力会在第二次降雨中释放出来。第二次降雨结束后,坡体上部剩余总下滑力值会比第一次降雨的剩余总下滑力值大些,降雨的软化作用始终贯穿于整个降雨期间,并具有较长的时效性。

一般情况下,对于排水条件较好的边坡,一次降雨引起的下滑力峰值会大于二次降雨,一旦边坡经历长时间的雨停期,即坡体含水率稳定,降雨引起的应力重分布也完成,此时边坡会具有较低的应力水平,再次降雨后可产生的下滑力不如第一降雨大,也就是说,降雨作用下的初始边坡或新边坡易失稳,而老边坡(经历第一降雨的边坡)在后续同一降雨条件下则会相对较稳定。而对于自身排水能力不足的边坡,第一降雨引起的加荷和软化效应可维持较长时间,高应力区域的应力释放需要很长时间才可以完成,一旦快速经历连续的二次降雨,边坡上部总下滑力峰值虽有下降,但其雨后的剩余下滑力值有增大的趋势(土体强度持续下降),即边坡在雨后的二次软化效应更显著,一旦坡体内部水分无法及时有效地排出,就会加剧边坡发生失稳的可能性。

5.3 残积土SWCC过渡区特性分析

5.3.1 模型试验的SWCC

模型试验土体的初始状态都是非饱和的,实时监测数据表明,经过长时间的持续降雨,土体体积含水率很难达到完全饱和的状态,即降雨入渗的整个过程基本上是由非饱和渗流起支配作用,而土-水特征曲线作为描述非饱和土体吸水和排水能力的有效手段,其包含的信息,尤其是曲线急剧变化的阶段是值得深入研究的。根据图5-7实测结果,将各模型边坡测点体积含水率和孔隙水压力对降雨的自然响应过程的原始数据进行整合,即可绘制完整降雨过程中模型试验土体体积含水率与吸力的关系曲线,如图 5-20 所示。

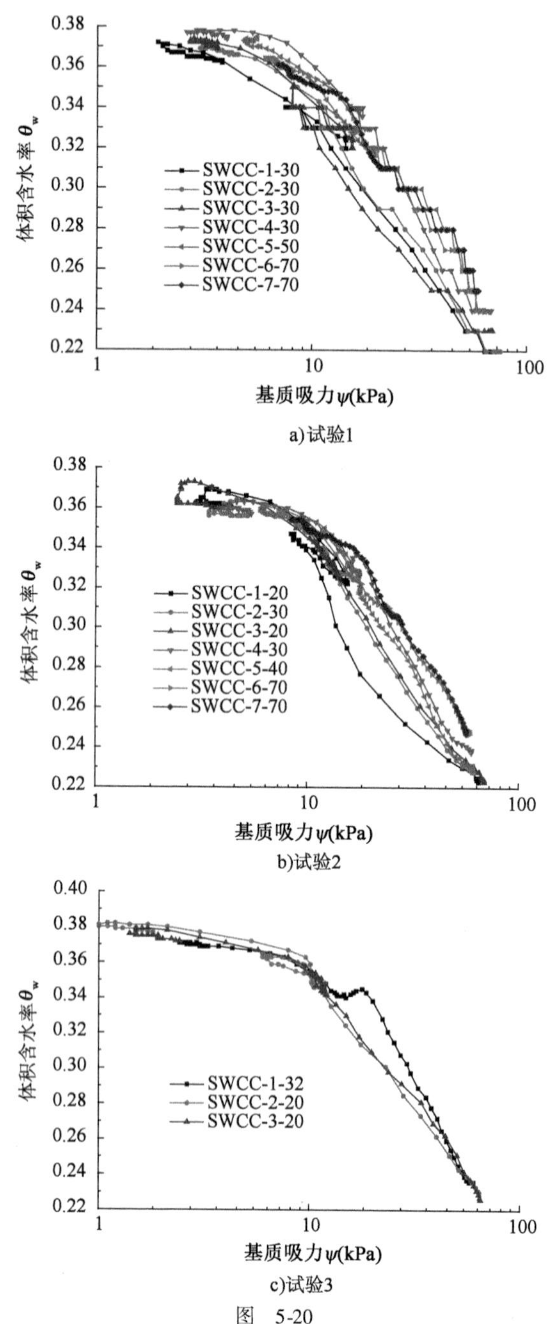

图 5-20

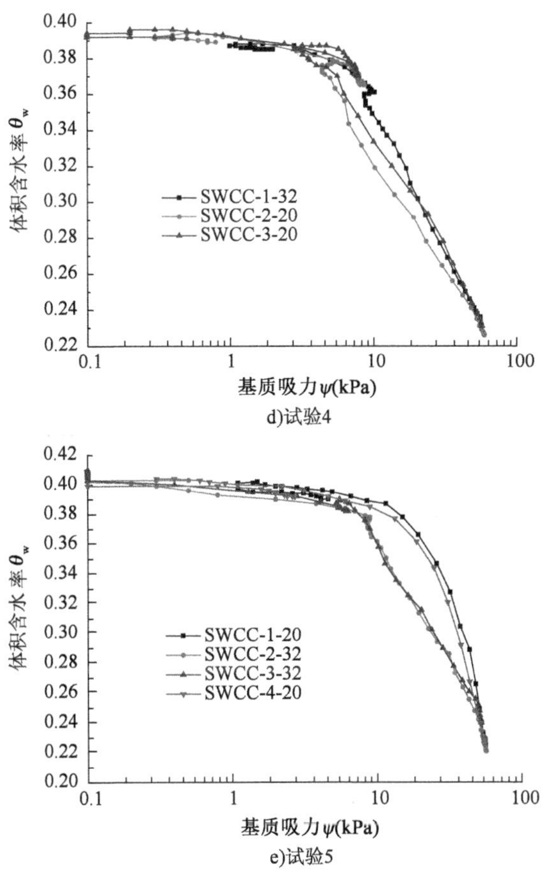

d)试验4

e)试验5

图 5-20　降雨条件下各模型边坡所用土体的 SWCC（含水率-吸力）

叶为民等[200]采用渗析法与气相法相结合，测定出高吸力范围内土的土-水特征曲线（SWCC），指出减饱和过程中上海软土具有 3 个阶段：边界效应段、过渡段和非饱和残余段；同时，叶为民等[201]进一步指出吸力的变化主要引起土体孔隙、孔隙中水的连通性及孔隙水的存在形式，并研究土体吸力与渗透系数的关系、土体水分及渗透性的变化。图 5-20 表明：土体在增饱和过程中，只表现出明显的两阶段，饱和区与过渡区变化的吸力约为 10kPa。降雨开始阶段，残积土饱和度较低，土颗粒周围结合水各自呈环状分布，且彼此分离；试验开始后残积土吸水变形，吸力降低，有效孔隙量减少，土体渗透系数随之降低；此后，残积土试样继续吸水，吸力进一步降低，饱和度提高，结合水逐步扩展，并连成一体，过水断面的面积逐渐增加，渗透系数也逐渐增大。因此，随着降雨的持续进行，坡体上部最终发生饱和渗流,形成暂态饱和区。考虑到边坡土体自身排水能力有限,这里仅分析吸水阶段各模型边坡土体出气值(AExV)。由于所研究边坡土体的粗颗粒含量低,细粒含量所占比重大,使土体具有相对较小的孔隙分布,试验1、试验2的SWCC表明土体出气值在10~20kPa之间,试验3~试验5的SWCC表明土体出气值在6~10kPa之间。对于大多数边坡模型的SWCC而言,在超过实际吸力水平(大于100kPa)后仍可继续上升或下降,因此,需要更进一步研究确定高吸力水平下对应的残余体积含水率大小。

虽然不同深度土体对降雨入渗的响应程度不同,但总体上看,在含水率有明显降落的过渡区,含水率-吸力曲线的斜率都比较集中在一个范围内波动,并且随着边坡土体水分的增加,土体吸力水平也逐渐下降;比较不同密实度边坡的含水率-吸力曲线可以看出,低密实度边坡[图5-20d)、图5-20e)]土体在过渡区所具有的变化斜率会更陡,而高密实度边坡[图5-20a)~c)]土体的含水率随吸力的变化速度相对较慢。

5.3.2 非饱和土SWCC过渡区模型研究

根据第3章非饱和原状残积土SWCC的研究,考虑拟合优度分析结果及模型参数的简洁性,得出修正VG模型最符合闽东南地区原状残积土的SWCC建模,已获取的SWCC实测数据表明该类型土体的残余含水率不太容易确定[160],因此,修正VG模型可用下式表示:

$$\theta = \frac{\theta_s}{\left[1 + \left(\frac{\varphi}{\alpha}\right)^m\right]^n} \tag{5-6}$$

式中: φ——基质吸力;

θ_s——饱和体积含水率;

α、m、n——土体参数。

图5-21~图5-25为不同试验条件下采用修正VG模型的拟合结果,结果表明:修正VG模型不仅能够很好地用来模拟实测数据,而且所拟合的趋势线反映不同土质、不同坡度、不同密实度边坡土体的SWCC过渡区在吸力对数($\lg\varphi$)和体积含水率对数($\lg\theta_w$)坐标里面具有很好的线性关系,以上试验所观察到现象与Kern[202]、Tomasella和Hodnett[203]、Williams等[204]、McFarlane[205]基本一致。因此,为了更好地分析过渡区SWCC的特点,可以用土体参数a和b建立联系来研究过渡区SWCC所包含的水力信息,公式如下:

$$\lg\varphi = -a\lg\theta_w - b \tag{5-7}$$

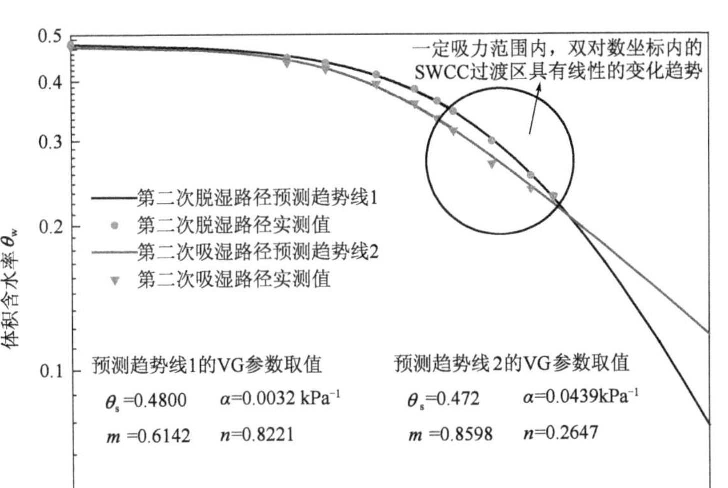

图 5-21　用修正 VG 函数模拟竖向应力为 50kPa、第 2 次干湿循环效应的 SWCC

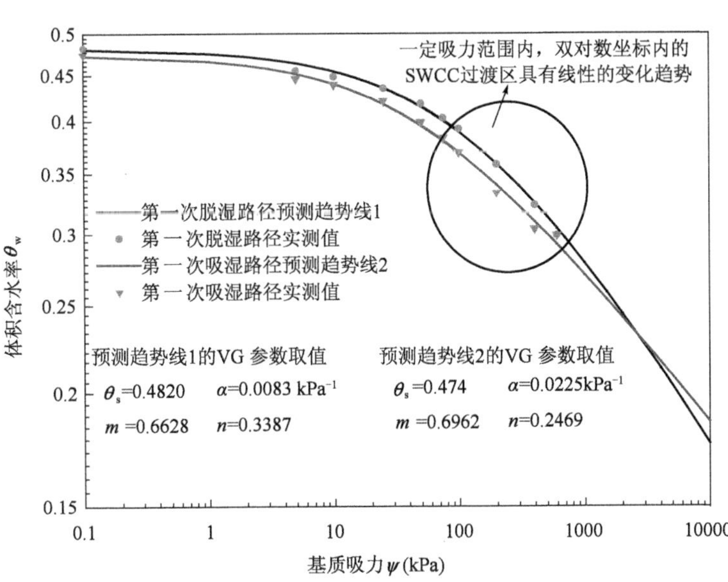

图 5-22　用修正 VG 函数模拟竖向应力为 100kPa、第 1 次干湿循环效应的 SWCC

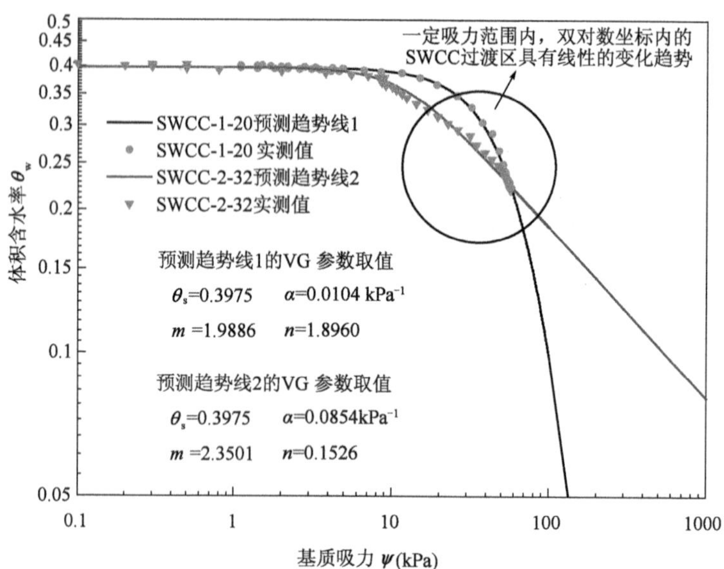

图 5-23 用修正 VG 函数模拟模型试验 1 的 SWCC

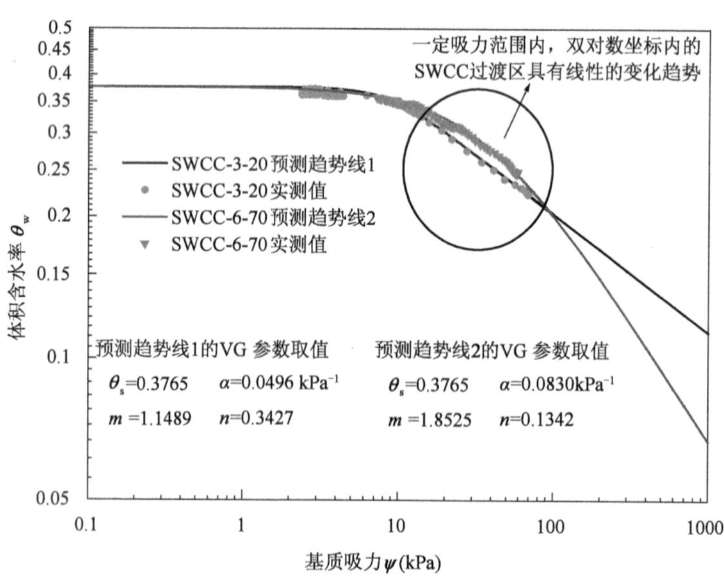

图 5-24 用修正 VG 函数模拟模型试验 2 的 SWCC

根据图 5-26 和表 5-9，对于原状残积土而言，无论土体处于排水还是吸水阶段，拟合曲线随竖向应力的增大而变得越来越陡，土体参数 a 在 3.864 ~ 8.141 之间波动，高应力水平土体的 a 值越大；而残积砂质黏性土拟合曲线整体较缓，a

值为1.950～2.215。土体上覆应力越大，土样的初始孔隙比越小，土体具有越强的持水能力；土体吸水时，围绕土颗粒的外围水膜厚度增大，导致水膜之间的联结作用减弱，颗粒间胶结物产生错动后可形成新的结构（即初次“扰动”）；土体排水时，土体结构引土骨架收缩而受到再次“扰动”，此时，存在于土中的小孔隙会进一步连通和加深，导致土中大孔隙数量增加，因此SWCC在第一次循环过程中，过渡区的吸水或排水能力均大于第二次循环，并且随循环次数的增加，这种变化可因土体内部结构的调整而减小。

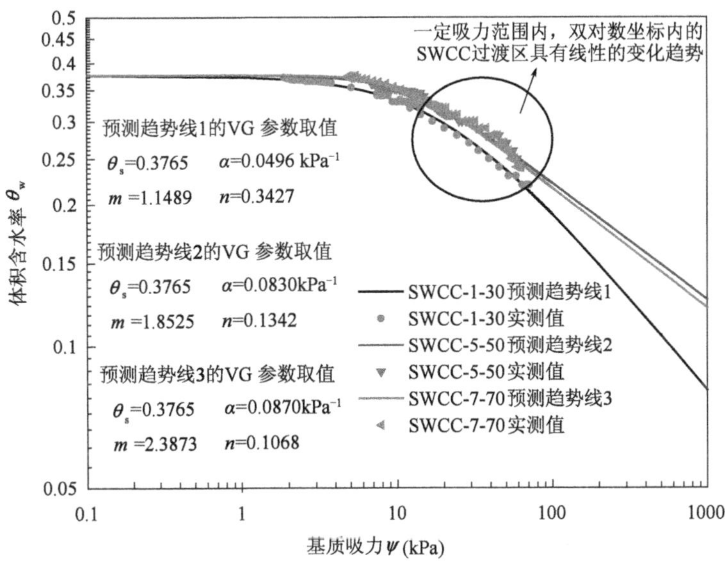

图5-25　用修正VG函数模拟模型试验5的SWCC

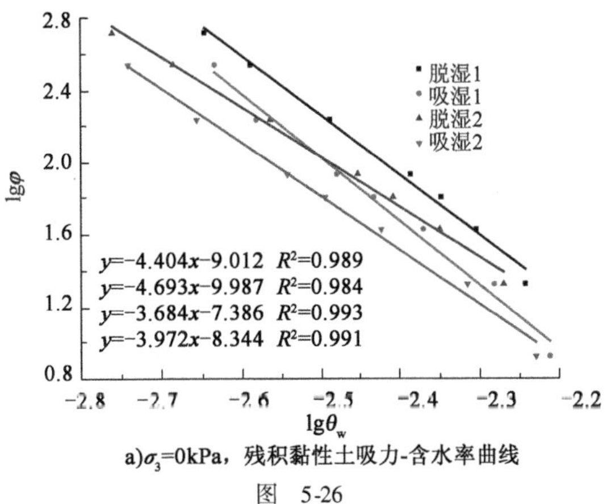

a) σ_3=0kPa，残积黏性土吸力-含水率曲线

图　5-26

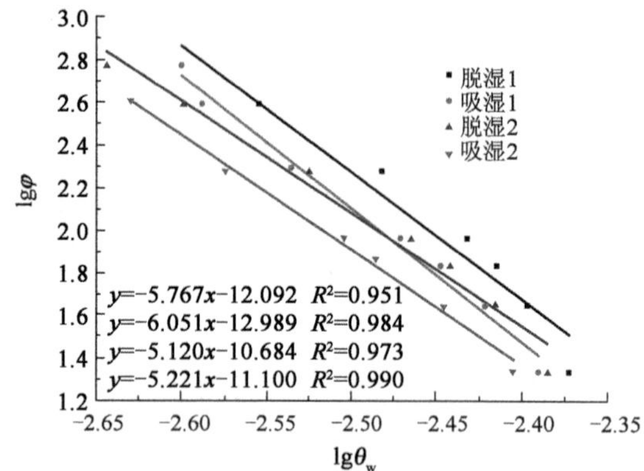

b)σ_3=50kPa，残积黏性土吸力-含水率曲线

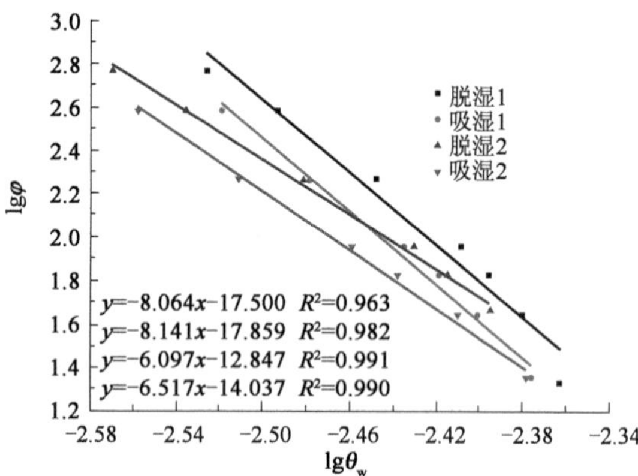

c)σ_3=100kPa，残积黏性土吸力-含水率曲线

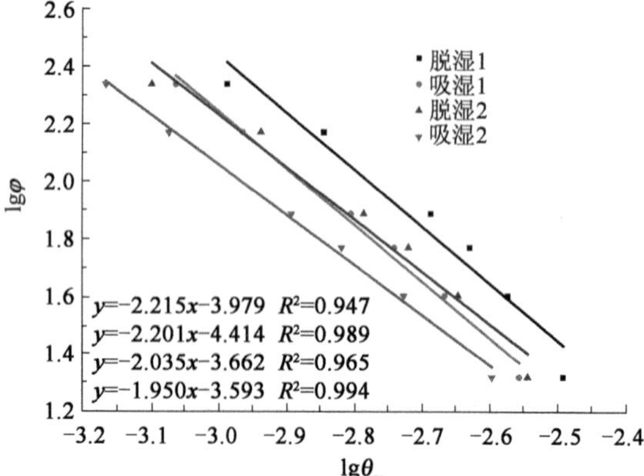

d)σ_3=0kPa，残积砂质黏性土吸力-含水率曲线

图 5-26　原状残积土吸力-含水率曲线

不同吸水和排水阶段模型土的土体参数值　　表 5-9

试验编号	监测点位/埋深(cm)	吸水阶段						排水阶段	
		第一次降雨		第二次完整降雨期间				雨停 14h	
		a	b	a	b	a	b	a	b
1	1/20	4.539	1.172	7.233	2.327			7.539	2.534
	2/30	4.093	0.855	6.865	2.127			11.537	4.440
	3/20	4.312	0.966	8.055	2.749			5.325	1.438
	4/30	3.426	0.382	6.616	1.970			3.544	0.478
	5/40	3.588	0.525	4.127	0.790				
	6/70	4.007	0.652	5.237	1.312	11.134	4.098		
	7/70	3.857	0.555	3.230	0.270	15.297	5.970		
2	1/30	5.021	1.435	12.811	5.099			17.960	7.561
	2/30	4.624	1.161	13.073	5.082			17.021	7.008
	3/30	5.095	1.462	8.772	3.096			13.252	5.249
	4/30	3.819	0.576	8.319	2.702			12.638	4.794
	5/50	4.831	1.064	6.599	2.004				
	6/70	4.655	1.019	4.629	1.024	18.198	7.197		
	7/70	4.960	1.163	3.443	0.443	14.136	5.421		
3	1/32	2.911	0.039	10.202	3.616			4.735	1.138
	2/20	4.326	0.921	26.894	10.939			4.519	1.029
	3/20	4.163	1.060	22.575	9.150				
4	1/32	3.747	0.617	11.500	4.804			8.180	2.683
	2/20	3.857	0.707	37.757	13.998			7.064	1.292
	3/20	4.198	0.891	30.138	11.958			3.181	0.483
5	1/20	4.183	0.584	27.183	10.497				
	2/32	3.960	0.650	7.153	2.090			26.859	10.421
	3/32	3.856	0.591	13.140	4.707			23.416	8.984
	4/20	3.206	0.220						

图 5-27 ~ 图 5-31 中的 SWCC-a-b-c/s 含义：a 代表试验监测点位编号，全边坡 7 个、无限边坡 4 个，b 代表监测点埋深，c 代表降雨次数，s 代表雨停期。如 SWCC-1-20-1/s 的含义可表示为第一次降雨雨停期间，埋深为 20cm 的 1 号监测点的 SWCC。根据图 5-27 ~ 图 5-31 和表 5-9 可知，坡度和密实度越小的边坡土体在第一次降雨(吸水阶段)时拟合曲线的斜率越大，也就是说低密实度和缓坡有利于雨水的入渗，过渡区土体吸水对含水率的响应快，且变化也大；由于雨水排出通道不畅和雨停期较短，第二次完整降雨期间，低密实度和缓坡因第一次降雨时土体吸水能力得到较充分的体现，反而表现出不利于雨水入渗的状态，与陡坡和高密实度的模型边坡比，此时参数 a 数值总体上偏大。第一次雨停 14h 后，

模型边坡浅表处土体会进入排水阶段，45°全边坡土体参数 a 值会小于 34°边坡，即坡度越陡越有利于排水，同样高密实度和坡度越大的无限边坡的土体参数 a 值也会小于低密实度和坡度较小的边坡。

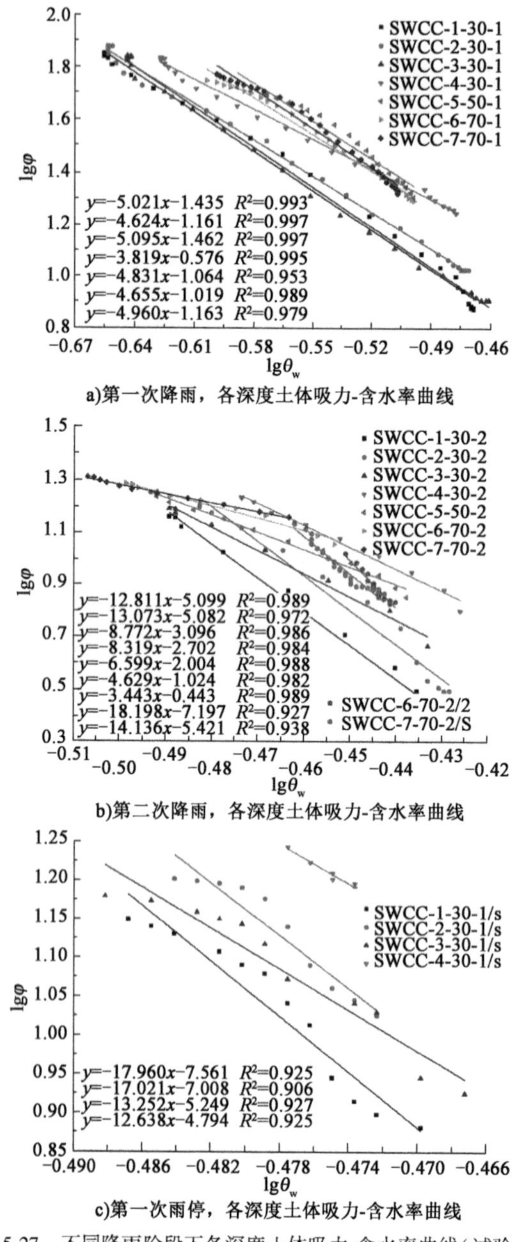

图 5-27　不同降雨阶段下各深度土体吸力-含水率曲线(试验 1)

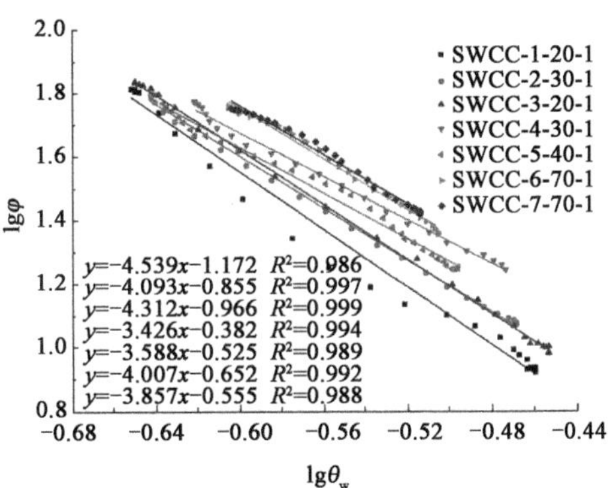

a)第一次降雨，各深度土体吸力-含水率曲线

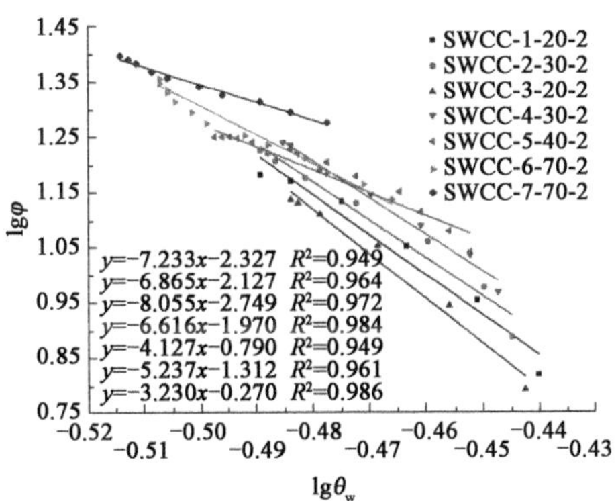

b)第二次降雨，各深度土体吸力-含水率曲线

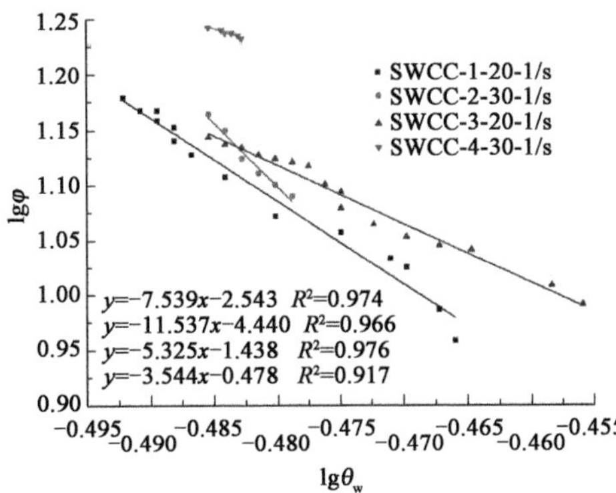

c)第一次雨停，各深度土体吸力-含水率曲线

图5-28　不同降雨阶段下各深度土体吸力-含水率曲线(试验2)

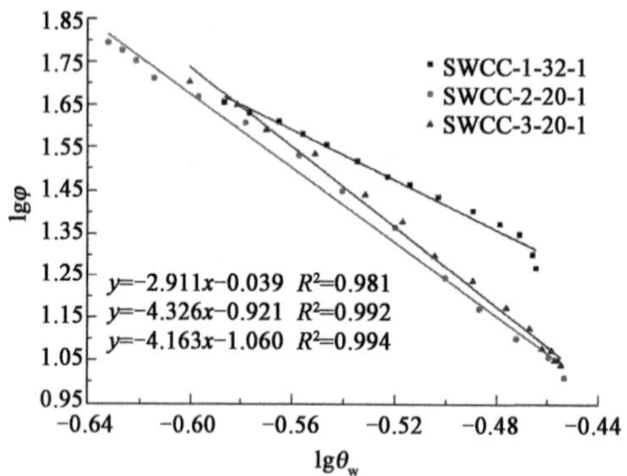

a)第一次降雨，各深度土体吸力-含水率曲线

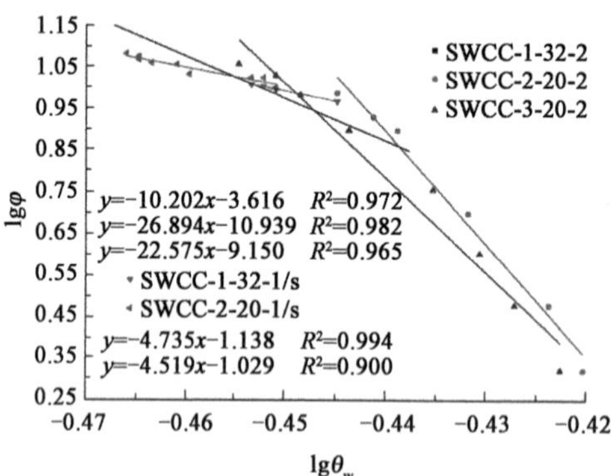

b)第二次降雨、第一次雨停，各深度土体吸力-含水率曲线

图 5-29 不同降雨阶段下各深度土体吸力-含水率曲线(试验 3)

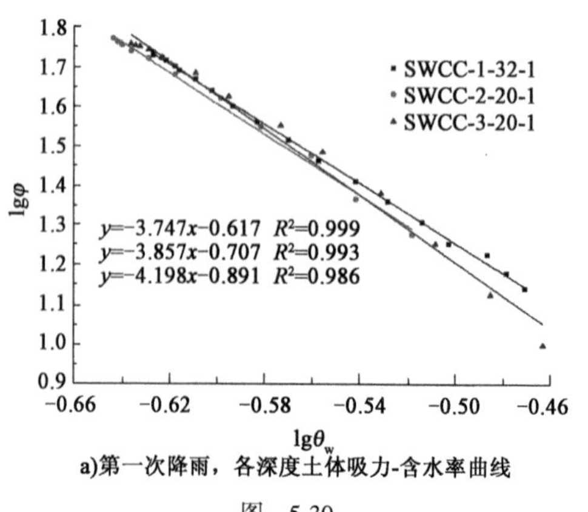

a)第一次降雨，各深度土体吸力-含水率曲线

图 5-30

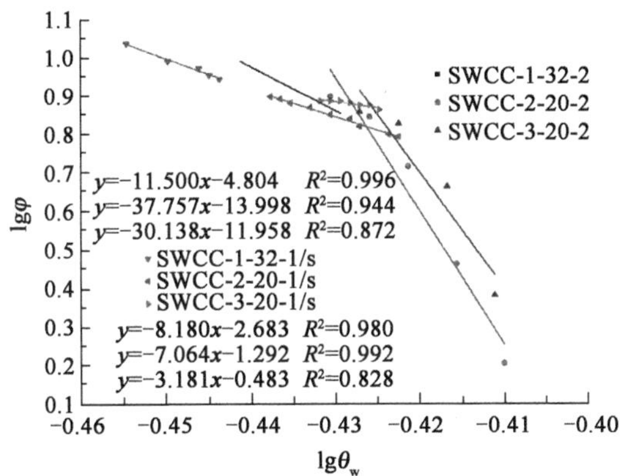

b)第二次降雨、第一次雨停，各深度土体吸力-含水率曲线

图 5-30　不同降雨阶段下各深度土体吸力-含水率曲线(试验 4)

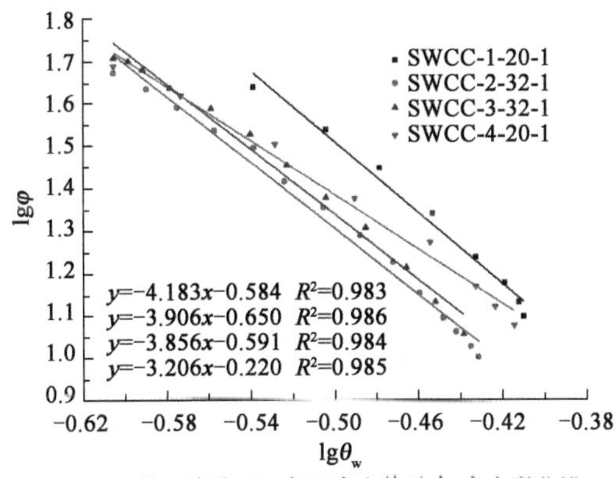

a)第一次降雨，各深度土体吸力-含水率曲线

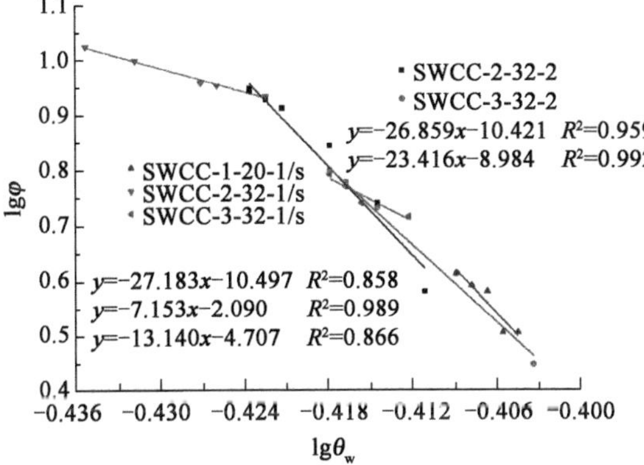

b)第二次降雨、第一次雨停，各深度土体吸力-含水率曲线

图 5-31　不同降雨阶段下各深度土体的吸力-含水率曲线(试验 5)

根据表5-9和表5-10，绘制各工况下的土体参数 a 和 b 的散点分布图，并进行线性回归分析，见图5-32。值得注意的是，虽然压力板仪试验和模型试验得出的SWCC关系式分别针对稳态和非稳态条件，但所有原状土和模型土体参数 a 和 b 的关系都位于同一条直线上，具有很强的线性关系（图5-32），这意味着原状土和模型土各自具有相似的内在水平，土体的这种内在水平并不随外界条件（如不同的降雨条件、经历的干湿循环次数、不同的上覆应力及试验条件等）的改变而改变。

不同吸水和排水阶段下原状土的土体参数值 表5-10

土类	围压（kPa）	脱湿次数	吸水阶段		吸湿次数	排水阶段	
			a	b		a	b
残积黏性土	0	1	4.404	9.012	1	4.693	9.987
		2	3.864	7.386	2	3.972	8.344
	50	1	5.767	12.092	1	6.051	12.989
		2	5.120	10.684	2	5.221	11.100
	100	1	8.064	17.500	1	8.141	17.859
		2	6.097	12.847	2	6.517	14.037
残积砂质黏性土	0	1	2.215	3.979	1	2.201	4.414
		2	2.035	3.662	2	1.950	3.593

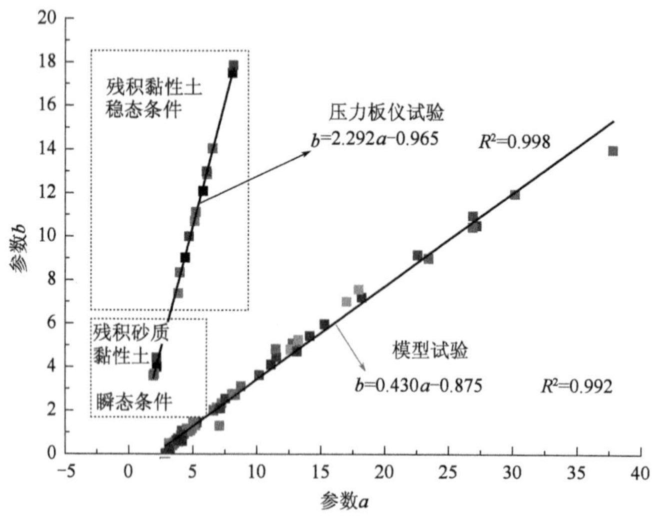

图5-32 参数 a 和 b 散点分布及拟合图

虽然不同的土体结构会对 a 和 b 的值产生影响，并且各初始含水率对降雨入渗的不同响应也会使 a 值变化，但总体上看，a 值并不受土体位置的影响，尤其是在初次降雨过程和第二次降雨的绝大多数监测点的 a 值均维持在一定的波动范围。原状土体因各种地质作用（如淋滤）导致其内部孔隙大小不一、不均匀，具有一定的结构性，含有大孔隙，也有一定数量的小孔隙，吸力减小时小毛孔可加快土体对水分的吸收；模型试验用土因有一定程度的扰动使其内部结构发生破坏，孔隙分布均匀，孔隙大小可视为上述大孔隙和小孔隙中间，因缺乏小孔隙和孔隙分布均匀，引起土体对雨水的吸收能力和速度下降，减缓水分的进入，上述水分吸收的差异导致室内原状样拟合直线的斜率远大于室外模型试验用土，前者为后者的5.3倍。无论是原状土样还是模型试验用土，其拟合结果均大于McFarlane提出的适合香港地区土体参数关系式的下限关系式（$b=1/3a-1$）[204]，但该下限是否适用于研究区残积土，仍有待进一步研究。

5.4　模型边坡土体入渗率和湿润锋分析

本节从土体入渗率和湿润锋的变化情况入手，研究降雨入渗影响下边坡中的非饱和渗流特性及机制。

5.4.1　入渗率分析

根据图5-7给出的土体体积含水率和基质吸力随时间的变化曲线，可以采用Li等人提出的方法对土体入渗率进行定量，具体方法为：降雨开始前（即 $t=0s$），将各深度处土体平均体积含水率作为起始值，随后降雨引起的含水率实时增量可视为该处深度以上范围土体吸收的水分，并且每个水分计以上一定范围土体具有相同的含水率分布[205]。模型边坡内部土层入渗率计算公式如下[205]：

$$\nu=\frac{\Delta\theta_{w}}{\Delta t}\cdot\frac{V_{t}}{A_{e}} \tag{5-8}$$

式中：$\Delta\theta_w$——相较于初始体积含水率的变化量；

V_t——模型边坡内每个水分计以上土体总体积；

A_e——各个土层的表面受雨有效面积。

水分计测量的是直径为3cm、高为7cm圆柱体内土体的含水率，因此，各个深度向上7cm的土体可视为相同的体积含水率。图5-33、图5-34为根据式（5-8）计算所得的全边坡和无限边坡土体的实时入渗率曲线，图中的 $\nu-a-b$ 含义为：ν 代表土体入渗率，单位为m/s，a 为模型试验编号，b 表示计算土体范围［起点为 $b-7$（cm）终点为 b（cm）］，即 $\nu-1-20$ 表示为模型边坡试验1、土体范围为13～20cm的实时入渗率曲线。

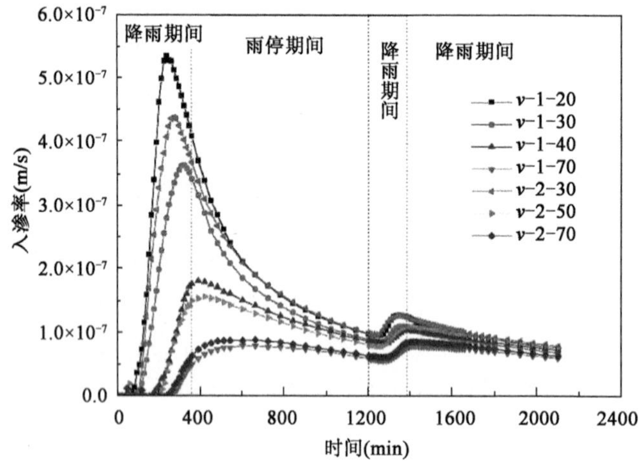

图 5-33　全边坡土体入渗率实时分析

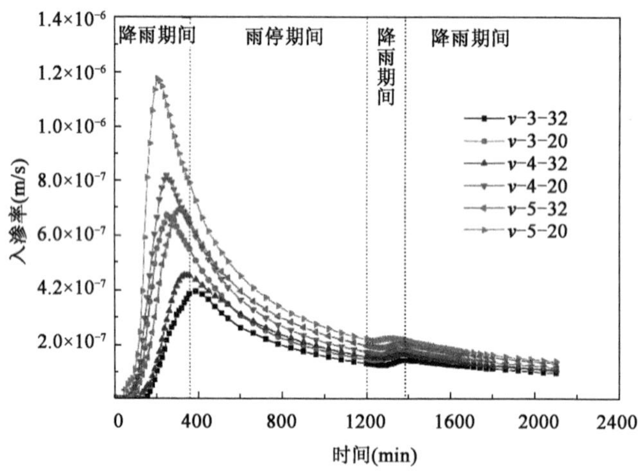

图 5-34　无限边坡土体入渗率实时曲线

由图 5-33 可知,第一次降雨条件下,34°全边坡雨水入渗率响应时间由上而下依次增加,入渗率峰值由上而下逐渐减小,埋深 30cm、50cm 和 70cm 响应时间(min)、入渗率峰值(cm/s)/达到峰值时间(min)分别为:108、3.1×10^{-7}/276,204、1.1×10^{-7}/420,240、6.3×10^{-8}/660;与 34°全边坡比,45°全边坡埋深 20cm、30cm、40cm 和 70cm 的响应时间(min)、入渗率峰值(cm/s)/达到峰值时间(min)分别为:72、3.8×10^{-7}/228,84、2.5×10^{-7}/324,168、1.3×10^{-8}/390,276min、5.6×10^{-8}/600。即陡坡不利于雨水入渗,土体入渗率响应时间和响应程度上均不如缓坡强烈。总体上看,第一次降雨约 1.8h 后,全边坡土体坡体上

部(20cm、30cm)实时入渗率才发生变化,45°和34°边坡分别在随后的2.2h和3h内达到最大值,且前者的峰值更大,达到峰值后,非饱和土体入渗率逐渐下降,直至接近于土体饱和渗透系数数量级;坡体中部土体入渗率在前3h降雨时仍保持为零,并在第一次雨停时达到最大值,而坡体下部土体入渗率在长时间(约4.5h)的降雨过程中持续为零,虽然降雨停止,但因雨水的不断下渗而导致其入渗率会在雨停后一段时间达到峰值。第二次降雨过程中,坡体上、中部土体入渗率在降雨过程中有小幅度的上升,表明该部分土体吸水能力已在第一次降雨过程中得到充分体现,而边坡下部土体入渗率在第二次降雨条件下的峰值会大于第一次降雨条件,但入渗率显然还是很小,表明雨水入渗量由上而下逐渐减小,并且深部土体的水分吸收能力会持续很长一段时间。

图5-34为无限边坡土体入渗率实时曲线,入渗率的变化规律基本上与全边坡的变化规律一致,但第二次降雨期间,土体入渗率的增加较全边坡土体小。压实度为84%的边坡在埋深20cm、32cm响应时间(min)、入渗率峰值(cm/s)/达到峰值时间(min)依次为:84、4.7×10^{-7}/252,156、2.8×10^{-7}/360;相同条件下,77%压实度边坡在埋深20cm、32cm响应时间(min)、入渗率峰值(cm/s)/达到峰值时间(min)各自为:72、3.7×10^{-7}/240,132、3.1×10^{-7}/336。即高压实度土体在阻碍雨水入渗的能力上强于低压实度土体,低压实度土体入渗率变化越快,峰值越大,土体的吸水能力可在短时间内得到充分体现。17°无限边坡埋深20cm、32cm响应时间(min)、入渗率峰值(cm/s)/达到峰值时间(min)依次为:48、8.2×10^{-7}/204,60、4.9×10^{-7}/312,与同等条件的26°边坡相比,缓坡越利于雨水的入渗,入渗率响应时间和响应程度上均强于陡坡。土体入渗率的变化反映了坡体内部非饱和渗流止逐步向饱和渗流过渡,无限边坡坡体上部土体的最终入渗率均可稳定至一个与饱和渗透系数数量级相差不大的值。

同等条件下,无论是全边坡还是无限边坡,坡体上部会具有比较明显的上述现象,一方面,坡体上部土体基质吸力水平相对较高(表5-7);另一方面,上部土体所受约束弱,雨水入渗相对容易,虽然土体内压缩空气的压力随吸力的增加而增加,并且会阻碍雨水的流动,但初始状态相对较干和约束较弱的土体在雨水入渗过程中,其湿润锋推进方向下的空气压力并不能阻碍土体对水分的吸收,因此,随着降雨的持续进行,坡体上部最终可能发生饱和渗流,形成暂态饱和区。

5.4.2 湿润锋分析

5.4.2.1 湿润锋的定义

Coleman和Bodman根据干土积水入渗的一般过程,将含水率剖面划分为4

个区,分别为饱和区、含水率明显降落的过渡区、含水率变化不大的传导区和含水率迅速减少至初始值的湿润区(图 2-5),并定义湿润区的前缘称为湿润锋[206]。在湿润区,雨水持续入渗使土体含水率迅速增加,但湿润区并不会无限扩大,而是会受湿润锋限制,表现出明显的界限(雷志栋等,1988)。当前,湿润锋的存在已被广泛接受,但其定义缺乏一致性和简单性,为此,本书根据室外模型边坡降雨试验的成果,提出一种更严格的定义,并且易于被广大研究人员接受和应用。图 5-7 表明土体吸力变化规律与体积含水率的实时变化趋势具有高度的一致性,但同一深度处土体含水率和吸力对降雨的时间响应有所不同,变化并不同步。考虑单向吸湿或脱湿土体含水率和吸力具有唯一对应关系,实际土体含水率和吸力实时变化的滞后性体现了湿润锋形成所需时间。因此,可将含水率发生显著变化的过渡区和雨停之后的残余含水率线性交叉点作为雨水入渗至该位置的时间点,而将吸力实时曲线的过渡区和雨后残余吸力的线性交叉点视为雨水对该水平以上土体的饱和点,上述两时间点称为试验湿润锋点。同时,含水率-湿润锋点与吸力-湿润锋点时差绝对值可视为湿润锋形成过程所需时间(即吸力与含水率变化不同步导致形成的时差,详见图 5-35)。由于含水率(吸力)的实变曲线呈"S"形(倒"S"形),因此,可通过在实变曲线的各自转折点(即雨水入渗初始响应时间点和雨水入渗至该位置的时间点)构建双切线来近似量化含水率发生显著变化过渡区的范围。表 5-11 为含水率与吸力实时曲线确定的湿润锋时间点,同一深度含水率和吸力按实时数据均值计算。结果表明,尽管水分计和张力计处于同一深度,但因降雨自然入渗不稳定性,彼此之间具有一定时差。此外,不同试验条件下湿润锋时间差也有所不同,并无明显规律可寻。

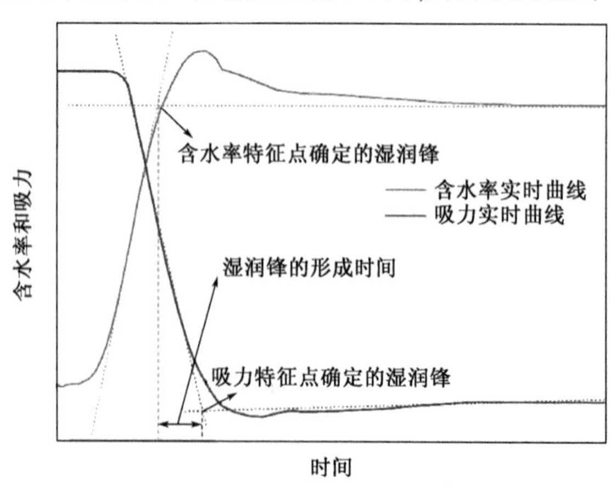

图 5-35　试验湿润锋定义图解

含水率与吸力实时曲线确定的湿润锋时间点　　表 5-11

试验编号	监测点位置(m)	时刻(min)				试验编号	监测点位置(m)	时刻(min)			
		第一次降雨		第二次降雨				第一次降雨		第二次降雨	
		含水率点	吸力点	含水率点	吸力点			含水率点	吸力点	含水率点	吸力点
1	0.3	300	276	144	132	3	0.2	276	240	132	156
	0.5	420	480	192	216		0.32	360	420	180	192
	0.7	540	600	288	276	4	0.2	252	228	120	144
2	0.2	240	216	108	132		0.32	336	312	156	180
	0.3	312	300	144	168	5	0.2	204	228	96	—
	0.4	420	390	192	228		0.32	312	276	132	108
	0.7	660	600	240	288						

5.4.2.2　湿润锋半经验值的计算

Lumb(1962)对湿润锋进行了详细研究，以获取的入渗率表达式为基础，对湿润锋的数学表达式进行推导，形式如下[207]：

$$h = \sqrt{D(\theta)t} + \frac{k_{sat}}{n(S_f - S_0)}t \tag{5-9}$$

式中：h——湿润锋；

n——孔隙率；

k_{sat}——饱和渗透系数；

S_f——最终饱和度；

S_0——初始饱和度；

t——时间。

利用 Lumb 提出的湿润锋半经验公式可以很好地解释雨水从自由边界由上而下入渗，Lumb 进一步指出相对较长时间的降雨可不考虑非饱和土中水的扩散率。因此，湿润锋公式可简化为：

$$h = \frac{k_{sat}}{n(S_f - S_0)}t \tag{5-10}$$

其中，孔隙率 n 不随土体位置的改变和外界因素的影响而改变，视为常数；h 与时间成正比例关系。当水分入渗至地下水位或更低渗透性土体时，湿润锋将停止发展，由于低渗透性土体饱和所需的降雨强度比高渗透性土体小，导致湿润锋真实值与上述计算值存在明显的误差，考虑到长时间降雨并不一定伴随着高强度，即长时、小雨强降雨可在低渗透性土体中形成更大的湿润锋深度，并导致吸力减小。根据表 5-11 的湿润锋时间点，即可利用式（5-10）计算各模型边坡湿润锋的半经验值。图 5-36 为部分试验湿润锋实测值、半经验值与时间的双对数坐标图；表 5-12 为各模型边坡土体湿润锋实测值与半经验值。

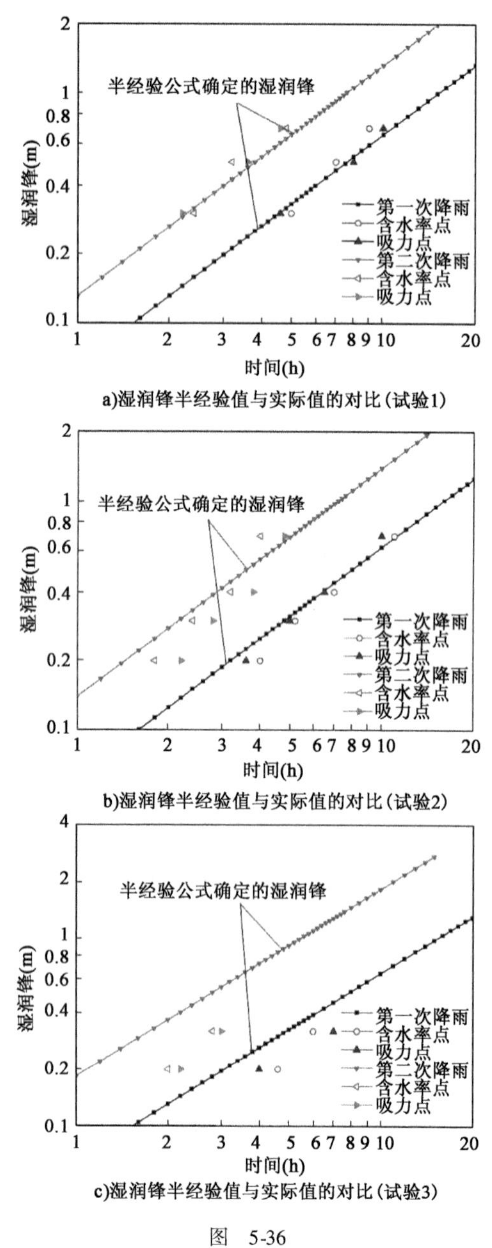

a)湿润锋半经验值与实际值的对比（试验1）

b)湿润锋半经验值与实际值的对比（试验2）

c)湿润锋半经验值与实际值的对比（试验3）

图 5-36

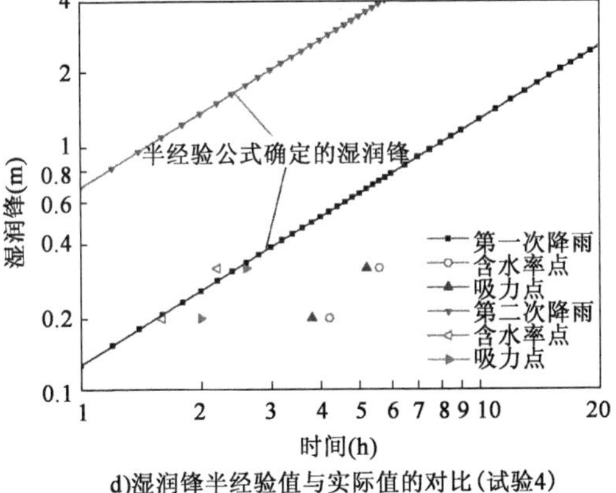

d)湿润锋半经验值与实际值的对比(试验4)

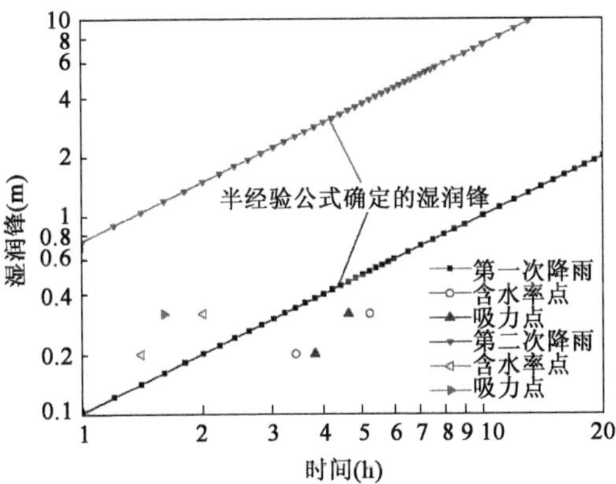

e)湿润锋半经验值与实际值的对比(试验5)

图5-36　各模型边坡湿润锋实际值与半经验值的对比

各模型边坡土体湿润锋实测值与半经验值成果表　　表5-12

试验编号	实测值 d (m)	半经验值 h(m)		试验编号	实测值 d (m)	半经验值 h(m)	
		第一次降雨	第二次降雨			第一次降雨	第二次降雨
1	0.3	0.422	0.405	3	0.2	0.280	0.516
	0.5	0.659	0.599		0.32	0.424	0.666
	0.7	0.836	0.827	4	0.2	0.580	1.576
2	0.2	0.327	0.371		0.32	0.764	2.006
	0.3	0.428	0.482	5	0.2	0.403	1.359
	0.4	0.566	0.649		0.32	0.549	1.784
	0.7	0.881	0.797				

注:现场观测点埋深10cm和35cm,经计算的半经验值为16.7cm和40.9cm。

5.4.2.3 湿润锋计算误差分析

由图5-36a)、b)和表5-12可知，整个降雨期间，全边坡和无限边坡坡体中、上部位置处由含水率点和吸力点确定的湿润锋实测值与半经验值较为吻合，而坡体深处位置的湿润锋实测值与半经验值相差较大。降雨初期，坡体中、上部土体对雨水的响应以垂直入渗为主；持续降雨后，坡体内发生顺坡向入渗，此时，坡体深处土体雨水入渗既包括垂直入渗，也包括水平入渗。首先，Lumb(1962)的半经验公式是从平面条件下推导的，立足于垂直入渗；其次，斜坡处因雨水冲刷形成的冲沟，会形成不同的流动通道和不同方向的渗流；最后，因设备模拟入渗土体面积有限，造成气体不易扩散，试验雨强较大，坡表土体短时间内易饱和，导致气体被封闭，封闭气体对入渗具有阻碍作用，引起计算误差。因此，坡体内部封闭气体以及不同方向渗流的存在均会造成计算上的误差，从而导致计算偏差。

不同压实度边坡湿润锋实测值与半经验值差异明显(试验3、试验4)。低压实度边坡的半经验值高于其实测值，而压实度为84%模型边坡的半经验值和实测值相差相对较小，上述现象表明采用Lumb半经验公式求解的湿润锋值过高。这种过高的估算除了有推导公式过程假设条件过于苛刻外，更重要的是采用不真实的饱和渗透系数，即非饱和渗流过程的渗透系数比饱和渗透系数小很多。与高压实度边坡相比，低压实度边坡土体的饱和渗透系数较大，从而加大低压实度土体湿润锋半经验值与实测值间的误差。

考虑雨水渗流路径、强降雨引起地面积水和表层土体饱和所导致的土体排气不畅问题，湿润锋发展所需的时间会更长，加大采用饱和渗透系数带来的误差，导致半经验值大于实测值(如降雨试验2土体埋深为0.2m、0.3m和0.4m)，但深部土体(如降雨试验1、试验2土体埋深为0.7m)半经验值却小于其实测值，虽然气体的阻渗作用增加了雨水入渗至深处所需的时间，但深部土体含水率和吸力实时变化缓慢进行，过渡区不明显，湿润锋时间点计算值偏小，引起半经验值小于实测值。从第一次降雨过程来看，深部土体湿润锋的真实值和计算值间的误差较浅部土体大些；雨水入渗使土体中空气占据孔隙体积减小，部分气体被压缩或排出土外，但持续入渗对气体的压缩能力减弱，排出土体外的气体数量也逐渐减少；同一位置下，第二次降雨过程中湿润锋真实值与计算值间的误差会大于第一次降雨过程。此外，降雨过程中边坡表面上会有水滴溅起，这种雨滴坠落的动能会使边坡表面变得更加密实，使坡表土体渗透系数在一定程度上减小，从而减小雨水入渗量，计算时间点随之减小，这也在某种程度上造成半经验值与实测值的误差。

5.4.2.4　湿润锋的修正 Lumb 公式

根据表 5-12 中的数据，压实度较高的模型边坡土体试验湿润锋实测值与半经验值的散点分布图如图 5-37 所示。结合现场记录湿润锋发展至埋深为 10cm、35cm 所需时间［经式(5-10)换算，半经验值分别为 16.7cm 和 40.9cm］，并考虑时间为 0 时，湿润锋不应有发展，拟合后得出实测值与半经验值间存在较好的幂函数关系。

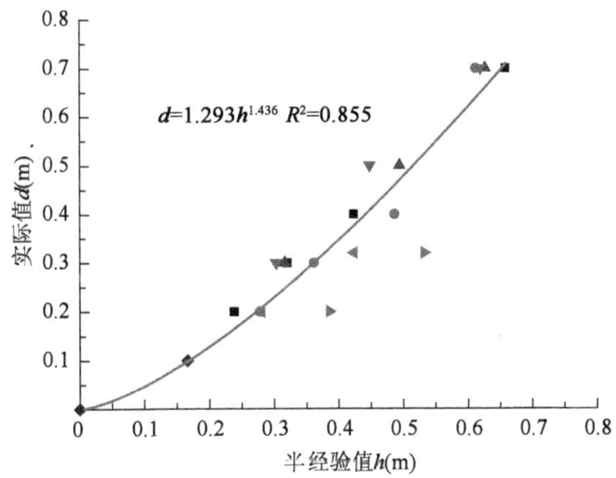

图 5-37　土体湿润锋实测值与半经验值的关系图

因此，为提高半经验公式对湿润锋计算的准确性，对其进行非线性修正，修正公式如下：

$$h = a\left[\frac{k_{\mathrm{sat}}}{n(S_{\mathrm{f}} - S_0)}t\right]^b \tag{5-11}$$

其中，a、b 均为拟合参数，无量纲；其余参数含义见式(5-9)、式(5-10)。

拟合结果表明：$a = 1.293$，$b = 1.436$。当半经验值为 40.9cm 时，经式(5-11)计算，可得 h 为 35.8cm，这与现场记录深度 35cm 较为吻合。实际工程中，可采用上述方法确定湿润锋非线性修正公式系数，结合土体状态参数获取湿润锋深度随时间的变化。

5.5 模型边坡坡体位移及破坏形式分析

5.5.1 坡体位移分析

5.5.1.1 数字照相量测简介

采用数字照相量测法对降雨入渗引起的坡体变形进行分析，数字照相量测是利用照相设备对观测目标进行数字图像的采集，并借助数字图像处理与分析技术，对目标进行变形分析或特征识别的一种现代非接触量测新技术。Photo Infor 软件作为一套实用性很强的数字照相量测软件系统，已经成功应用在岩土工程、桥梁与隧道工程、材料工程、机械工程以及林业工程等多学科的研究中[208-211]。Photo Infor 量测精度为绝对精度 = 目标长宽(mm)/图像长宽(以像素表示)。为使变形量测结果可靠、精度高，在图像采集过程中，应尽可能采用高分辨率照相设备对小观测目标进行采集，试验过程中确保拍摄光源均匀且一致，并尽量保持照相设备位置固定不动。

模型试验过程中，图像校准通过设定的控制基准点实现，原理参考有限单元法中全局坐标与局部坐标的转换方式，不同的是要经过两次四边形等参单元坐标变换：全局坐标(图像空间)→自然坐标(自然空间)→全局坐标(模型空间)。经过校准后的图像可有效避免因相机微动或旋转等造成的误差。测点的位移变化可直接通过各个时间段间图像对应点坐标变化求得。Photo Infor 界面如图 5-38a)所示。选定好各时间点照片后，再进行测点范围和测点间距的选择(组成网格)，进行控制基准点和分析参数的设置。特别应注意的是，若两幅图相对变形较大，可扩大搜索范围系数；若试验过程中某个阶段变形突变，可将亚像元搜索设置 0.1Pixel，但分析时间越长，精度也会较高。分析完之后，可通过 Post Viewer[图 5-38b)]对测点在整个试验过程中的变形特点进行分析和后处理操作。图 5-39 为模型试验 3 在降雨 6h 后的测点网格变形趋势及位移矢量图。

尽管土体中的孔隙结构具有一定的刚性，但降雨入渗也可以从不同程度引起土体的变形，尤其是未经历过吸湿路径的低密实度土体，雨水入渗可引发土体的持续变形。Fredlund[212]通过加荷和卸荷条件下土结构的本构曲面来对土中水分变化引起的变形进行解释，由图 5-40 可知土中吸力减小引起孔隙比减小。也就是说，雨水入渗引起的土体吸力减少会使土体在一定范围内产生变形或塌陷。这种现象主要是由于土体内部颗粒存在临时性约束，形成的部分结构具有不稳定性，这种约束一部分由毛细作用使临近土颗粒挤紧的压力产生，一部分由土颗粒间具有的初始排列和联结作用组成。土颗粒所受上述约束形成的孔隙结构具有不稳定性，一旦雨水入渗对不稳定结构的孔隙进行填充，大部分约束将被破坏，土体颗粒将重新排列，直至形成更加稳定和密实的结构。

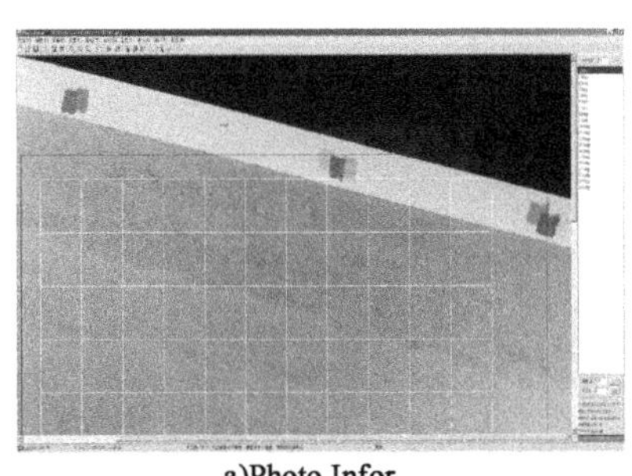

a)Photo Infor　　b)Post Viewer

图 5-38　Post Viewer 工作桌面

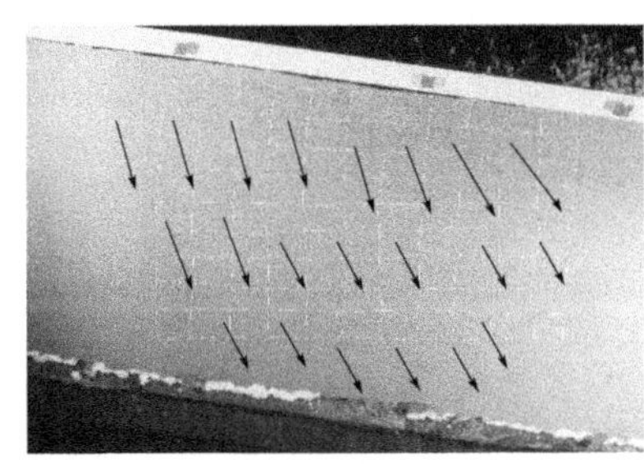

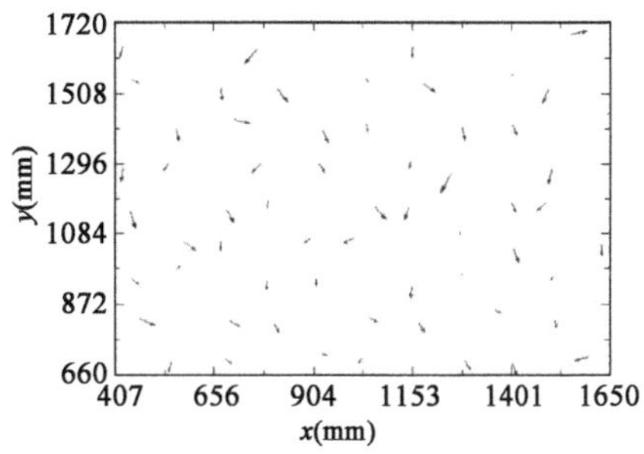

图 5-39　测点网格变形趋势及位移矢量图

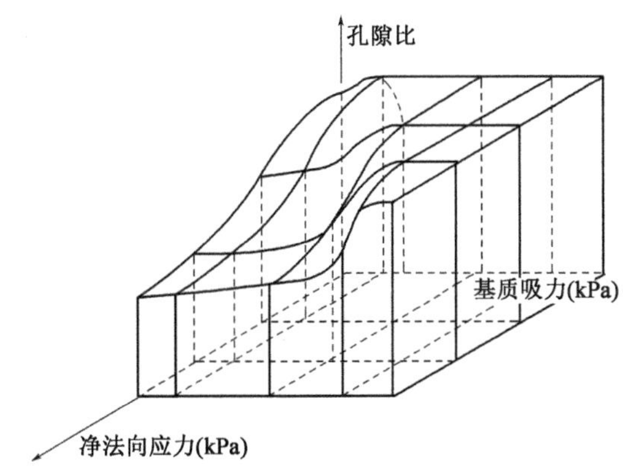

图 5-40　非饱和土的亚稳状态[212]

上述分析表明，土体密实度和黏粒含量对降雨入渗引起边坡的变形具有显著的影响，Clevenger[213]曾建议通过干密度来判断土体是否容易变形和塌陷，指出干密度小于 1.28g/cm^3 时，土体在饱和吸水过程中容易发生显著的变形和塌陷，此时可将其称之为水敏性土体；Handy[214] 则认为可通过土体中黏粒含量来判断其塌陷难易的标准，并指出土中黏粒含量小于 16% 时，土体发生塌陷的可能性很大。

5.5.1.2 不同深度坡体变形实时变化

图 5-41 为降雨诱发坡体各深度处的变形与吸力时变图。由图 5-41a) 可知，降雨初期(0 ~ 2.5h)，坡体上、中部土体刚度可抵御吸力损失引起的变形，此时上、中部土体吸力已开始下降，而深部土体吸力仍然保留；随着降雨的持续进行(2.5 ~ 3.5h)，各部位土体变形开始缓慢上升，此时浅层土体吸力基本丧失，深部土体吸力部分下降；降雨后期(3.5 ~ 6h)，坡体上、中部土体变形开始急剧上升，直至最大值，而坡体下部土体位移响应较慢，位移峰值部位依次为上部(约为 3mm)、中部(约为 2mm)、下部(约为 1.2mm)，这表明边坡坡体变形随着深度的增加而减小，降雨入渗对深部土体的影响逐渐减弱，而坡体上、中部土体变形显然较下部变化快；雨停之后，上、中部土体变形有所恢复，但整体恢复不大，而下部土体变形进一步小幅增加。

尽管土中孔隙结构具有一定的刚性，但降雨入渗可引起土体不同程度的变形，尤其是未经历过吸湿路径的低密实度土体，雨水入渗可引发土体的持续变形。雨水入渗引起的土体吸力减少会使土体在一定范围内产生变形或塌陷，这种现象主要是由于土体内部颗粒存在临时性约束，这种约束一部分由毛细作用使临近土颗粒挤紧的压力产生，另一部分由土颗粒间具有的初始排列和联结作用组成，土颗粒受上述约束形成的孔隙结构具有不稳定性，一旦雨水入渗对不稳定结构的孔隙进行填充，大部分约束将被破坏，土体颗粒将重新排列，直至形成更加稳定和密实的结构。

5.5.1.3 不同坡度坡体变形实时变化

坡度为 26° 和 17° 的模型边坡试验规律基本一致，但也有些差别。如图 5-41b)、c) 所示，初次降雨对陡坡坡体变形影响显著，规律性较强，坡体变形响应稍晚，峰值小于 17°边坡，但具有较快的变化速度；而降雨对 17°边坡的影响规律不同于陡坡，坡体中上部位移实时曲线具有小平台现象，坡体变形对降雨的响应较快，峰值相对较大，而坡体下部坡体变形变化趋势与陡坡基本一致。后续降雨过程中，陡坡(26°)和缓坡(17°)各深度的坡体变形在最大累计降雨量时均出现峰值，并在随后的雨停期缓慢回落。

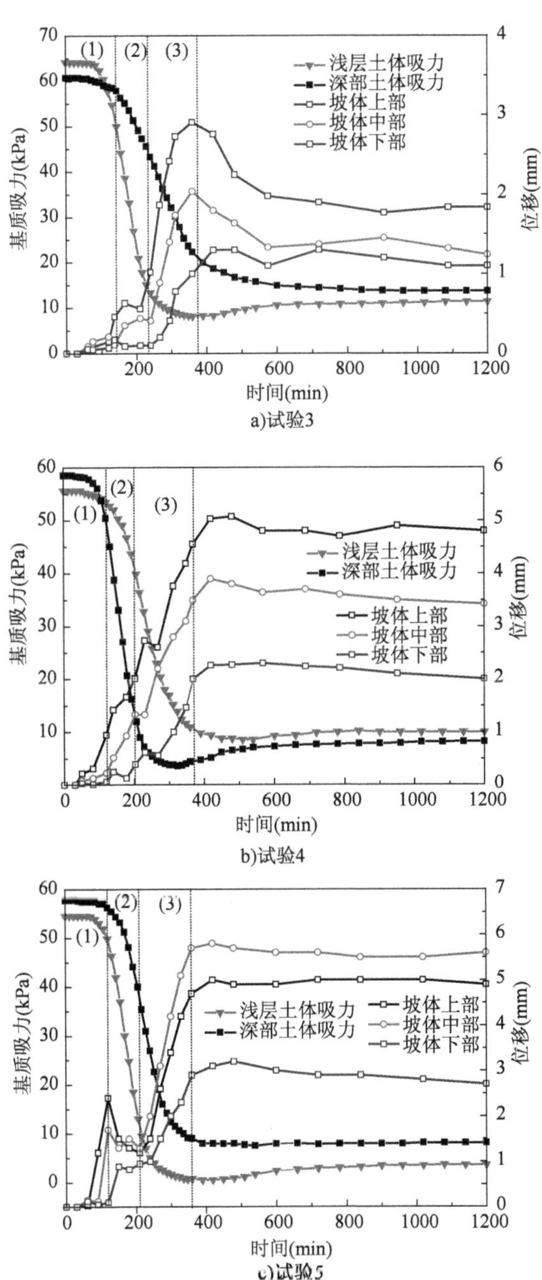

a)试验3

b)试验4

c)试验5

图5-41　模型边坡坡体变形与吸力实变图

5.5.1.4 不同密实度坡体变形实时变化

高密实度[图5-41a)]土体抵抗降雨入渗引起变形的能力明显高于低密实度土体[图5-41c)],主要是因为高的击实功改变了土体内部孔隙的存在方式,进一步压缩土体内部空间,减少对雨水入渗有利的大孔隙数量,使土颗粒间结合更加紧密,导致高密实度边坡对降雨入渗的变形响应能力下降。值得注意的是,低密实度、缓坡坡体[图5-41c)]中部产生的位移值大于坡体上部,并且位移实时曲线出现小平台现象。这归因于使小孔隙结构(即土体周边约束较强,坡体深处)发生破坏所需的能量远大于大孔隙结构(即土体周边约束较弱,坡体上部靠近临空面的位置),导致坡体中部降雨期间产生二次变形值(变形值为降雨结束时的位移值与平台位移大值的差值,约4.3mm)和雨后残余变形(约5.6mm)均大于坡体上部二次变形值(约2.6mm)和雨后残余变形(约5mm)。

短时间降雨对边坡坡体变形不产生明显的影响,此时浅层土体吸力部分损失[图5-41中的区域(1)],边坡的初期变形主要是由一些小孔隙结构破坏形成,变形程度由微观胶结结构的坍塌破坏范围和程度控制,变形不大,产生初期小塑性变形的阶段可称为初始蠕变阶段;长时间降雨可引起坡体上部土体绝大部分吸力丧失,坡体内部深处土体吸力部分丧失[图5-41中的区域(2)],边坡可因大部分小孔隙结构和少部分大孔隙结构的塌陷而产生中期塑性变形,该阶段可称为加速发展阶段;一旦降雨时间足够长,整个边坡土体吸力基本处于低值状态[尤其是深部土体吸力绝大部分丧失,见图5-41中的区域(3)],可进一步因土骨架构筑的大孔隙结构破坏,导致出现更大的(后期变形)二次变形,具有快速变化的特点,此时边坡濒临整体失稳破坏的边缘,产生的后期大塑性变形可称为滑动变形阶段。雨停后坡体开始缓慢排水,孔压逐渐消散,坡体位移有所恢复,但仍具有明显的残余变形。

5.5.2 降雨诱发土坡失稳机理

图5-42~图5-46为各模型试验滑坡发展过程。在降雨的持续冲刷作用下,因坡面没有进行较有效的防护,导致所有模型降雨试验坡面出现明显的冲蚀现象,冲蚀现象出现时间、发展速度和程度与坡度、土体密实度和降雨条件等有关。陡坡坡面雨水流速快,降雨一段时间后易产生轻微的冲刷,低密实度土对雨滴动能的阻碍作用弱,雨滴的能动作用可在一定程度上“锤击”坡面,

持续降雨坡面可形成短暂的低洼地带,低洼地带连成片后可形成冲沟;大型冲沟开始出现基本上处于降雨后期,根据降雨条件下各模型边坡土体的吸力、含水率实时曲线,此时坡体土体吸水能力进一步提高已有难度,短时间内冲沟可进一步向坡顶和两侧突发性发展[如:35min 内图 5-47a)→图 5-47b)→图 5-47c)变化],纵横交错,直至贯通。坡面变形从坡体前端开始,坡体后缘变形后续增大,从破坏面积上看,降雨引起的45°模型边坡[图 5-43d)]的坡面最终破坏程度和破坏面积都大于 34°边坡[图 5-42d)],同样,26°无限边坡[图 5-45d)]因降雨引起的破坏范围和程度比 17°模型边坡[图 5-46d)]强烈,高密实度土体[图 5-44d)]的自稳能力强,受降雨影响的程度不如低密实度土体[图 5-45d)]强。同等条件下,降雨对陡坡和低密实度边坡造成的破坏面积和破坏程度比缓坡和高密实度边坡大。尽管陡坡不利于雨水的入渗,但其临空面的高应力水平易受降雨诱发的影响而释放,一旦降雨充足,土体应力完全释放而破坏,边坡即可快速失稳。

a) 第一次降雨持续时间为3h25min34s

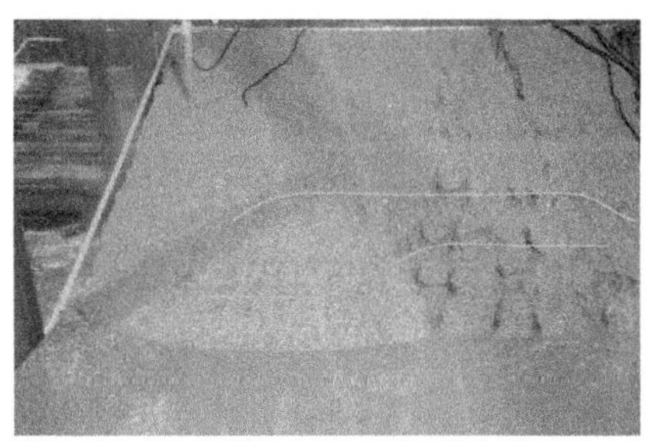

b)第一次降雨持续时间为4h58min12s

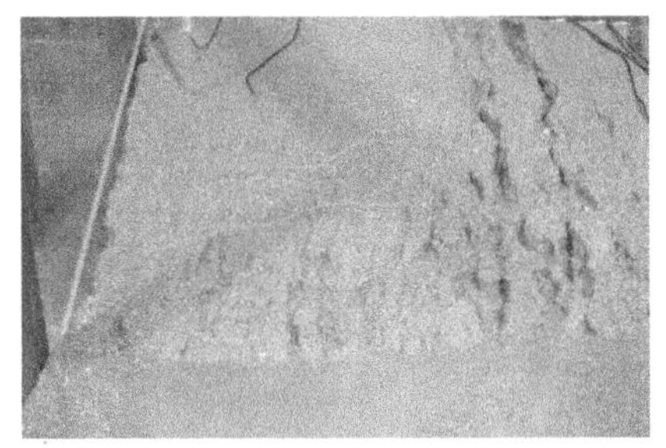

c)第二次降雨持续时间为1h5min4s

d)降雨结束后边坡破坏图

图 5-42　模型试验 1 滑坡发展过程

a)第一次降雨持续时间为3h52min15s

b)第一次降雨持续时间为5h8min26s

c)第二次降雨持续时间为1h33min22s

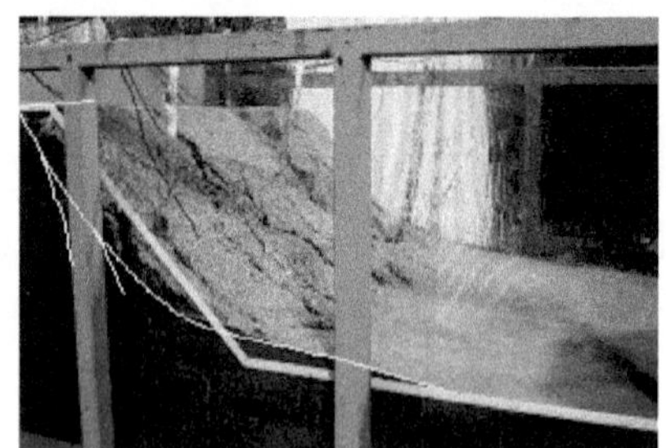
d)降雨结束后边坡破坏图

图 5-43　模型试验 2 滑坡发展过程

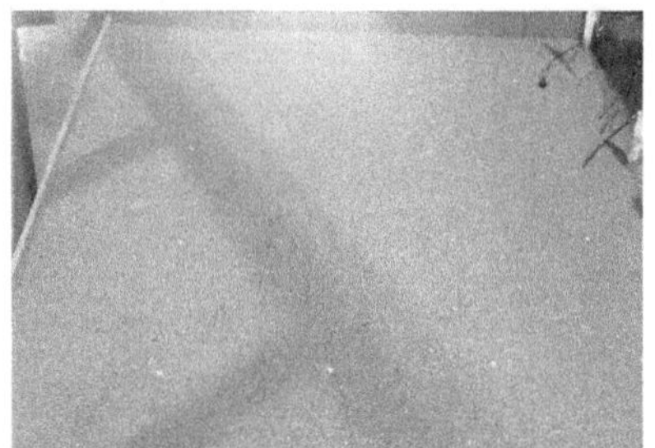
a)第一次降雨持续时间为3h54min36s

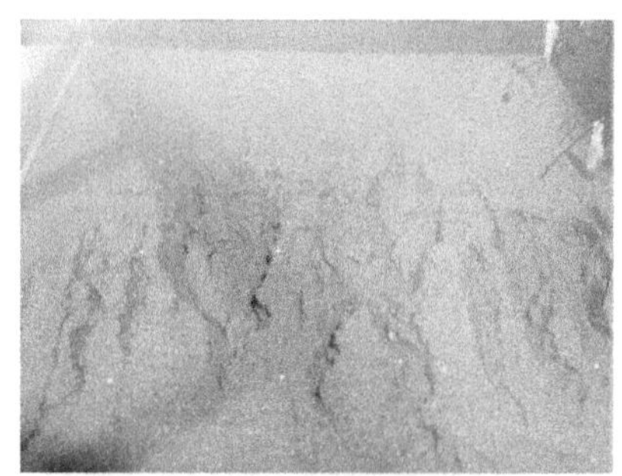
b)第一次降雨持续时间为5h26min21s

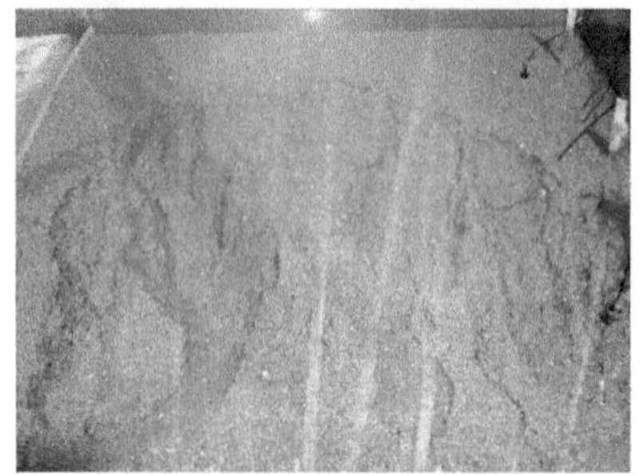
c)第二次降雨持续时间为1h48min28s

d)降雨结束后边坡破坏图

图 5-44　模型试验 3 滑坡发展过程

a)第一次降雨持续时间为4h53min42s

b)第一次降雨持续时间为5h46min11s

c)第二次降雨持续时间为2h12min13s

d)降雨结束后边坡破坏图

图5-45　模型试验4滑坡发展过程

a)第一次降雨持续时间为4h11min6s

b)第一次降雨持续时间为5h43min26s

c)第二次降雨持续时间为2h32min10s

d)降雨结束后边坡破坏图

图5-46　模型试验5滑坡发展过程

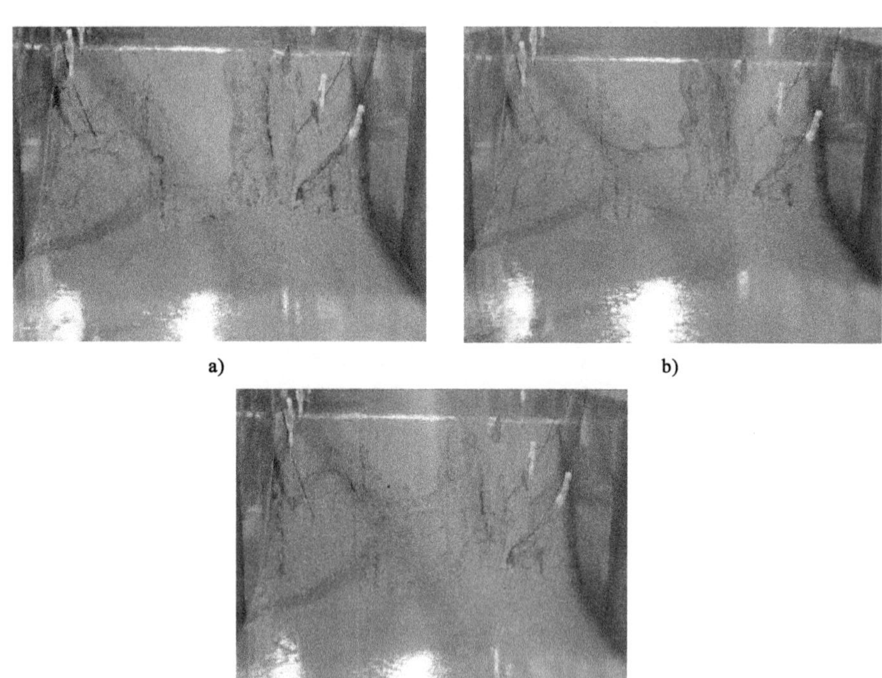

a)

b)

c)

图 5-47　短时间内冲沟变化趋势图

根据全边坡模型降雨试验过程的实时照片，绘制和总结出全边坡失稳模式及坡面破坏图，如图 5-48 所示。全边坡变形过程总体自下而上，因雨水冲刷下来的土体颗粒汇集在坡脚外一定范围，导致坡脚处地势较低，易形成积水，坡脚土体受积水和雨水入渗的双重影响而率先软化，经雨水浸泡后进一步泥化；轻微冲刷形成的细小通道因降雨的持续进行而向上和两侧发展，直至成片，先破坏的区域连通后会形成一定的临空面，该临空面为土体的后续下滑创造了有利条件，此时横向和竖向微裂隙也逐渐发展，数量由少变多、长度由短变长；当破坏的区域离坡顶较近时，促使滑坡变形加剧的裂缝在坡肩两侧处张开，除了指向临空面外，有横向发展的趋势，雨中因雨水携带的细颗粒可充填拉张裂隙，裂缝会闭合，导致较难观察到雨中坡肩的拉张裂缝，但随着雨水的不断冲刷和坡体内部形成的非饱和渗流（动水压力），张裂缝会进一步向坡体内部发展、变宽，且左侧坡脚处开挖后发现有如文献［95］中所示的滑动带生成［图 5-49a）］。由此可以预见，随着累积降雨量的进一步加大，边坡最后可形成完整的圆弧滑动面，发生整体失稳破坏。

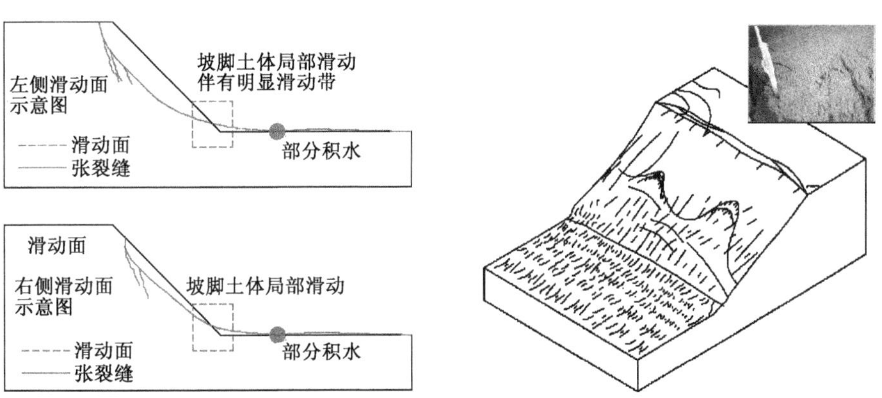

图5-48　全边坡失稳模式及坡面破坏图

a)全边坡坡脚滑动带[99]

b)无限边坡后缘拉裂缝

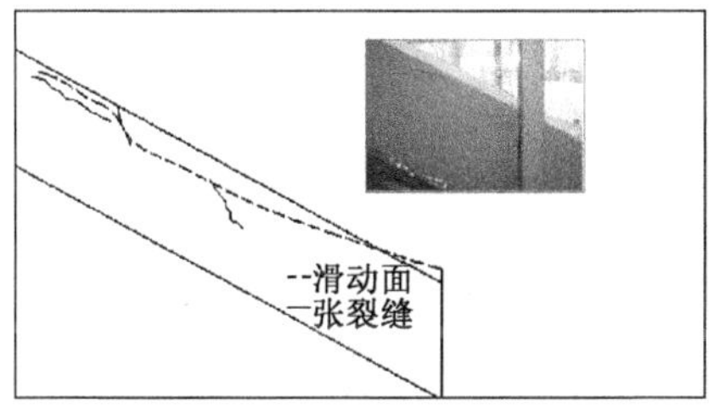

c)无限边坡破坏模式图

图5-49　降雨引起的拉张裂缝及坡脚滑动带

无限边坡破坏过程基本上与全边坡一致，坡体下部开始变形，然后逐渐向上发展，发展的过程中伴随着纵横向拉张裂缝的形成、扩展和贯通，最后形成的滑面基本上平行于坡面[图5-49b)、图5-49c)]，滑面深度较浅。值得注意的是，在所有边坡模型的降雨试验中，埋设传感器数量较多的一侧滑面较浅或是坡面破坏程度较低，这主要是因为张力计、水分计可起到抗滑桩的作用，能在一定程度上抵御坡体的变形，减小滑体的规模(图5-48)。结合坡体变形规律和失稳演变过程，可选用关键部位的力学变量作为失稳预测因子。首先，坡体变形与吸力变化息息相关，大塑性变形产生意味着吸力基本丧失；其次，监测件数量多的一侧其破坏面积和破坏范围皆比监测件数量少的一侧大，监测件起到抗滑桩的作用，从这个意义上讲，仅仅从模型试验出发考虑选择失稳预警因子，应在监测件数量少或是无监测件的一侧选取坡体中下层部位土体吸力的变化作为预警因子，而在监测件数量多的一侧应综合考虑吸力和支护结构受力。

通过上述分析可以看出，坡面细颗粒土体容易被水流冲刷，表层土体坍塌后，促使雨水更易入渗和潜蚀下部土体；坡脚土体经过雨水冲刷、浸泡后，首先软化，并逐渐被掏空，导致上方土体的临空面加大、斜度增加，土体破坏后随即被坡面径流携带走，随着降雨的持续进行，后方土体进一步被侵蚀，直至整个坡体产生坍塌破坏。在完整的土体冲刷－雨水入渗（渗透）过程中，坡面冲刷产生的径流通道为雨水携带细颗粒创造了有利的条件，同时也有益于雨水向深部土体的入渗；雨水入渗引起边坡内部土体软化，土体的抗冲刷和抗破坏能力下降，加剧了冲刷的效果。随着雨水冲刷土体和入渗的交替进行，两者相互影响和促进，导致坡体侵蚀破坏加剧，直到边坡产生浅层整体滑动。因此，可将降雨诱发残积土边坡失稳破坏模式归纳为：坡表冲刷→冲沟、切沟侵蚀→坡脚局部坍塌→破坏范围纵横发展→整体失稳，这要求在工程防护过程中应注重对该类滑坡的坡脚防护，尽可能降低边坡渐进累积破坏的可能性。对于地下水水位较高、渗透性较好的边坡，坡脚土体吸力损失不仅要考虑雨水入渗和坡脚积水引起的损失，还得考虑地下水位的上升造成的影响。因此，相比较边坡其他部位而言，降雨引起的坡脚处土体破坏更加显著，除做好坡面防渗外（压实浅层土体或喷射混凝土护面等），可加强坡脚处顺坡向排水设施的修建；对已产生滑坡或是潜在滑坡，应在坡脚处做好相应的支挡结构物，从而有效减少雨水入渗量及其向坡脚的排泄量，最大程度上保持边坡的非饱和土体吸力受降雨入渗的影响，保证边坡的整体稳定性。必须指出的是，第一次降雨对边坡造成的破坏程度、范围和危害性远远不如第二次降雨强烈，尽管降雨强度是诱发残积土滑坡的重要原因，但累计雨量对边坡稳定性的影响仍不容忽视。

5.5.3 失稳预警因子的选择

滑坡预警是地质工程界研究的热点，以往预警研究较多采用累计降雨量、位移及其变化速率等几何物理量作为特定区域边坡失稳预警因子[112,215]，但当不同区域的边坡所处地质环境条件及结构存有较大差异时，采用统计性结果分析具体边坡工程的稳定状态往往无法准确预测，因此，对坡体失稳的评价指标存在较大差别，难以形成统一的通用判据。根据坡体变形规律和失稳演变过程，可选用关键部位的力学变量作为失稳预警因子。首先，坡体变形与吸力变化息息相关，吸力基本丧失可导致大塑性变形的产生；其次，模型边坡监测件数量多的一侧的土体破坏面积和破坏范围明显小于监测件数量少的一侧，即从模型试验出发考虑失稳预警因子的选取，应在监测件数量少或是无监测件的一侧选取坡体中下层部位土体吸力的变化作为失稳预警因子，而在监测件数量多的一侧应综合考虑吸力及支护结构受力。

综上分析:①持续降雨工况下,应从降雨引起支护结构受力变化规律、不同坡体位置的吸力变化特征以及坡体变形规律出发,确定失稳预警因子,长时间降雨易引起深部土体吸力的丧失,导致土体产生后期大塑性变形。因此,对于已支护的边坡,除了将坡体下部土体吸力作为失稳预警因子的选择外,一定不能忽视支护结构中、下部受力情况的变化,该部位支护结构受力可产生较大的调整幅度,并持续较长时间;而对于未支护的边坡,边坡的失稳预警因子可选择深部土体的吸力。②短时暴雨工况下,坡体上部土体吸力消失较快,并且支护结构受力调整部位位于坡体上部,调整时间短。因此,对于采用支护措施的边坡(模型试验设监测件数量多的一侧),预警因子的选择应综合考虑坡体上部土体吸力和支护结构上部内部应力;而未采用支护措施的边坡(模型试验埋设监测件数量少或无监测件的一侧),可将坡体上部土体吸力作为失稳预警因子的优先选择。

开展降雨诱发滑坡机理研究的目的在于预防、预警。在预防层面上,采取何种措施可避免或减缓降雨造成的不良作用仍有待研究;在预警层面上,降雨诱发滑坡的发生不仅取决于降雨要素(降雨强度、持时、降雨次数、降雨时间间隔等),还与边坡自身土体性质和地形地貌等有关;而且既有研究中很多采用位移、累积降雨量等物理变量作为预警因子。这些方法在一定程度上可较准确地对特定区域进行预警,但当边坡自身属性相差较大时则出现无法适用的情况。因此,如何定量和定性分析影响因子对边坡稳定性的影响以及构建可形成统一认识的边坡失稳评价指标体系,是今后研究的方向。

降雨诱发残积土坡失稳的模型试验不仅揭示其失稳模式及机理,也为后期监测预警因子研究奠定基础。实际工程中往往存在埋深较浅的地下水和土体的各向异性,多数工程伴有原生或次生裂隙,降雨入渗机理更加复杂;同时,也应注意到,当前研究以恒定降雨强度为前提的居多,而实际降雨强度随时间变化无明显规律。因此,在本章基础上,可进一步开展与地下水位和非均质裂隙土体的有关的人工降雨试验,并在恒定累积降雨量下,设计不同降雨过程线,研究不同降雨形式和降雨强度的影响,为解决具体实际工程问题和滑坡灾害预测预报提供更好的借鉴。同时,本章节并未考虑植被对雨水入渗的影响,但实际边坡通常有植被存在,植被根系不仅可增强土体力学特性,提高浅层土坡稳定性;还可通过蒸腾作用吸收土体水分,在土体内产生吸力,从而改变土体工程性质。因此,今后可从植被-土体相互作用出发,进一步开展降雨入渗影响下边坡中的非饱和渗流特性研究。

5.6 本章小结

本章首先重点阐述开展针对闽东南典型残积土边坡室外降雨试验所需的降雨设备、监测件和监测系统。在降雨设备上,重点介绍降雨系统的核心组成部分:降雨喷头、安装支架及供水设备;简要概括试验监测元器件工作原理、试验前调试、安装方法及其注意事项;在监测系统上,详细介绍自动化数据的传输和采集分析系统,及如何保证数据传输畅通的方法,给出适合本试验的自动采集数据的时间间隔;紧接着从本章研究目的出发,给出模型边坡降雨试验方案的设计,并编制相应监测件编号以利后续分析。

其次,本章通过对降雨条件下的非饱和土残积土坡的含水率、饱和度、吸力、土压力和下滑力的实时监测数据进行分析,从坡体不同位置、不同坡度、不同密实度边坡 3 个方面阐述监测内容的响应规律;对比分析不同土质、不同坡度、不同密实度边坡土体的 SWCC 过渡区,指出吸水和排水阶段土体的吸力对数和体积含水率对数可用土体参数 a、b 线性连接,并对不同工况土体参数 a、b 的差异进行机理分析;分析土坡前端推力对降雨入渗的响应,指出降雨对非饱和土体的软化作用始终贯穿于整个降雨期间,并具有较长的时效性;土坡坡体总下滑力的变化可分为 3 个阶段:缓慢增加、加速上升和雨后衰减阶段,降雨过程中陡坡和高密实度土坡响应较为强烈,下滑推力峰值大于缓坡和低密实度土坡;安全系数时变规律与水平推力和坡体变形变化趋势相反,降雨作用下新边坡坡体应力状态变化明显、较易失稳,而老边坡则相对比较稳定;土体内高应力区域须经历多次降雨过程才可完全释放,边坡具有高水平的雨后剩余下滑力和更显著的土体软化效应。

从入渗率和湿润锋的实时响应规律入手,进一步分析入渗响应机制,通过对降雨入渗过程进行分析后,可将其分为吸水湿润阶段、非饱和渗流阶段和饱和渗透阶段;对比分析湿润锋实际值与 Lumb 提出的湿润锋半经验公式计算值,结合两者的散点分布规律,提出土体湿润锋的修正 Lumb 公式;根据不同位置土体吸力对降雨入渗的响应规律,结合坡体变形规律,总结分析了降雨入渗引起的土体变形,提出变形发展的 3 个阶段,即初始蠕变阶段(由微观胶结结构的坍塌破坏产生的初期小塑性变形)、加速发展阶段(由大部分小孔隙结构和少部分大孔隙结构的塌陷产生的中期塑性变形)、滑动破坏阶段(由土体主要骨架构筑的大孔隙结构失稳产生的后期大塑性变形)。

最后,根据模型试验成果,探讨边坡失稳预警因子的选择,指出失稳预警因子应从边坡失稳机理出发,考虑关键部位的力学物理量;并对浅层滑坡、多次降

雨诱发滑坡发生的原因以及现场压实至相对密实度达到95%以上的必要性进行深入分析和讨论。降雨诱发残积土坡失稳破坏模式可归纳为：坡表冲刷→冲沟、切沟侵蚀→坡脚局部坍塌→破坏范围纵横发展→整体失稳，实际滑动面深度介于1～3m。基于所揭示的失稳模式，指出了该类降雨诱发滑坡的有效防治措施主要包括坡脚加强排水和支护、坡面防渗和防护等。

第6章　非饱和土边坡稳定分析方法

实践中,边坡稳定性通常采用极限平衡条分法中的任一种进行计算分析。在分析边坡稳定性问题时,传统的做法是采用有效抗剪强度参数(即 c'和 φ'),对于地下水位以上非饱和区的由负孔隙水压力提供的抗剪强度通常不予考虑。这种方法对于滑动面主要位于地下水以下的许多情况还算合理,但对于地下水位很深或滑动面位于浅层的情况,就不再适用了。而降雨诱发的滑坡常常属于浅层滑动,因此,有必要将由负孔隙水压力提供的抗剪强度纳入边坡稳定性计算中[106]。本章先介绍非饱和土的抗剪强度理论和传统的极限平衡法,再说明如何将基质吸力考虑到极限平衡法中。

6.1　非饱和土抗剪强度理论

饱和土的抗剪强度可用摩尔-库仑破坏准则表达,而对于非饱和土,由于气的存在,其强度理论变得极其复杂,经典的饱和土力学理论已不再适用[216]。经过多年的发展,国内的学者提出了许多非饱和土的抗剪强度理论或公式[132,217-229],其中得到工程界广泛认可的是 Fredlund 提出的双参数模型[106]。Fredlund 认为在非饱和土内任意平面上有3个法向应力变量,即 σ,u_a 和 u_w,这3个变量中任意两个的组合可用来规定非饱和土的应力状态,他推荐使用($\sigma-u_a$)和(u_a-u_w)的组合,这是因为在大多数情况下,实际问题中孔隙气压力是大气压力,从而可以将总应力变化和孔隙水压力变化的影响分开考虑。表达式见3.3.1节中式(3-15)。

式(3-15)用吸力摩擦角 φ^b 来描述基质吸力对土体抗剪强度的贡献,φ^b 的大小随基质吸力的变化而变化,从实用角度出发,常取值为 $1/2\varphi'$。实际上,吸力摩擦角 φ^b 的确定应通过非饱和土三轴试验获取,但由于时间限制,不能进行非饱和土三轴试验。在大部分的文献里将 φ^b 视为一常量,但实际上这个参数随着土体饱和度的变化而变化。在毛细饱和带,存在负孔隙水压力,φ^b 与有效内摩擦角 φ'相等;当土体饱和度降低,φ^b 也随之降低,反映了基质吸力作用面积减小。可见,将 φ^b 视为一常数将导致当土的基质吸力很高时会过高估计非饱和土的抗剪强度。具体而言,φ^b 的变化与土-水特征曲线有关[113]。

通过土-水特征曲线和有效抗剪强度参数(c'和 φ')预测非饱和土的抗剪强

度，相关学者已经进行了大量研究，其中比较好的方法是由 Vanapalli 等（1996 年）[230]提出的估计方程：

$$\tau_f = c' + (\sigma - u_a)\tan\varphi' + (u_a - u_w)\left[\left(\frac{\theta_w - \theta_r}{\theta_s - \theta_r}\right)\tan\varphi'\right] \tag{6-1}$$

注意式(6-1)中使用$\left(\frac{\theta_w - \theta_r}{\theta_s - \theta_r}\right)\tan\varphi'$代替了 $\tan\varphi^b$。

当土趋于饱和时，孔隙水压力 u_w 接近孔隙气压力 u_a，因此基质吸力 $u_a - u_w$ 趋于零。式(6-1)中的基质吸力项消失，从而变为饱和土的抗剪强度公式：

$$\tau_f = (\sigma - u_w)\tan\varphi' + c' \tag{6-2}$$

综上所述，即可确定非饱和土的抗剪强度。

6.2　传统的边坡极限平衡条分法

在现今国内外，极限平衡条分法是应用最广的边坡稳定分析方法。它是先将滑动面上土体分为若干竖直的条块，然后将各个条块的抗剪强度进行折减，即抗剪强度参数同时除以安全系数，使滑动面以上土体处处达到极限平衡状态，然后在已知滑动面上对边坡进行静力平衡（力或力矩平衡）计算，从而建立起的安全系数表达式[231]。

极限平衡法有一个统一的计算方法——通用极限平衡分析法（GLE 法），而其他极限平衡法可在通用极限平衡分析法的基础上假设不同的条间作用力得出。下面先介绍通用极限平衡法，再介绍稳定性分析中将要采用的 Bishop 法。

6.2.1　通用极限平衡分析法（GLE）

20 世纪 70 年代，Saskatchewan 大学的 Fredlund 提出通用极限平衡法（GLE）。GLE 法是基于力矩平衡和水平力平衡的安全系数方程，并假设条间剪切力-法向力的关系[113]。

将滑动面以上的土体分成若干竖直条块，作用于一个条块上的力如图 6-1 所示，且条块处于静力平衡状态，b 和 h 分别为条块宽度和高度[232]。

(1)条块底面发挥的抗剪力 S_m 可用抗剪强度公式表达为：

$$S_m = \frac{1}{F}[c'L + (N - u_wL)\tan\varphi'] \tag{6-3}$$

式中：c'——有效黏聚力；

φ'——有效内摩擦角；

N——条块底面的法向力；

L——条块底面的斜向长度；

F——边坡安全系数；

u_w——孔隙水压力。

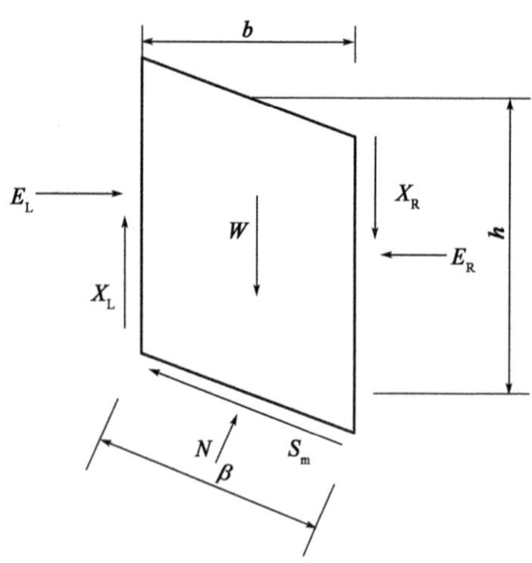

图6-1　条块受力情况

(2)根据竖向力平衡条件，条块底面的法向力 N 的计算公式为：

$$N = \frac{W + (X_R - X_L) - A_1}{\cos\alpha + (\sin\alpha \cdot \tan\varphi')/F} \tag{6-4}$$

式中：$A_1 = \dfrac{c'L\sin\alpha - u_w L\sin\alpha\tan\varphi'}{F}$；

W——条块重力；

X_L、X_R——左侧、右侧条块间竖向剪力；

α——条块底面中点的切线与水平面的夹角。

(3)由力矩平衡方程推导安全系数 F_m：

$$F_m = \frac{\sum[c'LR + (N - u_w L)R\tan\varphi']}{\sum W \cdot x - \sum N \cdot f} \tag{6-5}$$

式中：R——圆弧滑动面的半径或任意形状滑动面上的抗剪力 S_m 的力臂；

f——法向力 N 的作用线至力矩中心的垂直距离；

x——条块中线至力矩中心的水平距离。

(4)由力平衡方程推导安全系数 F_f：

$$F_{\mathrm{f}} = \frac{\sum\left[c'L\cos\alpha + (N - u_{\mathrm{w}}L)\tan\varphi'\cos\alpha\right]}{\sum N\sin\alpha} \tag{6-6}$$

(5)条间力函数 E_{R}：

$$E_{\mathrm{R}} = E_{\mathrm{L}} + \left[W + (X_{\mathrm{R}} - X_{\mathrm{L}})\right]\tan\alpha - \frac{S_{\mathrm{m}}}{\cos\alpha} \tag{6-7}$$

式中：E_{L}、E_{R}——左侧、右侧条间水平法向力。假设条间剪切力和法向力存在一定的函数关系，GLE 采用 Morgenstern 和 Price 给出的方程：

$$X = E\lambda f(x) \tag{6-8}$$

式中：$f(x)$——条间力函数，随滑动面不同 x 值有变化，可用到的函数形式有常量、半正弦函数、削顶正弦函数等；

λ——函数的权重，表征求解安全系数公式时使用函数 $f(x)$ 的比例。

把式(6-4)中的 N 代入式(6-5)中力矩的安全系数方程时，F 即为 F_{m}，把 N 代入力的安全系数方程时，F 即为 F_{f}。设定不同的 λ 值，GLE 法可给出 F_{m} 和 F_{f} 随 λ 变化的曲线，通过寻找 F_{m} 和 F_{f} 交点的值作为边坡安全系数，可同时满足力和力矩平衡。

6.2.2　Bishop 法

19 世纪 50 年代，伦敦帝国理工学院的 Bishop 教授建立了基于垂直方向静力平衡方程和力矩平衡方程的极限平衡法，称为 Bishop 法[113]。与通用极限平衡法相比，Bishop 法作了两个假设，即忽略了条块间剪力并只考虑整体力矩平衡，将安全系数统一为 F_{s}，则式(6-4)变为：

$$N = \frac{W - A_1}{\cos\alpha + (\sin\alpha \cdot \tan\varphi')/F_{\mathrm{s}}} = \frac{1}{m_\alpha}\left(W - \frac{c'L\sin\alpha - u_{\mathrm{w}}L\sin\alpha\tan\varphi'}{F_{\mathrm{s}}}\right) \tag{6-9}$$

式中：$m_\alpha = \cos\alpha + (\sin\alpha \cdot \tan\varphi')/F_{\mathrm{s}}$。代入力矩平衡方程(6-5)，当 Bishop 法用于圆弧滑动面时，有：

$$F_{\mathrm{s}} = \frac{\sum\left[c'L + (N - uL)\tan\varphi'\right]}{\sum W \cdot \sin\alpha}$$

$$= \frac{\sum \frac{1}{m_\alpha}\left[c'L\cos\alpha + (W - u_{\mathrm{w}}L\cos\alpha)\tan\varphi'\right]}{\sum W\sin\alpha}$$

$$
= \frac{\sum \frac{1}{m_\alpha}[c'b + (W - u_w b)\tan\varphi']}{\sum W\sin\alpha} \tag{6-10}
$$

由于参数 m_α 表达式中含有 F_s，因此不能直接求出安全系数 F_s，要使用试算的方法，进行迭代求解[233]。由于 Bishop 法计算不是很复杂，当滑动面为圆弧时，对假定的条间力不敏感，精度较高[157]，所以 Bishop 是边坡稳定性分析中常用的一种方法。

6.3 考虑基质吸力的边坡极限平衡法

6.3.1 考虑基质吸力的 GLE 法

参照 3.3.1 节非饱和土的抗剪强度表达式(3-15)，将基质吸力增加的抗剪强度与有效黏聚力视为总黏聚力，条块受力情况如图 6-1 所示。

(1)条块底面发挥的抗剪力 S_m 可用抗剪强度公式表达为：

$$
S_m = \frac{L}{F}\left[c' + \left(\frac{N}{L} - u_a\right)\tan\varphi' + (u_a - u_w)\tan\varphi^b\right] \tag{6-11}
$$

(2)根据竖向力平衡条件，条块底面的法向力 N 计算公式为：

$$
N = \frac{W + (X_R - X_L) - \sin\alpha[c'L - u_a L\tan\varphi' + (u_a - u_w)\tan\varphi^b L]/F}{\cos\alpha + (\sin\alpha \cdot \tan\varphi')/F} \tag{6-12}
$$

(3)由力矩平衡方程推导安全系数 F_m：

$$
F_m = \frac{\sum\left\{c'LR + \left[N - u_w L\frac{\tan\varphi^b}{\tan\varphi'} - u_a L\left(1 - \frac{\tan\varphi^b}{\tan\varphi'}\right)\right]R\tan\varphi'\right\}}{\sum W \cdot x - \sum N \cdot f} \tag{6-13}
$$

式中：R——圆弧滑动面的半径或任意形状滑动面上的抗剪力 S_m 的力臂；

f——法向力 N 的作用线至力矩中心的垂直距离；

x——条块中线至力矩中心的水平距离。

(4)由力平衡方程推导安全系数 F_f：

$$
F_f = \frac{\sum\left\{c'L\cos\alpha + \left[N - u_w L\frac{\tan\varphi^b}{\tan\varphi'} - u_a L\left(1 - \frac{\tan\varphi^b}{\tan\varphi'}\right)\right]\tan\varphi'\cos\alpha\right\}}{\sum N\sin\alpha} \tag{6-14}
$$

(5)条间力函数见式(6-7)。

6.3.2 考虑基质吸力的 Bishop 法

基于6.1节,忽略条块间的剪力,利用竖向平衡条件,得:

$$N = \frac{W - \sin\alpha[c'L - u_a L\tan\varphi' + (u_a - u_w)\tan\varphi^b L]/F_s}{\cos\alpha + (\sin\alpha \cdot \tan\varphi')/F_s} \tag{6-15}$$

不考虑水平力平衡方程,根据力矩平衡得:

$$F_s = \frac{\sum\left\{c'LR + \left[N - u_w L\frac{\tan\varphi^b}{\tan\varphi'} - u_a L\left(1 - \frac{\tan\varphi^b}{\tan\varphi'}\right)\right]R\tan\varphi'\right\}}{\sum W \cdot x - \sum N \cdot f} \tag{6-16}$$

当滑动面为圆弧时,

$$F_s = \frac{\sum\left[c'L + \left[N - u_w L\frac{\tan\varphi^b}{\tan\varphi'} - u_a L\left(1 - \frac{\tan\varphi^b}{\tan\varphi'}\right)\right]\tan\varphi'\right]}{\sum W\sin\alpha} \tag{6-17}$$

式(6-17)给出了考虑基质吸力的圆弧滑动的 Bishop 极限平衡条分法计算公式,该方法不仅适用于位于非饱和区的滑动面,也适用于位于饱和区的滑动面。当滑动面位于非饱和区时,孔隙水压力 u_w 以负值代入,如果认为孔隙与大气连通,则 u_a 可取为零;当滑动面位于饱和区时,孔隙水压力 u_w 以正值代入,φ^b 换成 φ',孔隙由水充填,孔隙气压力 u_a 为零。

当土体饱和时,$\varphi^b = \varphi'$,$u_a = 0$,式(6-17)转变为式(6-10):

$$F_s = \frac{\sum \frac{1}{m_\alpha}[c'b + (W - u_w b)\tan\varphi']}{\sum W\sin\alpha}$$

上式的形式与传统公式完全一致,故可把饱和土安全系数计算公式看作是非饱和土安全系数计算公式的特例。

认为非饱和土中孔隙与外界连通,则孔隙气压为零,将式(6-16)简化后对基质吸力求导,得到安全系数对基质吸力的导数为:

$$F'_{(u_a\ u_w)} = \frac{\sum L\cos\alpha\tan\varphi^b - \sum L\sin\alpha\tan\varphi^b f}{\sum W\cos\alpha \cdot x - \sum W \cdot f} \tag{6-18}$$

此式为 Bishop 法中安全系数随基质吸力的变化率,在岩土工程取值范围内为正值,说明基质吸力能够提高边坡的稳定性[232],其余非饱和土边坡稳定性的极限平衡分析方法可参照考虑基质吸力的 Bishop 法进行相应推导,对于降雨诱发残积土滑坡,考虑到此类滑坡深度一般较浅(1 ~3m),滑面通常是平行或近于平行的斜坡表面,根据 Fredlund 等[106]提出的非饱和土抗剪强度理论,对于无限边坡的安全系数可采用式(5-5)计算。

6.4 本章小结

本章推导了常规的通用极限平衡条分法的表达式,介绍了基于假设的 Bishop 条分法;然后结合非饱和土的抗剪强度表达式,推导了考虑基质吸力的通用极限平衡条分法以及 Bishop 法。此即为边坡安全系数计算的理论基础。

(1)考虑基质吸力的极限平衡条分法与常规的条分法具有统一的形式。在非饱和区时,孔隙水压力以实际负值带入;在饱和区时,孔隙水压力为正值,$\varphi^b = \varphi'$,且不考虑气体流动时,$u_a = 0$。

(2)当气压为零时,考虑基质吸力的极限平衡条分法对基质吸力求导所得结果在岩土工程取值范围内为正,说明基质吸力能够提高边坡的稳定性。

第7章　降雨入渗残积土边坡稳定性分析

降雨对边坡稳定性的影响主要是通过雨水在边坡内的转移实现的。落在边坡表层的雨水被土体吸收,在非饱和区形成非饱和渗流,水分下渗,浅层土层逐渐湿润,孔隙水压力上升,基质吸力减小,进而诱发滑坡。为了进行降雨诱发非饱和残积土研究,本章选取福州大学南门一开挖边坡作为研究对象,分析了降雨条件下考虑各种工况时边坡体内孔压场和稳定性的变化过程,分析采用 GEO-SLOPE 公司开发的 GeoStudio 软件的 SEEP/W 和 SLOPE/W 模块。

7.1　工程概况

福州大学旗山校区位于福州市闽侯县上街镇,南门附近丘陵遍布,土层以凝灰熔岩残积土为主,由于工程建筑开挖用地的需要,工地周边形成高陡边坡。高陡边坡残积土层厚度大,在不良环境因素的影响下,常常伴随着崩塌、滑坡等地质灾害。据统计,闽侯县年降水量为 1200 ~ 2100mm,多年平均降水量为 1673.9mm。其中上街镇土溪雨量站年均降雨量为 2152.6mm;一年中,降水量多集中在 3—6 月份,以 5—6 月居多。根据降水变化特征和成因,全年可分为 4 个降雨季节:春雨季(2—4 月),梅雨季(5—6 月),台风、雷雨季(7—9 月),少雨季(10 月至翌年 1 月);其中梅雨季降雨量在 400 ~ 580mm 之间,特点是雨时长、范围广、雨量多、强度大,常出现大雨到暴雨,造成洪涝灾害;台风、雷雨季降水量在 500.6mm 左右,特点是降水年际变幅大,受台风影响,时常出现暴雨,降雨强度大[161,187]。本章选取工地周边一典型边坡为残积土覆盖,坡顶发育有植被,坡面土层裸露,未发现基岩露头。其平面示意图和立面图分别如图 7-1 和图 7-2 所示,工程剖面图如图 7-3 所示。该边坡坡高约10.7m,坡角为 60°,由邻近边坡坡脚开挖揭露地下水可知地下水埋深距坡底约 2.2m。

图 7-1　边坡平面示意图(来自 google 地图)

图 7-2　边坡立面图

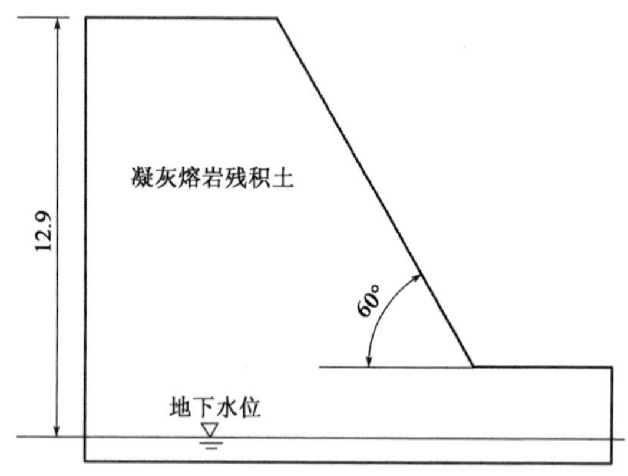

图 7-3　边坡形态与主要地层示意图(尺寸单位:m)

7.2 模型建立

7.2.1 软件简介

GeoStudio(包括 SLOPE/W、SEEP/W、SIGMA/W、QUAKE/W、TEMP/W、CTRAN/W、AIR/W、VADOSE/W)是一套专业、高效且功能强大的软件,适用于岩土工程和岩土环境模拟计算的仿真分析和设计[113]。

本章使用 GeoStudio 系列软件进行残积土边坡在降雨条件下的稳定性分析,涉及 SEEP/W 和 SLOPE/W。其中 SEEP/W 模块用于进行降雨条件下边坡饱和-非饱和渗流的计算,SLOPE/W 则计算边坡稳定性。

7.2.1.1　SEEP/W 简介

SEEP/W 是分析二维饱和-非饱和渗流的专业软件。土的渗透性是土力学的重要内容,SEEP/W 基于加权余量的伽辽金(Galerkin)有限元法,可进行土体稳态或瞬态渗流分析，在岩土工程界应用广泛。SEEP/W 引入了非饱和土力学的计算原理，使其能够处理饱和-非饱和渗流[108]。

降雨条件下坡体内的渗流场处于变化之中，涉及饱和区和非饱和区的土体，需要瞬态渗流分析的手段。在 SEEP/W 中，建模、输入土体材料参数（如土-水特征曲线、饱和渗透系数、渗透性函数等）、划分网格、指定边界条件，通过初始地下水位线、空间函数或稳态渗流分析等获得初始孔隙水压力场，即可进行计算，得出不同降雨过程中各个时刻的边坡孔隙水压力场。另外，SEEP/W 还可以通过输入土体渗气系数函数、气相流初始边界条件进行水-气二相流的分析。

7.2.1.2　SLOPE/W 简介

SLOPE/W 是计算边坡安全系数、进行边坡稳定性分析的专业软件。条分法可选用考虑与不考虑基质吸力作用的通用极限平衡分析法、Bishop 法等。在与 SEEP/W 模块共同分析问题时，边坡孔隙水压力分布可由 SEEP/W 导入，在此基础上，定义滑动面信息、土体材料参数等，即可进行计算，得到不同条件下边坡安全系数的变化情况。

7.2.2　有限元模型

残积土边坡开挖断面几何尺寸及有限元单元网格划分如图 7-4 所示。图中，计算模型网格划分采用四边形和三角形网格，共划分了 1483 个单元、1548 个节点。

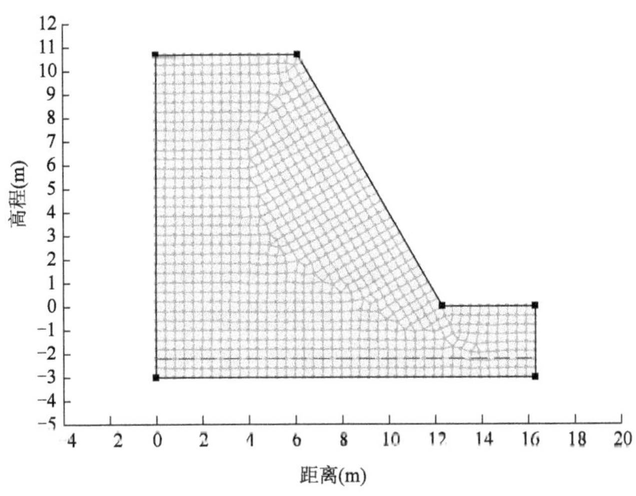

图 7-4　残积土边坡断面及有限元网格划分

7.2.3 参数选取

坡体土层为残积黏性土,数值模拟计算中所需的土-水特征曲线、渗透性函数及非饱和土抗剪强度参数已在第3章试验研究中获得,现列于表7-1中。

非饱和残积土水力及强度参数一览表　　表7-1

土的类别	参　数	说　明
1号残积黏性土	土-水特征曲线	$\theta=0.054+0.506/[1+(0.133h)^{1.288}]^{0.223}$
	渗透性函数	渗透性函数由土-水特征曲线预测,其中饱和渗透系数为1.17×10^{-7}m/s
	渗气系数函数	试验实测,软件拟合
	蒸发强度与体积含水率的关系	$E=0.0597-0.0481\exp[-(5.959730\theta)^{3.4479}]$
	抗剪强度	饱和慢剪抗剪强度表达式为$\tau=\sigma\tan30.11°+7.33$ 非饱和土的抗剪强度参数由Vanapalli等提出的方法预测
	田间体积持水量	33.81%(对应的基质吸力为53kPa)

7.2.4 初始状态

在进行土体的饱和-非饱和渗流计算时,除了计算模型和土层参数外,初始条件也会对计算结果产生重大的影响[234]。初始条件主要指瞬态渗流分析时初始孔隙水压力分布,在水-气二相流中还涉及初始孔隙气压力分布。饱和区的孔隙水压力可以由地下水位线确定,而非饱和区的水压分布与前期相当长时间内的降雨、蒸发作用息息相关,处于动态变化之中[235]。初始条件的准确确定目前没有统一的方法。传统的方法是以稳定渗流形成的孔隙水压力场为后续瞬态渗流分析的初始状态,即在浸润面上基质吸力为零,越往上越大,但实际边坡中水势并不处于平衡状态;也有文献[236]指出,实际情况下基质吸力在最大毛细上升高度内增幅较大,而从最大毛细上升高度到地面的范围内增幅不大,可视为一常数,如Rahardjo等[237]将坡体的初始状态视为静水压力分布,并限制最大基质吸力为75kPa,这个值是根据当地一些场地实测的最高基质吸力值确定的;对于地下水埋深较大的情况,吴俊杰等[238]视边坡内基质吸力为一定值,但以上方法忽略了前期降雨、蒸发的影响,比较适用于前期大气反复变化均匀、吸力不高的情况;水文学[239]通过前期雨量指数来考虑前期降雨的影响,以此给出计算产流量的前期雨量指数模型(API 模型),该方法值得借鉴;朱伟等[114]提出了平均渗透强度的概念,建立了干湿两季边坡初始条件确定的方法,使计算结果更符合实际,但他只提供了两种渗流场形式,有一定的局限性;袁俊平等[235]指出现场实测是确定初始孔隙水压力分布的最可靠方法;Gasmo 等[240]在研究降雨的影响时,先是实测了场地的孔隙水压力分布,并在模拟中通过在边界施加流量使之趋近于现场状态,以此作为降雨下瞬态渗流分析的基础。

由于条件限制,现场监测获得初始状态分布不易实现,本章所研究的边坡体内无地下水,可认为地下水埋藏较深。建议根据包气带水分分布的一般规律、文献[238]使用的方法以及考虑不同前期降雨和蒸发作用的影响而获得初始状态,当然考虑前期时段越长,初始状态越准确。

7.2.5　边界条件

精确给定边坡的边界条件很难,需要一系列的假设,现以降雨强度恒定为 R、坡角为 α 为例,给定各边界条件如下:

(1)边坡上表面接受降雨,为降雨入渗边界;当降雨强度小于土体入渗能力时为流量边界,且对于坡顶、坡底给定流量大小为 R,对于坡面给定流量大小为 $R\cos\alpha$;当降雨强度大于土体入渗能力时为定水头边界,此时,假设超渗水形成径流后很快排泄,不产生积水,则边界水压力为零,水头值为地表高程。

在实际中,地下水渗流可能沿着坡面逸出,此时需要将坡面定为逸出边界。但是在渗流求解时,无法事先知道逸出面的位置,所以先根据经验假定一潜在的逸出面,然后在计算中不断检查调整(Potential Seepage Face Review),最终得到正确的逸出面。这一步由 SEEP/W 有限元程序自动实现。

(2)边坡两侧非饱和区的边界条件与相邻区域有关,假设不与相邻区域发生水力联系,则两侧非饱和区边界按零流量边界处理,饱和区边界为定水头边界,由初始地下水位确定。

(3)在边坡模型底边则假设只发生水平渗流,为不透水边界。

7.3　计算方案设计

本节从降雨形式、坡体初始状态、水-气二相流、蒸发作用 4 个方面分析降雨作用下边坡渗流及稳定性的变化特征及规律,以期了解各个因素对边坡稳定性的影响,具体方案设计说明如下。

7.3.1 考虑降雨形式影响的计算方案

降雨可通过降雨强度、降雨历时、降雨总量和降雨形式等方面影响边坡的孔压场分布，分析不同特征的降雨带给边坡的影响是很有必要的。降雨强度影响单位时间内的降雨量，降雨历时是通过降雨持续时间影响降雨总量，当两者单独变化时，显然，边坡所受的影响随之增加而增大；但是当限制降雨总量为一定值时，平均降雨强度与降雨历时即成反比关系，这样一来，降雨强度的变化将如何影响残积土边坡，值得研究。因此，在降雨量一定的前提下，设计不同的降雨过程线，研究不同降雨形式的影响，以得出有益的规律和结论。根据气象资料，2005 年，台风“龙王”给福建沿海地区带来强降雨[241]，10 月 2 日，福州市区 19:00—22:00，3h 降雨量高达 195mm；8:00—22:00，14h 降雨量达 277mm。10 月 2 日 8:00—10 月 3 日 8:00，福州市降雨量为 278mm[242]，其中 1h 最大降雨量达 118mm，频率为超百年一遇，创福州市短历时降雨之最[243]。文献[244]记录了 2010 年 6 月 13 日到 6 月 27 日福建省经历的一场强降雨，这场降雨强度大、历时长，历史罕见，强降雨造成了塌方、山体滑坡等重大灾害；同时，根据文献给出了 13 日 8:00 至 27 日 8:00 累积雨量等值线图，表明闽侯地区累积雨量在 300~400mm 之间。

综上所述，为了分析不同降雨形式对边坡影响的程度，设计降雨总量为 200mm，并限制最大降雨强度为 100mm/h，以此初步拟定 4 种类型的降雨过程线（图 7-5），编号为Ⅰ、Ⅱ、Ⅲ、Ⅳ。其中，Ⅰ、Ⅱ、Ⅲ型降雨强度由强转弱，分别为 100mm/h、10mm/h 和 2mm/h，降雨历时也相应增加；Ⅳ型降雨为间歇性降雨，总历时与Ⅲ型降雨相同；边坡初始状态最小含水率由田间持水量确定（称之为第一类初始状态）。图 7-6 为第一类初始状态孔隙水压力等值线分布图。

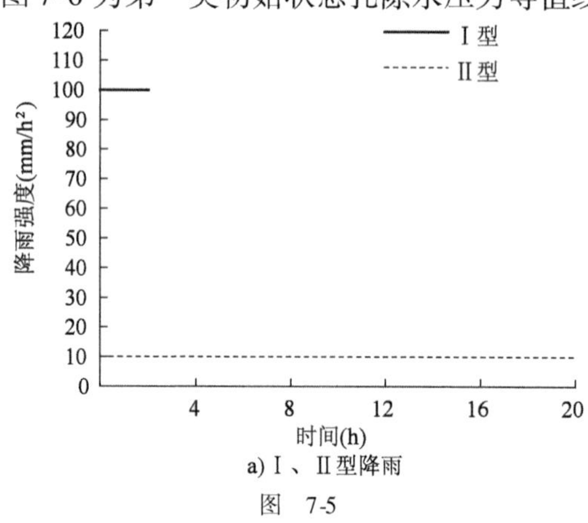

a) Ⅰ、Ⅱ型降雨

图 7-5

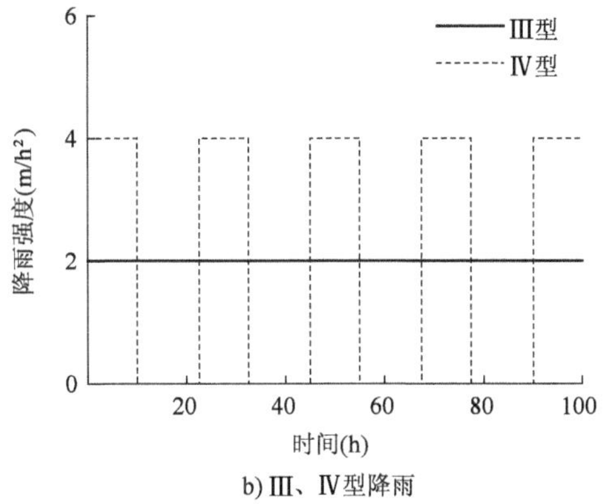

b) Ⅲ、Ⅳ型降雨

图7-5　4种类型降雨

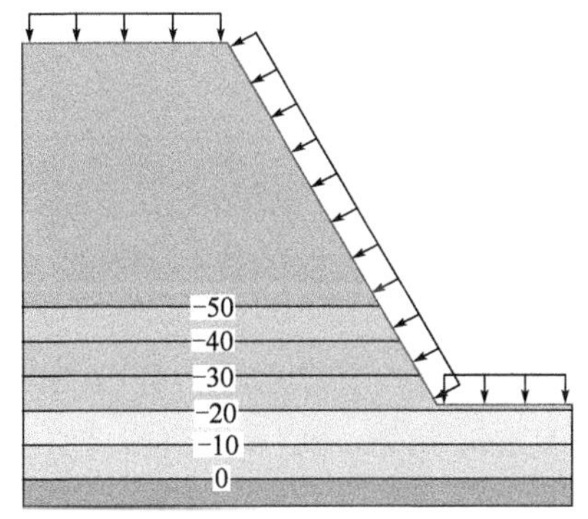

图7-6　第一类初始状态孔隙水压力等值线(单位:kPa)

7.3.2　考虑坡体初始状态影响的计算方案

边坡的初始状态决定了其入渗能力,当坡体较干燥时,入渗能力强,受降雨影响较湿润状态时大,而湿润状态时边坡稳定性较低,降雨对不同初始状态残积土边坡稳定性的变化规律可以通过数值计算获得。

当雨水渗入土体后,超过田间持水量的水分会以自由重力水的形式排出,而其余水分的变化主要受环境因素的影响,例如蒸发作用。为了分析不同初始状态的影响,本小节拟在第一类初始状态的基础上,假设边坡接受4d的蒸发作用,且平均温度为37.0℃、平均湿度为32%,每天8h,然后以此为第二类初始状态,作用Ⅲ型降雨过程与第一类状态下同一降雨过程线获得的结果进行对比。

蒸发作用的实现是在边坡表面施加一表示时间-蒸发强度(流量)关系的边界条件,当环境条件一定时,蒸发强度是边坡表层含水率或者孔隙水压力的函数,而孔隙水压力在蒸发过程中是实时变化的。为了在软件中实现这一条件,先将边界流量设定为恒定的 -1m/s,再利用孔隙水压力与蒸发强度的函数关系对流量进行修正,修正方法是用当前孔隙水压力下的蒸发强度乘以 -1m/s的边界流量,即可得到时间与考虑边坡表层孔隙水压力的蒸发强度关系。其中,蒸发强度与孔隙水压力的关系可以通过 3.2 节的土-水特征曲线和 3.6 节的蒸发强度与体积含水率的关系推算得出,如图 7-7 所示。由此可见,当环境条件恒定时,随着孔隙水压力的降低,蒸发强度也减弱。

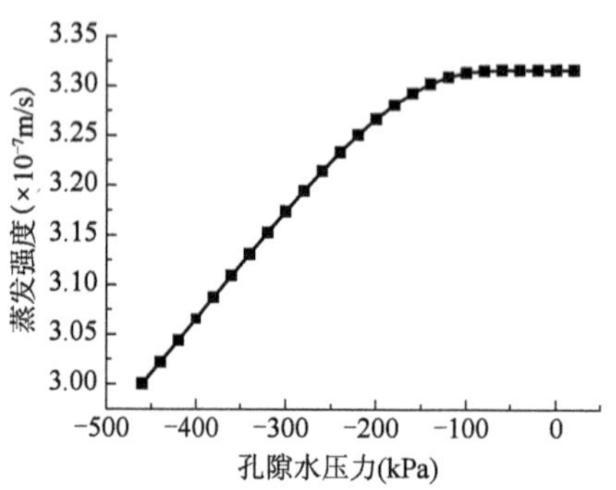

图 7-7　孔隙水压力与蒸发强度关系

这样,就能在计算模型中模拟蒸发,从而得到第二类初始状态。第二类边坡初始状态坡顶、坡底沿 3.2m 深度内孔隙水压力分布如图 7-8 所示。显然,第二类初始状态下的边坡表层比较干燥,且蒸发影响深度在 0.5m 以内。另外,坡顶表层土体孔隙水压力变化如图 7-9 所示。从图中可以看出,在蒸发过程中孔隙水压力降低,而停止蒸发作用后孔隙水压力则有所回升。因此,在考虑蒸发强度时,应实时根据孔隙水压力的变化进行修正,但对于渗透性较弱的非饱和残积土而言,孔隙水压力的回升很小。

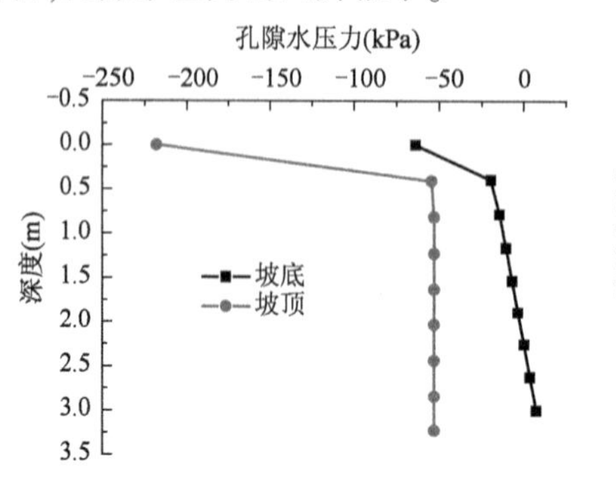

图 7-8　第二类状态下坡顶、坡底 3.2m 深度范围内孔隙水压力分布

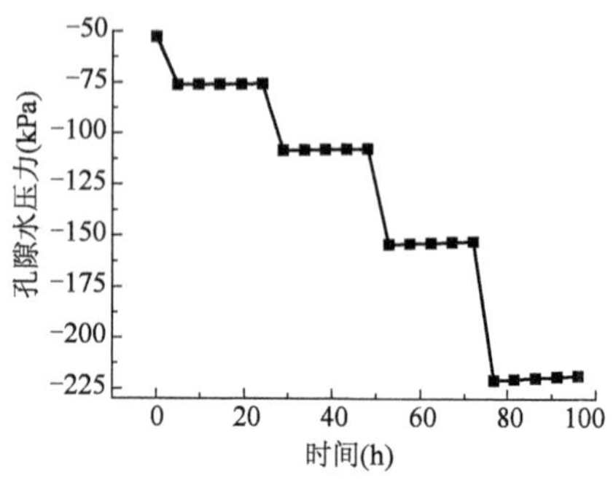

图 7-9　接受蒸发时坡顶表面土体孔隙水压力变化

7.3.3 考虑气相流影响的计算方案

入渗是雨水代替空气占据颗粒间孔隙的过程,水流的运动必定伴随着气体的流动,一般情况下,气体易于排出而不产生影响水势的气压势,而当入渗过快时,土体表层含水率增加很快,渗气能力急剧弱化,气相流的影响则不可忽视。通过计算给出考虑水-气二相流对边坡的影响,揭示降雨过程气压的积聚和消散过程。另外,边坡初始状态最大吸力限制为53kPa,即第一类初始状态,降雨形式选用Ⅲ型降雨过程线。将3.6节获得的表征体积含水率和渗气系数关系的数据点输入SEEP/W软件中,并将体积含水率表达为饱和度,得到图7-10。其中,饱和度为1时的渗气系数软件中不允许取为零,故由末端数据点拟合得到。

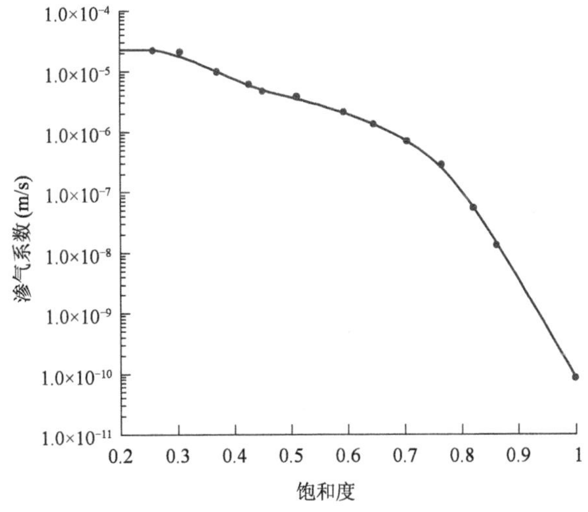

图7-10 饱和度与渗气系数关系

边坡初始为非饱和区,与大气连通,气压初始状态即为大气压力;至于边界条件的确定方法,有必要先对气体突破压力做出阐述。

在三面封闭、顶面开口的一维土柱积水入渗试验中,湿润锋前的空气逐渐被压缩,气压升高,当气压升高到一定的压强值后,气体会进入上层水体,溢出土表面,该临界气压值即为气体突破压力[20]。对于气体突破压力的确定,各个学者有不同的看法,本书引用Touma和Vaucline(1986年)[245]的观点,他们把气体突破压力定义为土表积水水头和土体进气值之和,当气体突破之后,气压便稳定在这个值上。

因此,在降雨条件下坡顶、坡面和坡底的边界条件可以表示为检查气压值是否大于设定的突破压力,意指降雨条件下,表层土体内渐趋饱和,气体消散很慢,坡内气压不断增大,当气压大于设定的压力时气体即突破上覆土体直至气压降至突破压力。根据降雨的特征,认为坡面径流很快排走而不产生积水,故土表积水水头为零,土体的进气值可由土-水特征曲线获得,为 $1/\alpha = 7.519\text{kPa}$。

7.3.4 考虑雨后蒸发作用影响的计算方案

蒸发对边坡的作用主要有两个方面:一是影响坡体的初始含水率分布,二是影响降雨结束后坡体的含水率分布。因此,蒸发作用也是降雨诱发滑坡中不可忽略的因素。

第一阶段蒸发作用的影响已经在前文中提及,本节只考虑第二阶段的蒸发作用。为了分析第二阶段蒸发的影响,拟在 7.3.1 节中Ⅲ型降雨结束后的基础上,作用一个7d 且每天 8h、平均温度 37.0℃、平均湿度 32% 的蒸发作用,并分析稳定性的变化。所得结果与不考虑蒸发作用时边坡雨后孔隙水压力及稳定性变化结果对比。

7.4 渗流计算结果分析

渗流分析的目的是获得边坡内孔隙水压力场的分布和变化规律,先以均匀降雨强度为 2mm/h 的Ⅲ型降雨为例,给出边坡内渗流场的变化过程(图 7-11)。

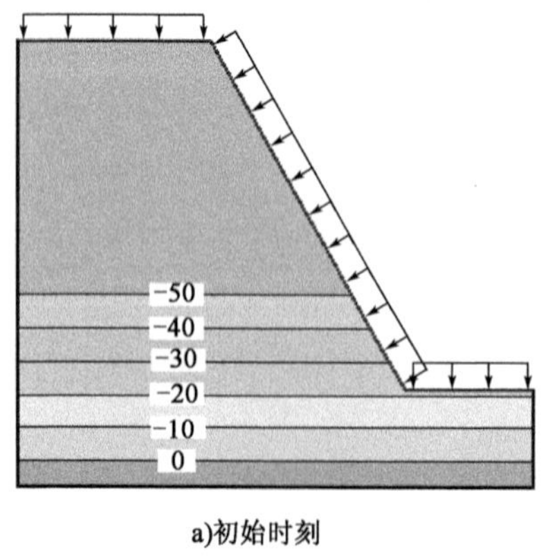

a)初始时刻

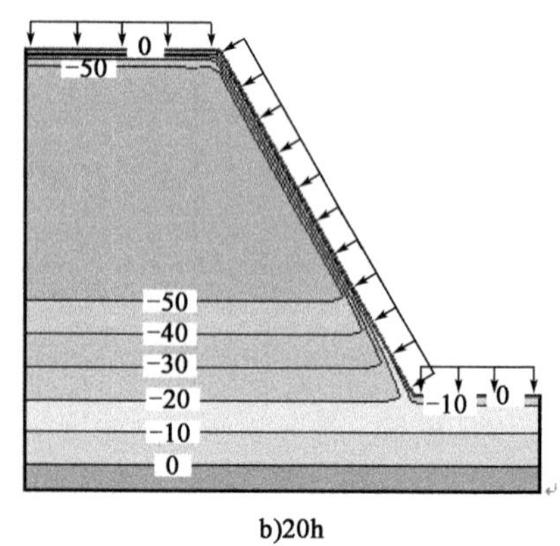

b)20h

图 7-11

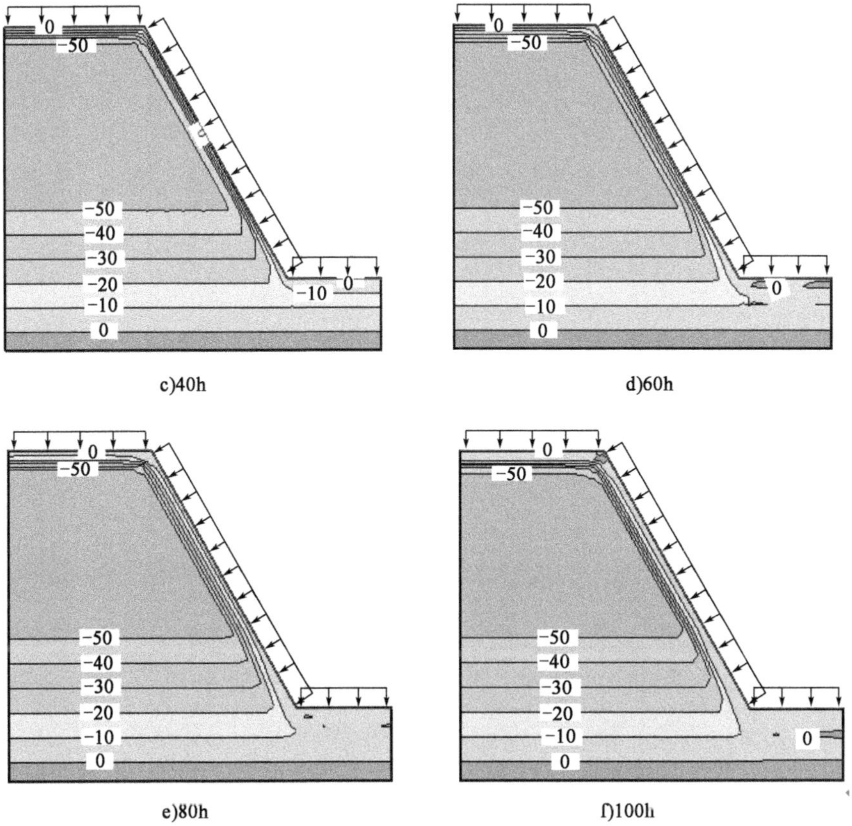

c)40h　　d)60h

e)80h　　f)100h

图7-11 Ⅲ型降雨下孔隙水压力等值线变化过程(单位:kPa)

由边坡孔隙水压力等值线变化过程可知,雨水从沿边坡表面近垂直入渗,孔隙水压力由表层往坡体内依次上升,但降雨的主要影响在浅层,且坡底和坡肩位置受降雨影响最大,出现了暂态饱和区,对于深部则无影响,也几乎不影响地下水位线。

为了揭示边坡不同时间、不同空间位置孔隙水压力变化的规律,现以边坡内4个位置A、B、C、D和剖面1、2在降雨模拟过程中孔压变化为例说明。如图7-12所示,点A、B、C分别代表坡顶、坡中、坡底浅层位置,距表面0.40m深度;点D为垂直于坡面1.6m深度处,代表坡内位置;剖面1、2分别代表

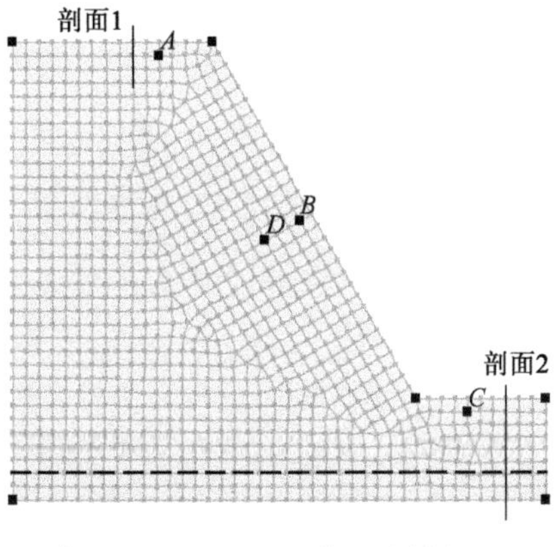

图7-12 A、B、C、D位置示意图

坡顶、坡底某段深度。

绘出剖面1和剖面2的孔隙水压力变化过程,如图7-13和图7-14所示。

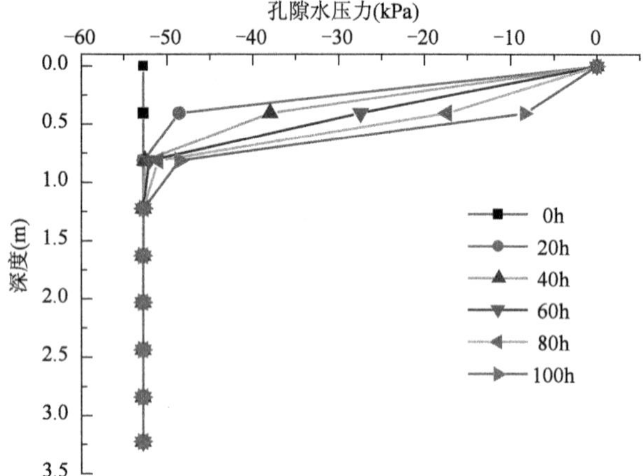

图7-13 坡顶剖面1孔隙水压力变化

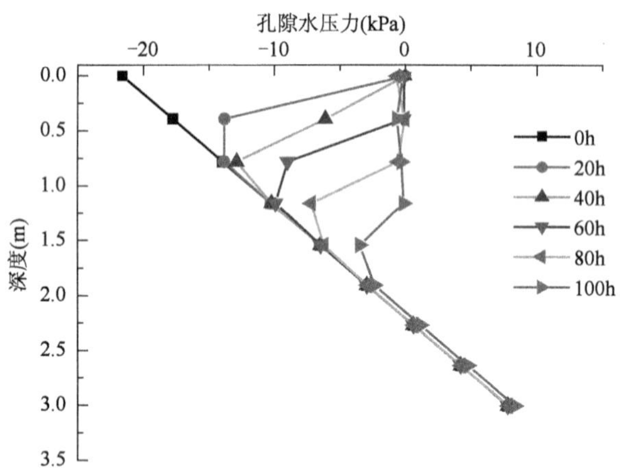

图7-14 坡底剖面2孔隙水压力变化

7.4.1 降雨形式对渗流的影响

不同形式降雨过程 A、B、C、D 4个位置孔隙水压力变化如图7-15所示。

由图7-15可知,随着表层土体的吸水,各处孔隙水压力上升是主要趋势;虽然各种雨型下表层 A、B、C 3处孔隙水压力变化过程不一致,但均使得孔隙水压力增加至大于或接近零,且对坡顶的影响大于坡面,坡内则暂无响应,同一时刻孔隙水压力坡脚最大,坡内最小;在4种类型降雨中,只有Ⅲ类降雨使得坡脚孔隙水压力大于零,说明此处出现了暂态饱和区。

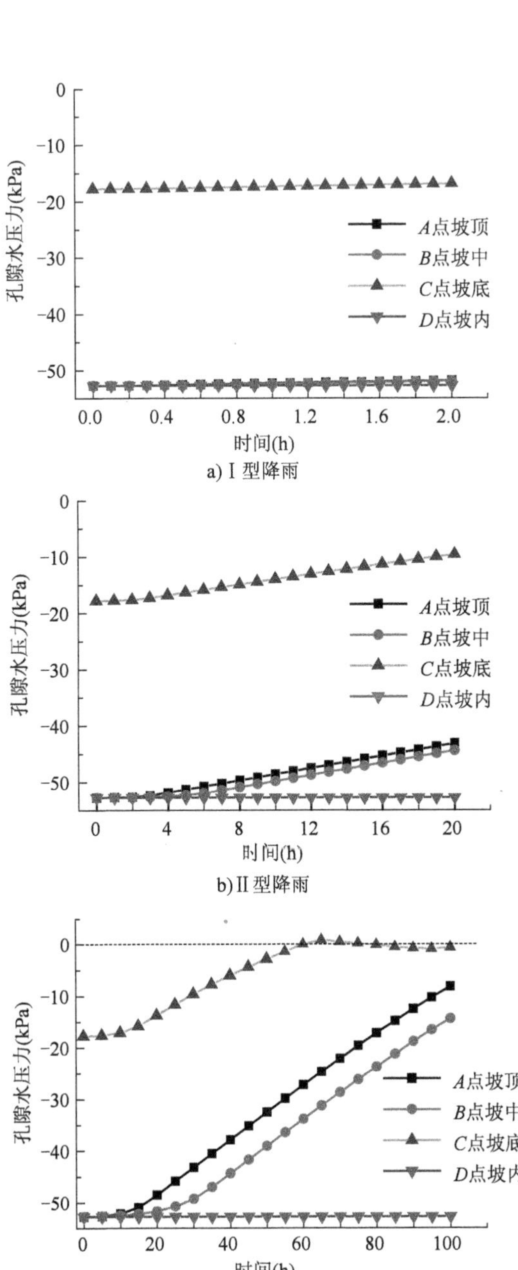

a) Ⅰ型降雨

b) Ⅱ型降雨

c) Ⅲ型降雨

图　7-15

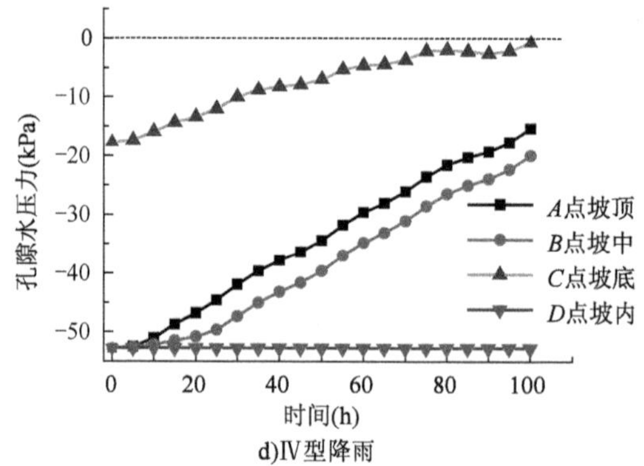

d)Ⅳ型降雨

图 7-15　4 种类型降雨下 A、B、C、D 4 位置孔隙水压力变化图

对比图 7-15a）和 b），Ⅰ型降雨下边坡 0.4m 深度内孔隙水压力变化不大，而同样为 200mm 的总量，Ⅱ型降雨下边坡相应位置的孔隙水压力却变化明显。分析其原因，对于一初始状态确定的边坡，其入渗能力是有限的，并在降雨过程中逐渐减弱，当降雨强度很大超过其入渗能力时，多余的水量不能被吸收而形成径流；反之当降雨强度相对较小且总量不变时，降雨形成径流排泄的雨量少，更多的水将渗入边坡。观察图 7-15c），其降雨相比于Ⅱ型降雨强度更小，历时更大，也出现了相似的规律，对比Ⅱ、Ⅲ型降雨下 A 点坡顶表面累积入渗量，分别为 0.0127m^3 和 0.0426m^3，说明入渗量对孔隙水压力的变化有很大的影响。由此可知，当雨量一定时，小雨强、长历时的降雨对边坡的影响大于大雨强短历时的降雨。

另一个说明入渗量能够影响孔隙水压力变化的例子就是 A 点位置的孔隙水压力始终大于 B 点，由于坡面的倾斜，降雨落在坡面上的总量相对较小，故入渗量也有所不同。图 7-16 为Ⅲ型降雨下 A、B 两点的入渗总量变化图。

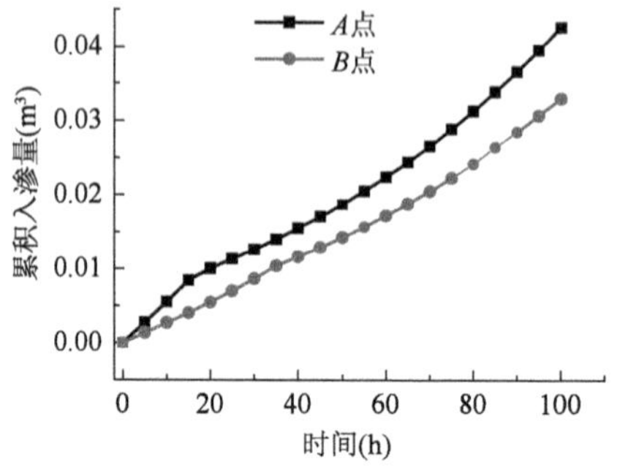

图 7-16　Ⅲ型降雨下 A、B 两点的入渗总量变化图

图 7-15c) 中 C 点位置出现了大于零的孔隙水压力，这是由于上层入渗的雨水来不及下渗而聚集在表层导致孔隙水压力增加，当下层逐渐湿润入渗能力提高时，暂时性的积水往下转移；此时降雨强度为 2mm/h 即 5.56×10^{-7}m/s，小于 1.17×10^{-6}m/s 的饱和渗透系数，入渗的雨量不足以补充下渗的水量，故 C 点开始排水，孔隙水压力下降。

图 7-15c) 与 d) 的降雨历时一致，但变化形式不同，Ⅲ型降雨均匀不变，而Ⅳ型为降雨间歇性发生，结果表明Ⅲ型降雨下边坡孔隙水压力提升更快，说明降雨形式也影响边坡孔隙水压力的变化和分布。

综上可见，降雨引起的土体孔隙水压力变化与土体所在边坡位置和降雨形式有关，究其原因是由土体的入渗总量、入渗能力和下渗量三者综合作用决定的。

7.4.2　边坡初始状态对渗流的影响

初始状态不同，边坡内孔隙水压力的变化也不同。图 7-17 和图 7-18 显示了坡顶剖面 1 和坡底剖面 2 处孔隙水压力的变化过程，表明蒸发和降雨过程主要影响表层土体的含水率，且降雨的影响深度在坡顶大致为 1.2m，小于初始状态为第一类时 1.5m 的降雨影响深度，坡底也有类似的规律。

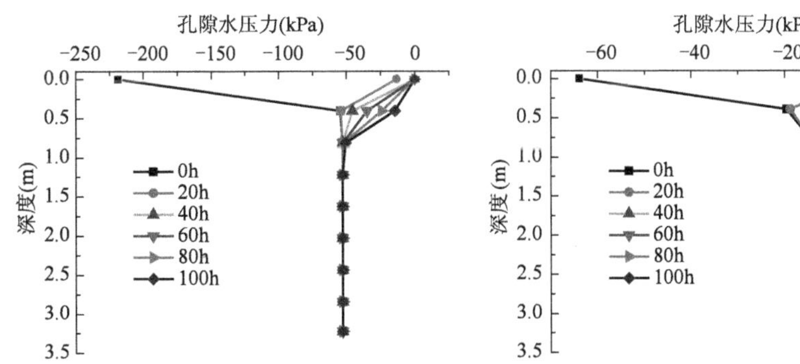

图 7-17　坡顶剖面 1 孔隙水压力的变化过程

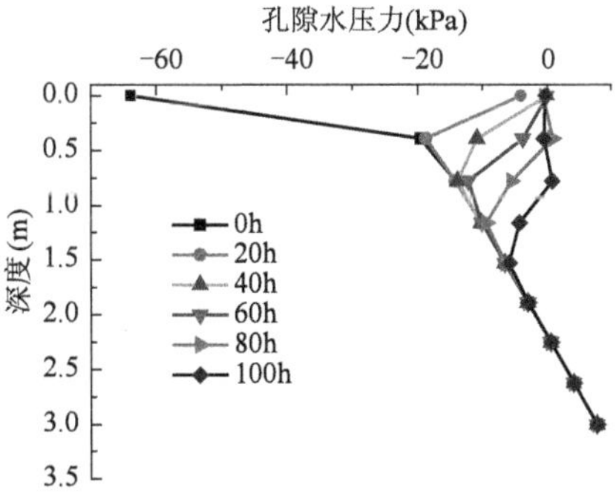

图 7-18　坡底剖面 2 孔隙水压力的变化过程

画出两类初始状态下点 A 位置在降雨期间孔隙水压力的变化过程以及点 B 位置在降雨前期孔隙水压力的变化过程，如图 7-19 所示。从图中可以看出，第二类初始状态降雨条件下坡顶位置初始孔隙水压力较低，虽然在降雨过程中压力增幅较大，但始终小于第一类初始状态降雨下相应位置的孔隙水压力；第二类初始状态降雨下坡内孔隙水压力在前期降低，呈现出相反的变化过程，然后才逐渐上升,分析原因为前期长期的蒸发过程导致坡体内存在水势差,而入渗雨水来不及消除这种差异,说明坡内的蒸发过程滞后于坡表层的蒸发过程。

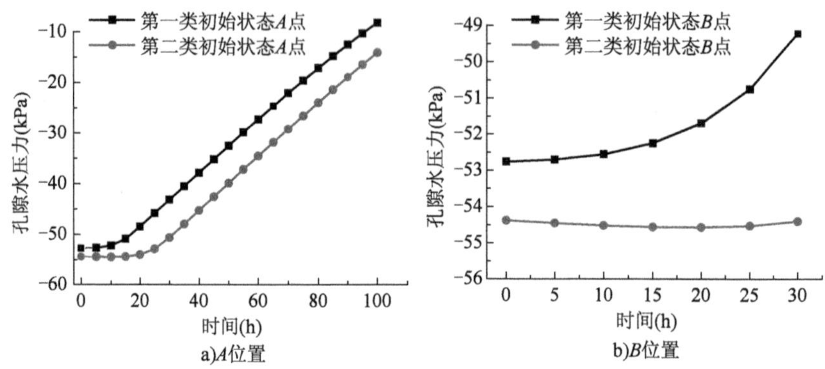

图 7-19 两类初始状态下不同位置在降雨期间孔隙水压力的变化过程

总之,初始相对较干燥的边坡,在相同降雨条件下,坡体内孔隙水压力始终小于初始较湿润的边坡。

7.4.3 考虑气相流对渗流的影响

为了分析气相流对边坡渗流场的影响,先给出降雨过程坡体内气压场的变化过程,再进行入渗量变化的分析,以阐明气体的减渗作用。

以Ⅲ型降雨为例,给出降雨过程边坡内气压等值线变化过程,如图 7-20 所示。

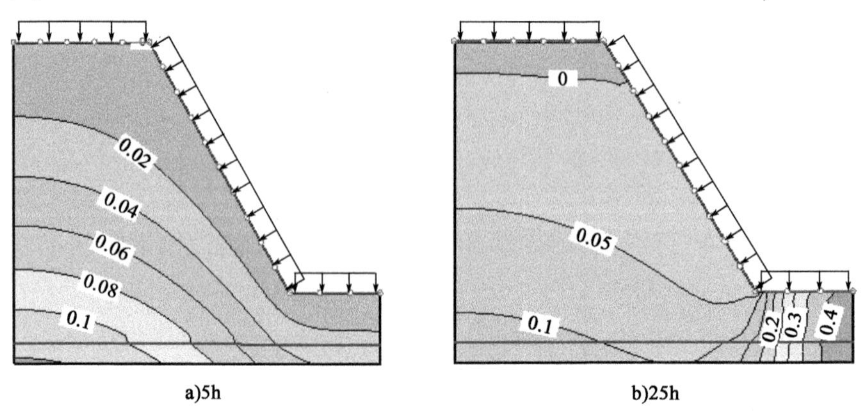

图 7-20

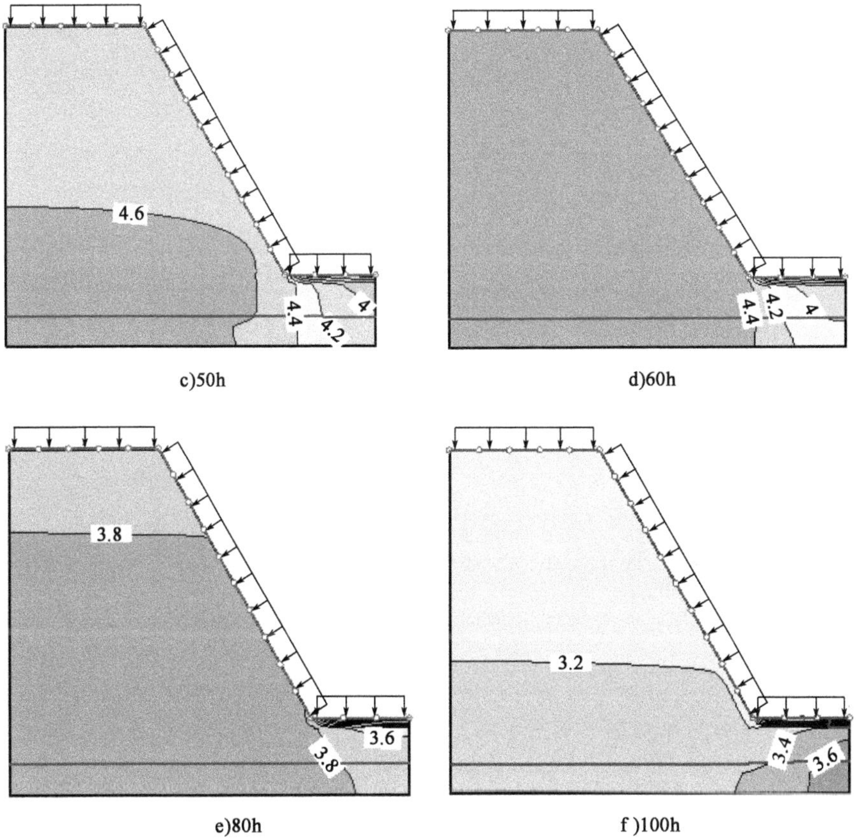

c)50h

d)60h

e)80h

f)100h

图 7-20　降雨过程坡体内气压场的变化过程(单位:kPa)

由图 7-20 可知,随着降雨的进行,边坡内孔隙气压力逐渐增加。降雨初期,坡底位置湿度大,排气不畅,气体随着雨水入渗的进行被压缩,气压上升快,而坡顶透气性好,不产生孔隙气压力;然后,随着边坡的逐渐饱和,土体排气性能减弱,坡体内气压增加;降雨中期,气体越多地在边坡内部积聚,产生的气压也越大,对坡面水分入渗的阻碍也越大。图 7-21 显示了降雨过程坡顶入渗率的变化情况。坡顶入渗率在中期出现减小甚至出现了负数(负数表示水流出边坡);边坡内气压的发展是水的入渗和气体的排出动态作用的结果。当水的入渗率大于气体的排泄速度时,气压上升;反之,气压降低,所以降雨中期以后,坡体内气压逐渐消散。图 7-22 显示了边坡 A、C 位置的气压变化过程,清晰地反映了边坡内气压先上升后下降的过程。

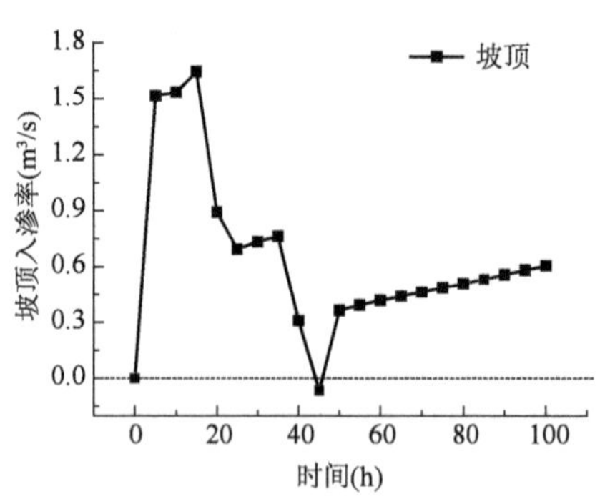

图 7-21 降雨过程坡顶入渗率的变化过程

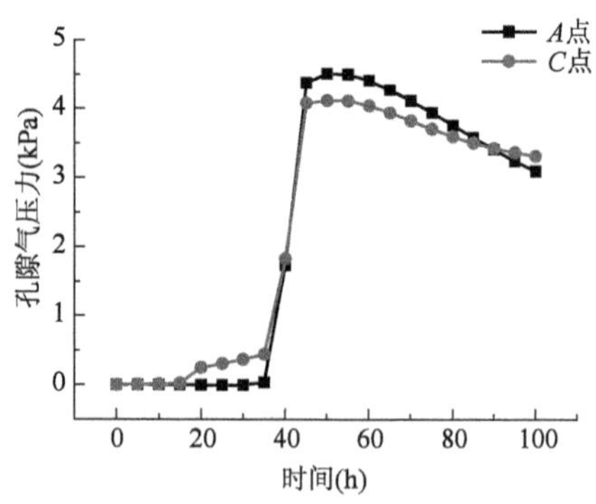

图 7-22 降雨过程 A、C 位置气压变化过程

7.4.4 雨后蒸发对渗流的影响

图 7-23 为考虑蒸发作用时雨后 4d 边坡的渗流场,从图中可以发现,在边坡表层,渗流方向由里及外,水分不断蒸发;在边坡表层往里,雨水则继续下渗,渗流方向指向坡内。这样可以定义一条零通量线,即在这条线上水流通量为零,是水分蒸发区域和水分下渗区域的分界线。观察地下水位线的位置,比降雨结束时的水位有了提升,这是因为下渗的雨水逐渐汇入地下水。

为了反映蒸发过程零通量线位置的转移以及蒸发区和下渗区孔隙水压力的变化,分别绘出坡顶表面、0.4m、0.8m 和 1.2m 4 个深度处的孔隙水压力变化图(图 7-24)。

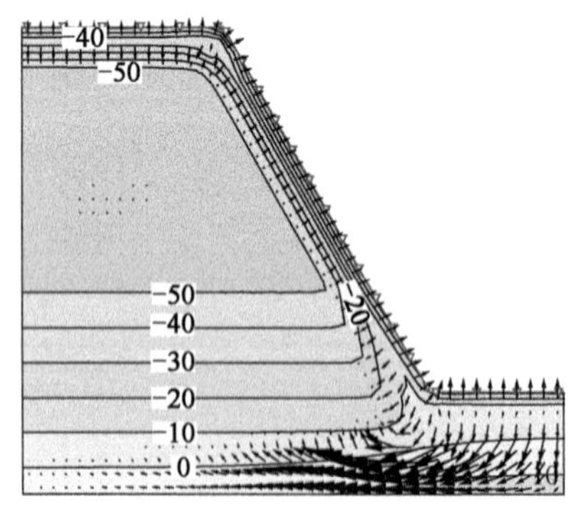

图 7-23 考虑蒸发作用时雨后 4d 边坡的渗流场(单位:kPa)

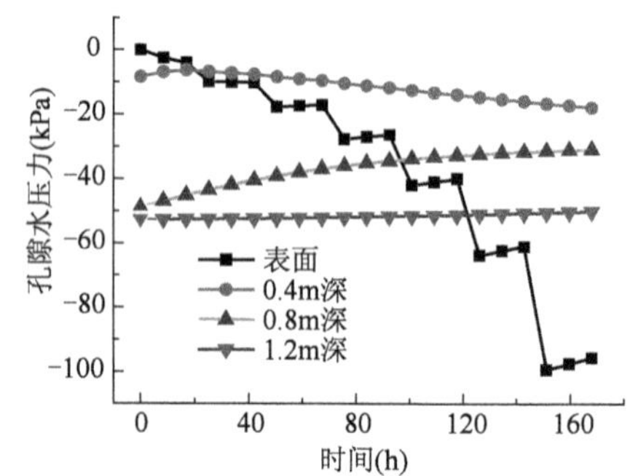

图 7-24 雨后蒸发下不同深度孔隙水压力变化

蒸发作用于白天进行 8h 而于夜间停止,夜间停止时由于白天蒸发造成的水势差,使得下层水分往上运动,故在图 7-24 中可看出边坡表面孔隙水压力的下

降和上升的交替现象，但仍以下降为主；需要说明的是，蒸发期间也存在水势差使得下层水分往上运动，只是蒸发作用更强烈导致表层孔隙水压力持续下降；0.4m深度处孔隙水压力先是短暂的上升而后处于下降阶段，这是入渗、下渗和蒸发三者共同作用的结果。在降雨停止时，土体一方面接受上层水流的入渗补给，一方面下渗供给下层土，当入渗量大于下渗量时，含水率增加，孔隙水压力上升，当下渗量较大时，土体孔隙水压力下降；在降雨结束、蒸发作用进行一段时间后，0.4m 深度土层开始受到蒸发的影响，孔隙水压力进一步降低；0.8m 深度处土体主要以接受入渗为主，孔隙水压力上升，当然也有水分的下渗作用，这是1.2m处土体孔隙水压力上升的原因。

由以上分析可以看出，边坡蒸发区的范围不断扩大，零通量面向坡内转移。

不考虑蒸发作用的雨后不同深度孔隙水压力变化如图 7-25 所示，从图中可知，雨后边坡内水分的继续下渗使得土体的孔隙水压力产生了相应的变化，这里不再赘述。

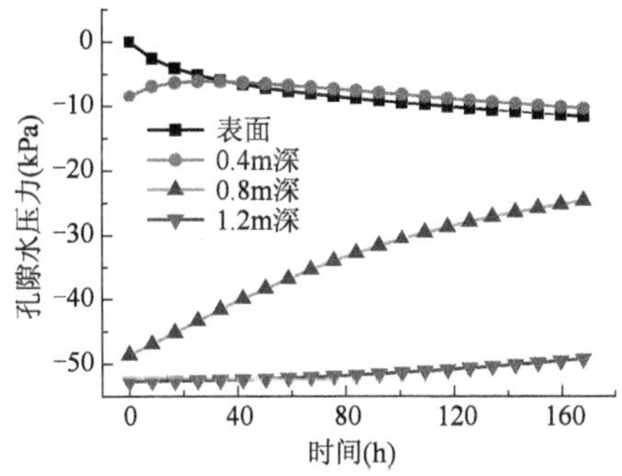

图 7-25　不考虑蒸发作用雨后不同深度孔隙水压力变化过程

7.5　稳定性计算结果分析

7.5.1　降雨形式对稳定性的影响

计算得出 4 种降雨下边坡稳定性随时间变化的过程，同时给出相应雨型的降雨累积曲线，如图 7-26 所示。由图可见，随着降雨的进行，坡体含水率越来越大，非饱和区基质吸力降低，安全系数逐渐降低，而且降低的程度和 7.4.1 节描述的孔隙水压力的发展情况相关。给出降雨下边坡最危险滑动面的一般位置，如图 7-27 所示。在边坡最危险滑动面贯穿的范围内，孔隙水压力均处于逐渐提高的状态，故边坡安全系数越来越低，其中Ⅲ型降雨下边坡内孔隙水压力增长最快,降雨结束时安全系数也达到最低。

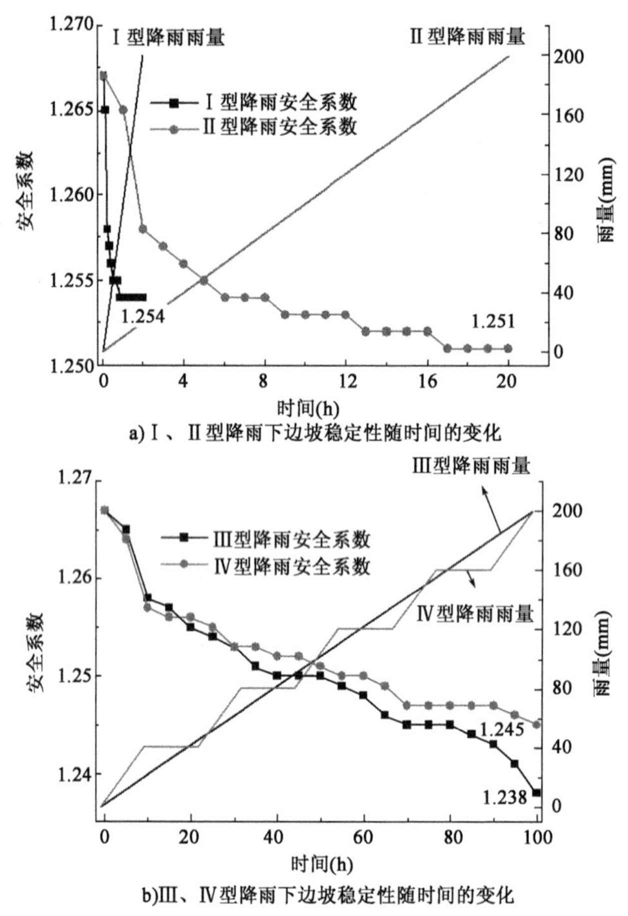

a)Ⅰ、Ⅱ型降雨下边坡稳定性随时间的变化

b)Ⅲ、Ⅳ型降雨下边坡稳定性随时间的变化

图 7-26　4 种雨型下边坡稳定性随时间的变化

观察Ⅰ、Ⅱ型降雨下稳定性的变化趋势可以发现,受强降雨作用前期,边坡稳定性下降很快,到后期则变化较慢;而Ⅲ、Ⅳ型降雨强度相对较小,安全系数在整个降雨期间不断下降,没有明显的平缓段。其中,对于间歇性降雨Ⅳ,结合累积降雨过程线可以看出,两者的变化形式相似,当累积降雨过程线台阶式上升时,安全系数变化曲线近似于台阶式下降。

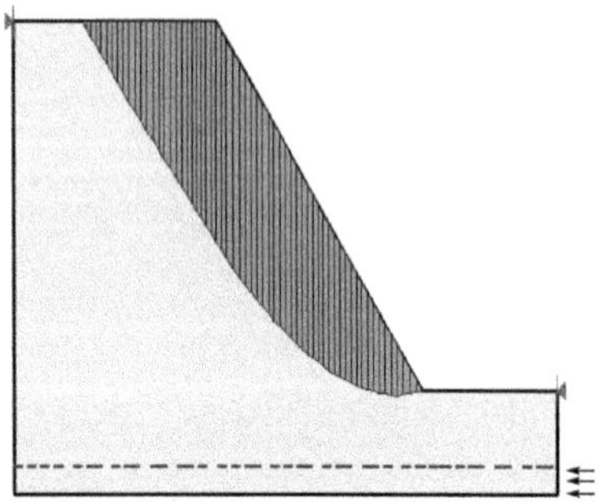

图 7-27　边坡最危险滑动面的一般位置

因此,在相同降雨总量时,小雨强长历时的降雨更不利于边坡的稳定性;在分析某次降雨影响时,应结合前期降雨分析。这也提醒我们,虽然一次降雨可能对边坡稳定性影响较小,但多次降雨,特别是在梅雨时节,可能带来严重性的后果。同时也应注意到,台风暴雨型滑坡真正的原因并不是某次降雨强度超过 100mm/h 的暴雨造成的,而是由多次各种雨型的降雨在短期内综合作用形成的。

7.5.2 边坡初始状态对稳定性的影响

图 7-28 为两种不同初始状态时,经受Ⅲ型降雨边坡安全系数的变化过程。从图中可知,第二类初始状态下边坡的安全系数始终大于第一类初始状态下的边坡,这是因为第一类初始状态下边坡表层比较湿润,降雨影响深度较深,基质吸力下降幅度较大,故边坡稳定性较差。

降雨条件下边坡稳定性的分析不仅与降雨形式有关,也与初始孔隙水压力分布有关,而边坡初始状态常常处于变动之中,准确地确定不仅困难,而且也存在滞后性,这给通过降雨总量预警滑坡的工作带来了困难。但可以明确的是,边坡的初始状态与地下水位、前期降雨、蒸发息息相关。进一步说,是受到环境条件的影响,所以,通过收集某次降雨前足够长时间内的相关环境、气象条件,再结合降雨的形式、雨量来预警滑坡,是值得推荐的方法。

7.5.3 考虑气相流对稳定性的影响

图 7-29 为考虑与不考虑气相流下边坡安全系数的变化过程。

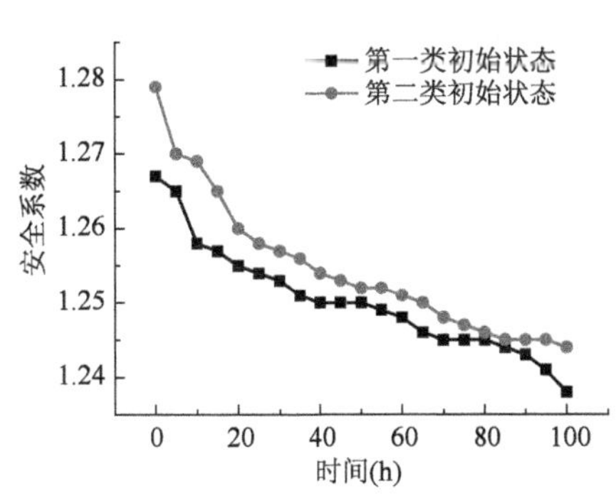

图 7-28 两类初始状态时,经受Ⅲ型降雨边坡安全系数的变化过程

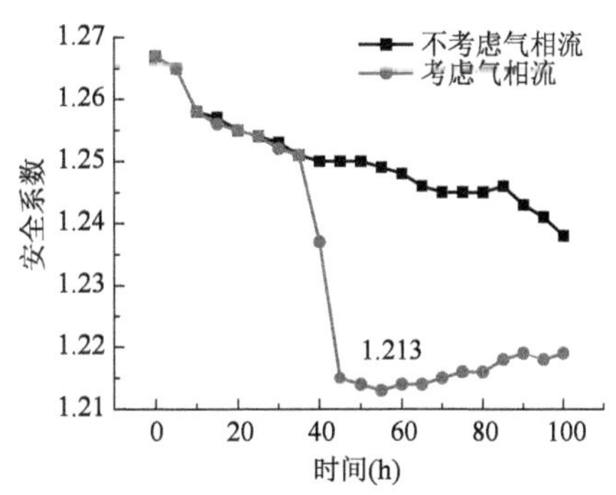

图 7-29 考虑与不考虑气相流下边坡安全系数的变化过程

由图 7-29 可知,考虑气相流作用下,边坡安全系数较低,其中,最低点出现在中间某个时刻。结合非饱和土抗剪强度公式 $\tau = c' + (\sigma - u_a)\tan\varphi' +$

$(u_a - u_w)\tan\varphi^b$ 分析,孔隙气压力的存在一方面使潜在滑动面上的有效法向应力 $(\sigma - u_a)$ 减小,另一方面基质吸力 $(u_a - u_w)$ 增加,当降雨进行至 50h 左右时,由 7.4.3 节的孔隙气压力变化分析可知,此时气压上升,潜在滑动面上有效法向应力减小,从而抵抗剪切的能力弱化,故边坡的整体稳定性降至最低;当气压逐渐消散后,边坡稳定性开始恢复。

7.5.4 雨后蒸发对稳定性的影响

图 7-30 为考虑与不考虑雨后蒸发作用下边坡安全系数的变化。从图中可以看出,不论是否考虑蒸发作用,边坡的安全系数在降雨结束的短期内均达到一最低值,而后稳定在该值或有所提高。结合 7.4.4 节渗流分析可得,降雨结束后雨水以下渗为主,下渗的雨水使潜在滑动面土体湿润,基质吸力减弱,从而抗剪强度降低,安全系数降低。之后,对于考虑蒸发的边坡,土体较快进入干燥状态,边坡也趋于稳定;而不考虑蒸发时,边坡的稳定性恢复得很慢,这时边坡处于最脆弱的时期,易受外界不利因素的影响而发生失稳。

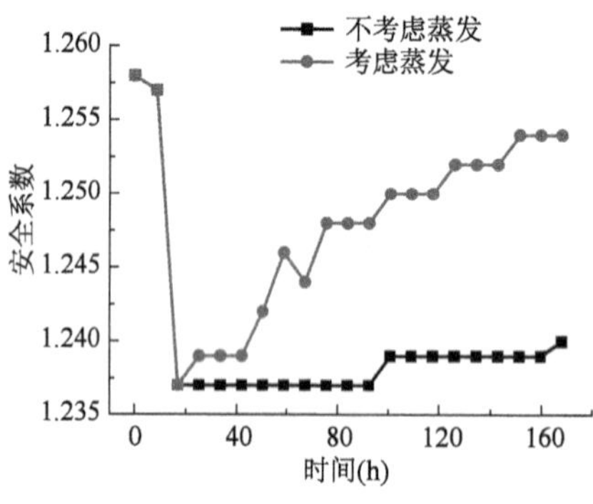

图 7-30 考虑与不考虑雨后蒸发作用下边坡安全系数的变化过程

为了进一步揭示蒸发对边坡的影响,现针对某一特定的滑动面(图 7-31),分析其在降雨后考虑与不考虑蒸发作用下安全系数的变化,结果如图 7-32 所示。对于某一特定的滑动面,考虑蒸发时安全系数是逐渐上升的,而不考虑蒸发作用时稳定性变差。对于已有前期失稳征兆的危险滑动面而言,当降雨结束后环境蒸发作用不强烈,可加强对此类滑坡的监测和防护。

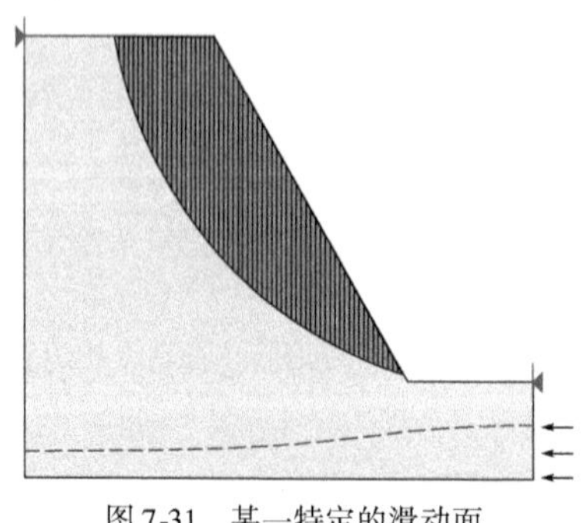

图 7-31 某一特定的滑动面

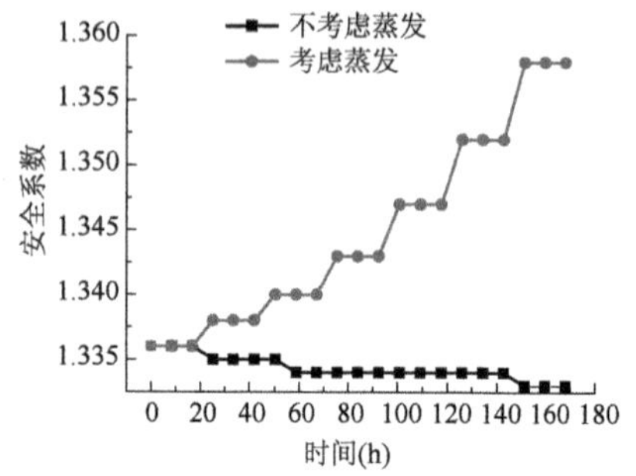

图 7-32 给定滑动面时考虑与不考虑蒸发作用下安全系数的变化过程

7.6 本章小结

本章选取了福州大学南门某处典型的开挖边坡进行模拟，根据实际情况设计了4种计算方案，在试验的基础上，分析了降雨入渗条件下残积土边坡的渗流和稳定性特性，获得了有益的结论：

(1)降雨引起的土体孔隙水压力变化与土体所处位置和降雨形式有关，它们是通过影响土体的入渗总量、入渗能力和下渗量来发挥作用的。当雨量一定时，小雨强长历时的降雨对边坡孔隙水压力的影响大于大雨强短历时的降雨，降雨结束后，边坡安全系数也降至最低；一次降雨难以使边坡安全系数降低很多，非饱和残积土边坡的失稳往往是多场降雨综合作用的结果。

(2)前期接受蒸发作用的边坡在降雨前期，坡内某位置孔隙水压力继续降低，说明坡内蒸发过程滞后于坡表层的蒸发作用；在相同降雨条件下，坡体内孔隙水压力始终小于初始较湿润的边坡，边坡安全系数因而也较高。

(3)考虑气体流动时，边坡内的孔隙气压力先提高后降低，对雨水的入渗作用也由强转弱。坡内积聚的孔隙气压力使边坡稳定性降低，当气压达到最大时，安全系数最小；当气压减小时，边坡稳定性也有所回升。

(4)雨后水分继续下渗湿润深层土层，边坡的稳定性进一步降低，达到最小安全系数时，稳定性缓慢提高；考虑雨后蒸发作用时，边坡稳定性持续降低，且最小值与不考虑蒸发作用时相当，但是随后，稳定性恢复更快。蒸发作用下，边坡浅层出现零通量面，即在零通量面以上水分向上运动，零通量面以下水分下渗。

第 8 章　滑坡对降雨的动态响应及其监测预警研究

8.1 引　言

闽东南沿海地区西邻太平洋，山地丘陵发育，属亚热带湿润季风气候，降雨充沛。雨季主要集中在 3—9 月份，5—6 月份为梅雨期，7—9 月份多受热带气旋影响，具有持续时间长、降雨强度大等特点。滑坡的发生与地形地貌、岩土类型及其力学性质密切相关，受降雨、地震和工程活动等因素的影响。降雨作为诱发边坡失稳的重要因素之一，使得与之相关的斜坡稳定和滑坡问题的安全和稳定性评价持续成为防灾减灾研究领域的热点。文献[72,79,82,246,247]借助物理模型试验和现场实测来分析雨中和雨后边坡失稳前兆信息的动态变化趋势，具有很高的参考价值；而对特定工程实例（如：西南高山峡谷地区的大型滑坡体[46]和含有软弱夹层的厚堆积层边坡[47]）开展降雨入渗特性和稳定性数值分析能为分析滑坡诱因及其减灾防灾提供帮助；多方位开展滑坡监测预警研究（包括区域临界降雨量和降雨强度阈值[90,92,98,248]、测点实际位移速率变化[101-102,112,249]等）可有效减少滑坡地质灾害损失。虽然滑坡对降雨的动态响应及其监测预警的研究不断被完善，但对闽东南地区典型的残坡积层黏性土坡研究成果还较少，尤其是基于滑坡实际监测数据，考虑实际地下水位线和降雨变化对雨中和雨后边坡稳定性动态定量分析上仍有待加强；此外，结合地表位移监测数据，从安全储备的角度定义危险系数，最后建立起反映降雨引起吸力和地下水位变化对边坡的危害程度还鲜见报道。对于土质边坡，并非所有的降雨都会引起边坡的失稳，降雨入渗使边坡土体从非饱和向饱和状态发展，当边坡土体饱和度达到一定程度时易产生边坡失稳；土坡在非饱和区与饱和区之间存在临界深度，降雨入渗使得临界深度以上的非饱和区向饱和区转化，因此，必须采取不同的抗剪强度指标来计算临界深度上、下两部分土体的稳定系数，这对确定土坡失稳的降雨量阈值、进一步认识滑坡失稳机理以及对滑坡的预测预报具有理论及实际意义。

德化县不但是台风强降雨的高值区，而且也是台风暴雨诱发产生滑坡、崩塌等突发性地质灾害的频发区，地质灾害给人民的生命和财产安全带来了严重的危害。根据 2009 年《福建省德化县地质灾害详细调查成果报告》，已发生地质灾害造成16人死亡,1690间房屋、255亩农田和626m公路毁坏,已查明地质灾害隐患点仍威胁10670人,9558间房屋和学校、公路、水电站等。按照国土资源大调查项目“闽东南地区台风暴雨型地质灾害监测预警示范”的设计要求,针对泉州德化地区地质体危险性、典型性和代表性等特点,对马坪、石山、霞碧、横头格、桂阳彭坑和阳山云仔头滑坡6个重大灾害地质体(表8-1、表8-2)先后开展深入调查测绘及地质灾害专业监测工作。为了对闽东南地区典型残坡积层黏性土坡降雨的动态响应及其监测预警系统开展全面研究,本章以彭坑滑坡为例,分析其滑坡类型、地质结构特征等,利用饱和-非饱和渗流理论,定量研究不同实际地下水位和降雨工况下滑坡体的渗流特性、稳定性及变形特性,揭示滑坡对降雨的动态响应机制,并结合已有监测地表位移数据,提出以危险系数作为测点位移阶段式预警的控制指标;降雨易引起花岗岩残积土边坡失稳,本章将在分析降雨对边坡土体含水率影响的基础上,通过饱和度和含水率的关系推求出土体从非饱和过渡到饱和的有效降雨量,以期为类似工程的预警和治理提供参考。

6个地质灾害点基本情况 表8-1

序号	灾害体名称	灾害发生时间	选择依据
1	上涌镇桂林村马坪滑坡	10余年来持续活动	花岗岩区顺层滑坡的代表,危害村庄
2	浔中镇石山村岐庄滑坡	2007年	火山岩区陡坡滑坡的代表,危害村庄
3	龙门滩镇霞碧村滑坡	2006年7月爆发	花岗岩类区顺层滑坡的典型代表;预警效果显著
4	龙浔镇大坂村横头格滑坡	地质历史时期	火山大型滑坡的典型代表,危害村庄
5	桂阳乡彭坑村彭坑滑坡	10余年来持续活动	花岗岩类区缓坡滑坡的代表,危害村道
6	美湖乡上际村桥亭头滑坡	20年持续活动	碎屑岩顺层滑坡的典型代表,危害村庄

6个地质灾害点投入实际工作量 表8-2

位置	灾害类型	地形测绘	地面测绘	钻探		采样数量(组)
				孔数	进尺(m)	
上涌镇桂林村马坪	土质滑坡			4	73.75	7
浔中镇石山村岐庄	土质滑坡			2	38.2	4
龙门滩镇霞碧村	土质滑坡			3	73.2	6
龙浔镇大坂村横头格	土质滑坡			2	36.8	4
桂阳乡彭坑村彭坑	土质滑坡			5	70	10
美湖乡上际村桥亭头	土质滑坡			6	80	18

8.2 滑坡工程概况

研究区位于德化县北部,戴云山主峰东北麓,境内峰峦高耸,山丘连绵,年平均气温和降雨量分别为16~18℃和1700~1800mm。彭坑村坐落于桂阳乡北部约5km处,毗邻于湖头、涤头、邱村。该滑坡体上部为结构松散的残坡积层(主要为黏性土),下部为块状结构的白垩系侵入岩(岩性为石英闪长岩),属于典型的残坡积层黏性土坡;滑坡地处中低山前缘凹坡处,山体走向呈北北西向,场地原始斜坡高程为770~830m,相对高差为60m;斜坡呈阶梯形,上部为旱地,下部为水田,前缘坡脚为溪沟;地下水主要为第四系残坡积孔隙潜水,坡脚有泉水出露。

彭坑滑坡自2000年以来一直持续活动,每年汛期均有滑动(蠕滑),滑坡后缘已形变拉裂,裂缝长约300m,宽5~40cm,后缘下错0.3~1.0m,滑体中部见一台坎,高1~1.5m,滑坡一旦发生,将威胁民房及居民、乡村公路、下部农田及行人等的安全。滑坡上部地形较陡(一、二级边坡坡度分别为41°和29°,下部边坡坡度为10°左右),易于地下水的渗出,下部缓坡监测点的水位线和孔隙水压力长期处于较高水平。图8-1为滑坡主滑剖面图,图中的滑动面为根据现场实际所做的推测。

8.3 饱和-非饱和渗流模型

滑坡体结构松散,坡表局部已开裂,坡表发育的裂隙为降雨的快速入渗提供了有利的通道,雨水入渗易引起地下水位抬升,使饱和区正孔隙水压力增大和基质吸力减小,导致土体抗剪强度的衰减,进而影响边坡工程的安全[237,250]。因此,为了反映地下水位抬升和降雨对实际边坡的双重影响,对不同降雨工况下彭坑滑坡的变形和破坏机制进行数值分析,采用非稳态非饱和渗流耦合变形及稳定性的计算方法,来揭示滑坡体在雨中和雨后的位移及安全系数的动态演变过程。

8.3.1 计算理论和参数

二维渗流的一般控制方程微分方程可以用2.2节式(2-29)表示,具体为[113]:

$$\frac{\partial}{\partial x}\left(k_x\frac{\partial H}{\partial x}\right)+\frac{\partial}{\partial y}\left(k_y\frac{\partial H}{\partial y}\right)+Q=\frac{\partial\theta}{\partial t}=m_w\gamma_w\frac{\partial(H-y)}{\partial t}$$

上述方程说明边坡内某一点处一定时间内水流入和流出的差反映整个边坡土体系统的储水量变化情况。考虑到高程是个常量,y对时间的导数为0,因此,最后被用于SEEP/W有限元公式中的控制方程如下。

高程(m)
830
820
810
800
790
780
770
降雨量监测
地表位移监测
一级边坡
二级边坡
三级边坡
拉裂缝
拉裂缝
地下水位监测
PZK6/30.00
(补)
土壤湿度传感器
PZK1/8.00
土壤含水率监测
地下水位监测
压力式水位仪(上)
PZK2/15.00
孔隙水压力监测
振玄式液压仪
PZK3/15.00
公路
地下水位监测
压力式水位仪(下)
PZK4/20.00
深部位移监测
固定式测斜仪
PZK5/30.00
设计钻孔位置
PZK1/10.00
编号/设计孔深(m)
溪沟
公路
δK
Q^{dl-el}
比例尺 水平1：1000
垂直1：500
100°
土壤湿度传感器埋设位置距开孔口分别为2m、4m、6m
(其中2m处湿度传感器因填土回填不密实，导致数据失效)
压力式水位仪埋设位置距开孔口为10m(上)、9m(下)、20m(补)
振玄式液压仪埋设位置距开孔口为9.5m
固定式测斜仪下入孔深为12.9m
图　例
Q^{dl} 第四系坡积层
δK 白垩系侵入岩
砂质黏土
下降泉
闪长岩
地层界限
滑坡滑动面(推测)

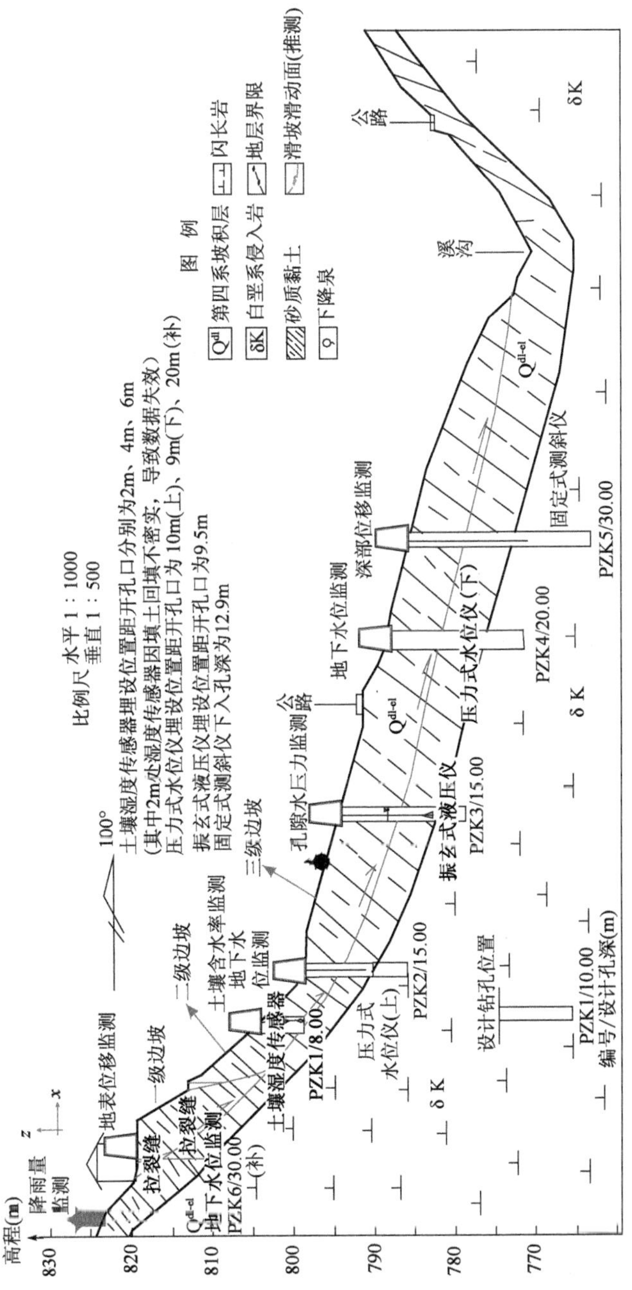

图8-1　滑坡主滑剖面图

$$\frac{\partial}{\partial x}\left(k_x \frac{\partial H}{\partial x}\right)+\frac{\partial}{\partial y}\left(k_y \frac{\partial H}{\partial y}\right)+Q=\frac{\partial \theta}{\partial t}=m_w \gamma_w \frac{\partial H}{\partial t} \tag{8-1}$$

非饱和土抗剪强度公式采用 Vanapalli 等提出的公式[85]：

$$\tau_f=c'+(\sigma_n-u_a)\tan\varphi'+(u_a-u_w)\left[\left(\frac{\theta_w-\theta_r}{\theta_s-\theta_r}\right)\tan\varphi'\right] \tag{8-2}$$

式中：τ_f——抗剪强度；

c'和φ'——分别为有效黏聚力和有效内摩擦角；

σ_n——法向应力；

u_w、u_a——孔隙水压力和孔隙气压力；

θ_w、θ_s、θ_r——体积含水率、饱和体积含水率和残余体积含水率。

式(8-2)用体积含水率函数来描述基质吸力对强度的贡献。降雨对边坡的影响主要是雨水的入渗和在坡体内的运移造成的，入渗的雨水通过增加土体重度和降低抗剪强度来降低边坡稳定性，最终导致滑坡的发生。目前，研究降雨入渗边坡渗流及其稳定性演变规律的有效方法是结合降雨入渗模型和边坡稳定性分析方法，即先模拟降雨引起的坡体内水压力分布，并以此为基础，考虑含水率与土体抗剪强度的关系，利用极限平衡条分法或强度折减法等计算方法进行边坡稳定性分析。边坡安全系数的计算采用 Janbu 法，渗流分析所需的土-水特征曲线和渗透系数函数是基于 Van Genuchten 法，VG 模型各参数参考第 3 章非饱和土室内试验成果，并根据颗分试验和已有工程案例[17,162]进行综合确定；变形和稳定性分析所需参数由室内试验得出，各土层物理力学性质参数和弹塑性 Mohr-Couloum 本构参数见表 8-3。

岩土体计算参数取值 表 8-3

岩土性质	天然重度 γ (kN/m^3)	杨氏模量 E (kPa)	泊松比 υ	抗剪强度指标		剪胀角	饱和渗透系数	VG 模型参数			
				c' (kPa)	φ' (°)	ψ (°)	K_{sat} (m/s)	α (kPa)	n	θ_s	θ_r
滑体	17.6	5000	0.33	15	20	13.3	8×10^{-5}	20	5.0	0.503	0.044
滑带	16.7	3000	0.40	10	15	10	1×10^{-7}	40	1.5	0.503	0.102
强风化岩体	22	10^6	0.28	80	35	25	8×10^{-6}	3.0	3.5	0.410	0.066

8.3.2 计算工况及边界条件

根据实际监测得到的含水率、测点水位值和孔隙水压力，实际选取 8 组监测数据作为研究工况，所选工况 1、3、5、6、7 监测位移有明显阶段性变化。对于灾害范围大和数量多的区域开展丘陵山地地质灾害的安全评价，采用复杂本构模型不易推广与运用。因此,很有必要在现有理论体系的基础上,选用简单、有效和经济的理论对丘陵山地地质灾害进行安全评价,最终采用饱和-非饱和非稳定渗流有限元分析独立于体积变化的流固准耦合方法来评价降雨条件下的边坡稳定性,对比分析后发现数值计算的位移与实测数据吻合较好。余下工况因位移数据缺失,位移值由数值模型计算得出,并且余下监测内容的数据有比较明显的变化,总体上看所选取的样本有较强的代表性。

依据气象部门对降水等级的划分,将各工况水位期间对应的实际总日降雨量转化成简化雨强和相应持时,其中工况1、3、6为连续暴雨(工况6连续暴雨后伴随大雨),工况4、5、7、8为大雨,工况2为小雨,选取3种形式的雨强,分别为10mm/h、5mm/h、1mm/h。表8-4为各工况实际监测数据,对应地下水位线如图8-2所示。工况6为连续暴雨后伴随大雨,即采用降雨强度/持时的组合为:10mm/h,25h;5mm/h,15h。初始工况为常水位并伴有持时4d、日降雨量为4.8mm(4.8mm为1990—2008年间的平均日降雨量,见图8-3);工况1~8以工况3为基础,然后考虑地下水位的上升和降雨;工况9水位(指二级边坡平台以下监测点土体出现饱和)是在工况3水位上施加持时110h、雨强10mm/h降雨后获取的零水位线,应力-应变分析同时考虑地下水位变化和降雨。实测水位线为给定的水头边界条件(饱和区),模型底部为不透水边界,模型两侧非饱和区域为零流量边界;滑坡表面为入渗边界,雨强小于土体饱和渗透系数时,以流量边界考虑,流量为雨强;雨强大于土体的入渗能力时定为水头边界,地下水渗流可能沿着坡表溢出,因此将坡表定为渗流面。天然状态下坡表的初始最大基质吸力约为-53kPa。

各工况实际监测数据　　表8-4

工况	压力式水位线(m)			湿度计(%)	液压计(kPa)	降雨强度(mm/h)	持时(h)
	上	下	补				
1	3.27	6.98	4.87	61.7	12.6	10	10
2	2.91	6.78	3.68	57.7	10.9	1	16
3	3.57	7.3	5.36	65.8	16.2	10	24
4	3.88	7.67	7.45	70.5	21.2	5	13
5	4.49	8.03	8.69	74.1	31.0	5	28
6	5.03	8.41	10.04	80.1	38.5	10 5	25 15
7	4.71	8.23	9.32	77.1	30.7	5	24
8	3.76	7.51	6.83	68.4	19.6	5	26
初始	2.74	6.54	2.96	54.2	8.6	0.22	96

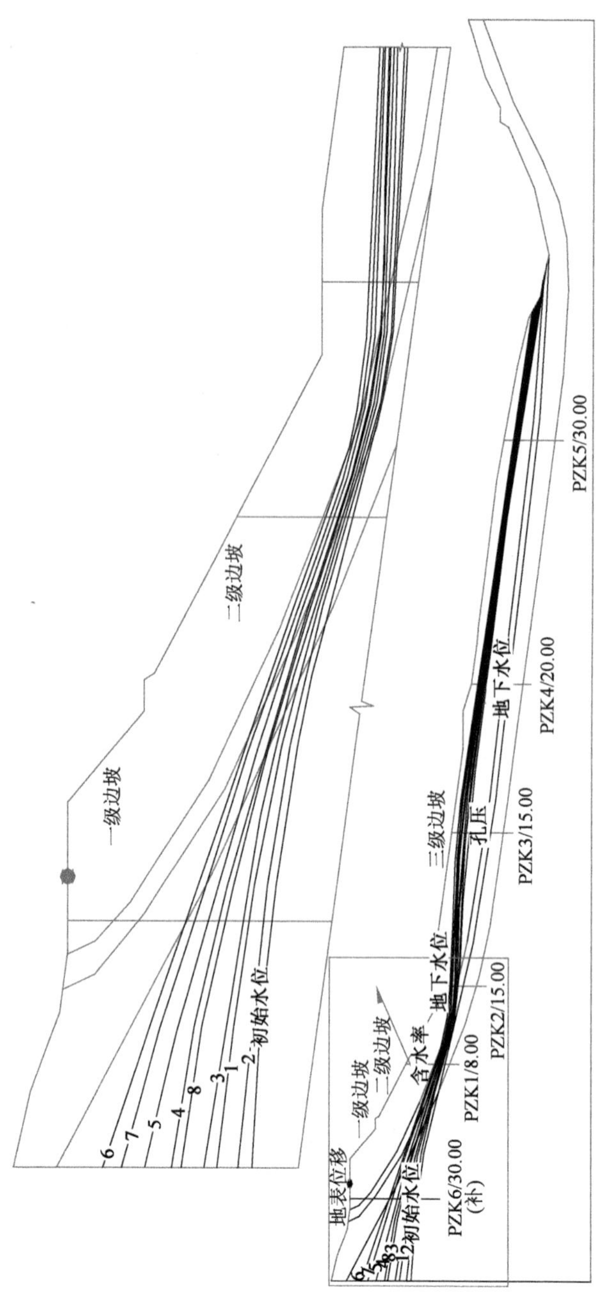

图8-2　各工况地下水位线图

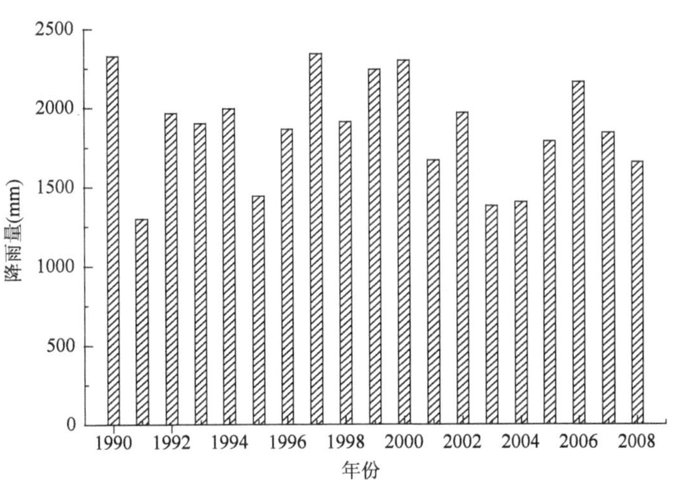

图 8-3　彭坑地区 1990—2008 年年降雨量柱状图

8.4　渗流稳定性计算结果分析

限于篇幅,这里只对工况 3 和工况 9 下边坡的渗流、变形特性和稳定性分析结果进行说明。经计算,边坡的最不利滑动面处于一、二级边坡处,因此,以一、二级边坡处的计算结果进行分析。结果显示:

(1) 降雨以垂直入渗为主,早期入渗量大,工况 3 降雨持续 12h 后[图 8-4a)],滑带上部滑体浅部负压增大,含水率增加,但没有达到饱和,上部出现小面积滞水现象;降雨 24h 后,持续入渗的雨水使滑体负孔隙水压力继续增大,影响范围进一步扩大[-3m 等值线向滑带移动,图 8-4b)];应力-应变分析显示地下水位附近的滑带土剪应变开始发展后,向上、下进一步延伸并逐渐贯通[图 8-4c)],这也说明滑带土汇集了上部入渗的雨水,雨水连通后形成自由水使滑带土软化并出现应力集中现象,降雨 24h 安全系数及网格变形结果分别如图 8-4e)、图 8-4f)所示;对于短时降雨而言,滑坡产生的外因在于降雨改变了基质吸力的分布,内因在于滑带自身较差的岩土体性质;雨停 14.4h 后,坡体内部负压减小[-4m 等值线靠近滑带,且坡表负孔压减小,见图 8-4d)],坡面的水流速度变慢,坡表无水溢出;图 8-4g)表明强降雨初期安全系数下降快,后期安全系数下降缓慢,这与雨水早期入渗速率快而后期入渗率减缓有关,同时可反映强降雨工况下(如特大暴雨),初期降雨即引起安全系数很快下降,边坡可能在早期就失稳;雨停后安全系数会进一步降低[图 8-4g)B 点],原因在于坡体内部雨水入渗并没有因降雨停止而停滞,雨水持续下渗导致深部土体基质吸力减少,减少其对抗剪强度的贡献，土体抗滑能力下降，边坡安全系数降低，雨停后坡体浅部吸力会因孔隙水压力逐渐消散而引起安全系数缓慢增加，这体现了相同水分在坡体不同部位对稳定性的影响是不一样的，即水分运移结果导致安全系数有消有涨，存在时空效应。

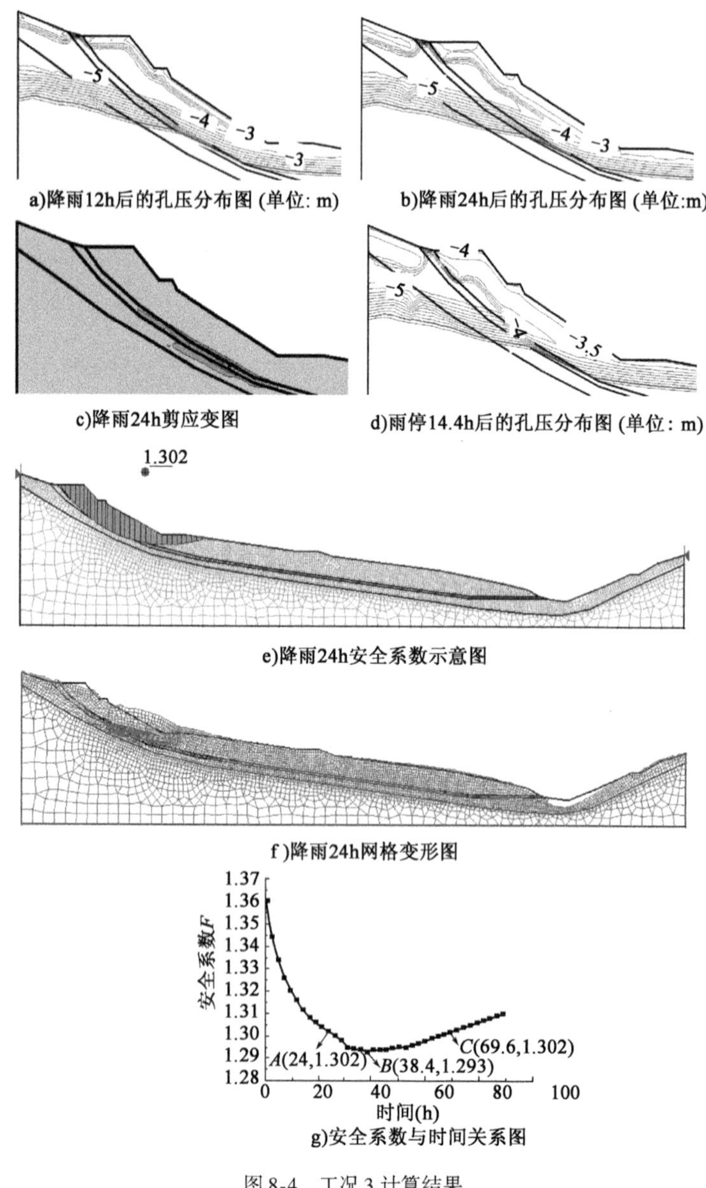

图 8-4　工况 3 计算结果

(2)雨后随着入渗水分持续渗出坡体,安全系数达到最小值后逐渐恢复[图8-4g)C点]。计算结果同时显示工况1～8达到最低安全系数所需要的时间大体上为降雨持续时间的0.75～1.2倍,且安全系数降低幅度不大,降低值为雨停时刻安全系数的1%左右,详见表8-5。对比工况4、8和工况7、8可知:在地下水位相差不大的情况下,长时降雨可引起边坡安全系数下降;而在降雨条件大致相同时,高地下水位线会加大边坡失稳的概率。

各工况计算结果　　表8-5

工　况	降　雨　期		雨　停　期	
	F_s	位移(mm)	F_{smin}	时间(h)
1	1.353	17	1.335	22
2	1.416	15	1.408	30
3	1.302	30	1.294	38.4
4	1.207	34	1.194	37.5
5	1.108	52	1.101	52.5
6	1.051	95	1.042	75
7	1.075	74	1.057	48
8	1.169	40	1.158	49
初始	1.488	12	—	—
9	1.024	135	—	—

(3)工况9在强降雨110h后,地下水位上升显著,削弱非饱和区域,降雨顺坡向坡脚汇集,二级边坡坡脚处有水溢出[图8-5a),应重视坡脚排水],坡脚区域滑体结构性丧失并出现应变集中现象[图8-5b)],降雨在滑体中产生的饱和-非饱和渗流,使滑体前缘有渗透水压力作用,坡脚部分首先开始滑移,随着前缘的不断滑移,后部土体依次被拉裂,滑坡滑动由前缘开始逐步向后发展,直至破坏。长时强降雨除了改变基质吸力的空间分布外,造成的地下水位显著上升是滑坡产生的额外推动力;稳定性分析结果表明长时降雨期间边坡可能直接失稳而不必等到雨停后可达到的最小安全系数,并且发生失稳区域大部分仍处于非饱和状态。

(4)边坡危险系数。根据计算得出的安全系数与位移值(表8-5),拟合后可采用下式来表述两者间的关系:

$$u = 12.134 + 60.443\exp\left(\frac{1.022 - F_s}{0.035}\right) + 65.776 \times \left(\frac{1.022 - F_s}{0.157}\right) \quad (8\text{-}3)$$

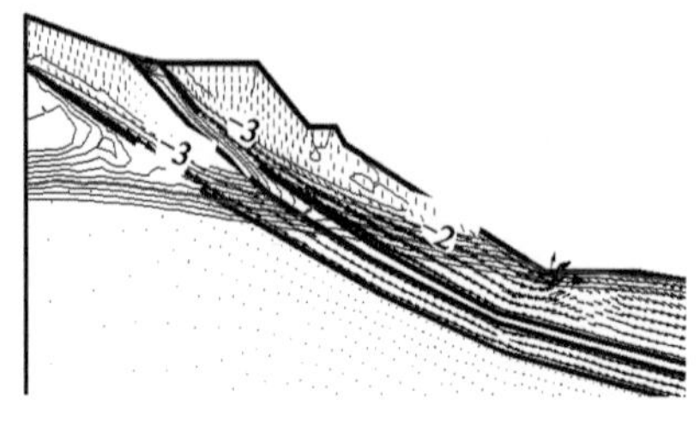

a)降雨110h后的孔压分布图 (单位: m)

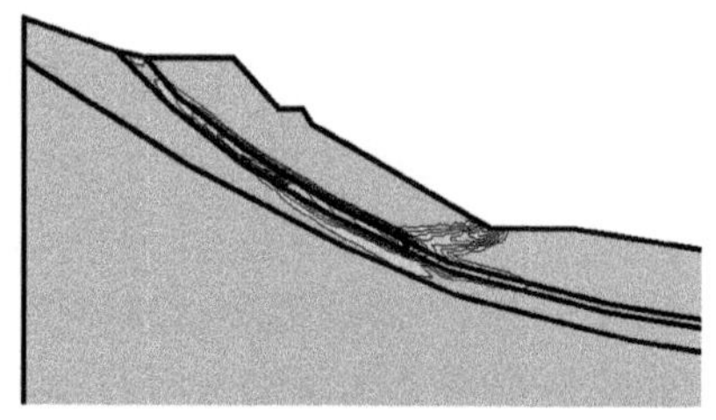

b)降雨110h后的剪应变图

图 8-5　工况 9 计算结果

为表征地下水位变化和降雨对边坡产生危害的程度,定义边坡危险系数,即降雨引起边坡安全系数的损失值与边坡可具有的安全储备值之比称为危险系数,公式如下:

$$p = \frac{F_s - F_{si}}{F_s - F_0} \tag{8-4}$$

式中:F_s——初始工况安全系数,实际工程将稳定水位所对应的安全系数作为初始值;

F_{si}——各实际工况因降雨而造成的安全系数动态变化值;

F_0——临界系数,可根据规范或边坡实际情况进行综合确定,这里取 1。

无论降雨是通过减小土体吸力还是使地下水位上升来影响边坡的稳定性,边坡在天然状态下稳定与否的直观表达应用稳定系数来描述,而安全系数作为一种人为设置安全边坡的一种状态标准,或者防治工程设防的技术标准,可在实际工程中很好地反映因地下水位变化和降雨对边坡产生危害的程度,即可作为立足于失稳机制因子选取的总因子。

通过上述定义,危险系数可视为潜在滑坡灾害现象在雨期时发生的概率性,危险系数值越大,表明降雨引起土体吸力的损失越大,地下水位上升加剧了对边坡稳定性的影响,即边坡失稳的概率也骤然增加,危险系数的动态变化体现了边坡失稳的全过程。图 8-6、图 8-7 分别为边坡监测点地表位移与安全系数关系及其导数曲线。根据地表位移和安全系数的导数曲线(图 8-8),取其中对位移发展趋势较大影响的 4 个点进行描述。$A \sim D$ 点安全系数和位移分别为 1.352、20mm,1.216、32mm,1.094、61mm,1.052、93mm。$A \sim D$ 点可作为判断监测点表面位移进入低速、加速、快速和完全破坏 4 个阶段的控制点。根据模型试验获得的成果,可将边坡变形发展的 3 个阶段,即初始蠕变阶段、加速发展阶段、滑动变形阶段，分别对应本章制定的阶段式预警标准。由表8-6可知，加速发展阶段对应低速变形和加速变形情况，滑动破坏阶段可对应于快速变形和失稳破坏情况。

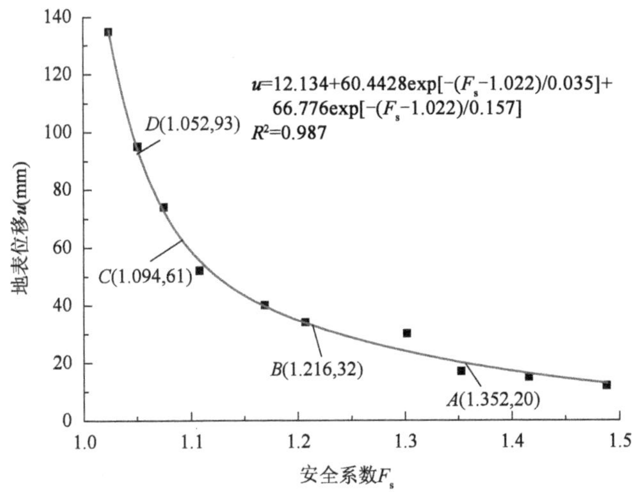

图8-6　边坡监测点地表位移与安全系数关系曲线

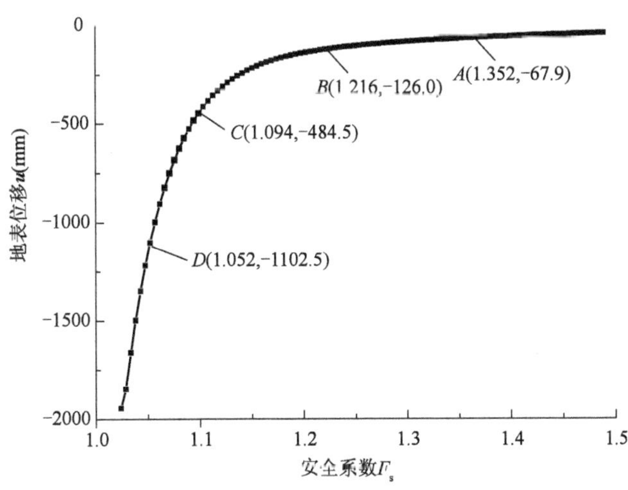

图8-7　边坡监测点地表位移与安全系数关系的导数曲线

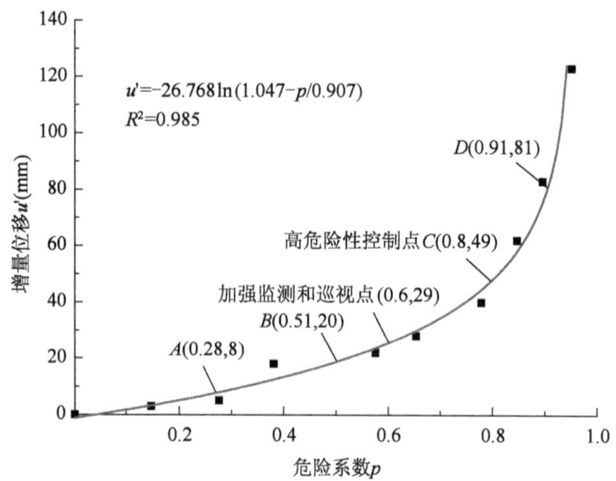

图 8-8　增量位移与危险系数关系曲线

测点地表位移阶段式预警　　表 8-6

<table>
<tr><td rowspan="2">参数、阶段、系数</td><td colspan="5">危险性程度</td></tr>
<tr><td>低危险性</td><td>中危险性</td><td colspan="2">高危险性</td><td>极高危险性</td></tr>
<tr><td>位移增量(mm)</td><td>1 ~ 8</td><td>8 ~ 20</td><td>20 ~ 49</td><td>49 ~ 81</td><td>>81</td></tr>
<tr><td>变形趋势</td><td rowspan="2">初始蠕变</td><td>低速变形</td><td>加速变形</td><td>快速变形</td><td>失稳破坏</td></tr>
<tr><td>5.5.1.4 小节制定的发展阶段</td><td colspan="2">加速发展阶段</td><td colspan="2">滑动破坏阶段</td></tr>
<tr><td>危险系数范围</td><td>0 ~ 0.28</td><td>0.28 ~ 0.51</td><td>0.51 ~ 0.8</td><td>0.8 ~ 0.91</td><td>0.91 ~ 1</td></tr>
</table>

根据图 8-8，4 个点所对应的危险系数可直观体现降雨对边坡的危害程度。当选用 0.6 的危险系数作为加强监测和巡视点时，增量位移应控制在 26mm；若选用 0.8 的危险系数作为高危险性控制点时，可允许有 49mm 的增量位移。实际上测点在安装完监测件后，经历了多场小规模降雨形成了具有 12mm 的初始位移，故测点的增量位移为扣除 12mm 初始位移后的值。根据表 8-6 制定的阶段式标准，测点在 2009 年 6 月 2 日起至 2009 年 8 月 25 日，边坡经历多场短时强降水和小雨，测点位移值增加 7mm，根据表 8-6 制定的阶段式标准，边坡处于初始蠕变状态，危险系数为 0.3 左右；从 2010 年 5 月 1 日至 2010 年 8 月 5 日，彭坑滑坡的测点增量位移为 32mm，边坡处在加速变形末期，危险系数增至 0.67，此时边坡处于高危险性阶段前期，一旦再经历持续或多场强降雨，边坡可迅速过渡到快速变形阶段，失稳概率也骤然增加，直至演变成滑坡。

根据彭坑滑坡的地形和地质特点，综合考虑环境因素，可采取以下措施阻止滑坡的活动:斜坡上部距滑体后缘拉张裂缝 2 ~ 3m 处布置纵向排水沟,防止斜坡坡面水流汇集进入滑体内部,并用隔水性较好的黏土材料填充裂缝并压实;滑体下部的水田改为旱地;一、二级边坡合理布置支撑盲沟并加强坡脚处排水设施的修建,一方面可加固滑体,另一方面有效疏导渗入滑体的地表水,对于局部产生滑坡部位应做好相应的支挡结构物。

8.5 土坡失稳的有效降雨量研究

大气降雨是影响边坡失稳的重要因素,滑坡的发生与降雨关系密切,但并不是所有的降雨过程都能影响或促使滑坡发生,事实上只有少数降雨才有可能诱发滑坡[17,44]。在一定的地质环境中的边坡需要一定的降雨量、降雨强度和降雨时间才可能产生滑坡[44]。降雨虽然是一个不确定的变量,但它是自然因素中经常发生的,它的作用与其他一系列的外动力作用以及力学作用机制相关联。降雨使土体从非饱和状态到饱和状态,增大重度,土体受湿后力学强度降低,雨水下渗使地下水位升高和流动并产生动静水压力和扬压力,使河水暴涨暴跌,造成坡面的冲刷、坡体的破坏等。这一系列由降雨引起的作用正是边坡失稳和发生滑坡的重要原因。因此,研究滑坡发生的降雨量阈值、分析土坡失稳的有效降雨量,对进一步认识滑坡发生和岸坡失稳机制,对滑坡的预测预报具有理论与实际意义。

综上所述,本节以某花岗岩残积土土坡为例,通过分析降雨对土体含水率的影响,利用饱和度和含水率的关系来获得土体从非饱和到饱和的有效降雨量,再根据该有效降雨量以及边坡监测实测资料来揭示边坡失稳和降雨的关系。

8.5.1 土坡的有效降雨量

对降雨型滑坡,前期降雨条件对滑坡的发生有重大影响,前期有效降雨量是滑坡预报的一个重要参数。在扣除地表径流、蒸发等损失后,前期降雨过程中对滑坡发生具有影响的这部分降雨就是前期有效降雨[251]。在研究滑坡与降雨的关系方面,一般是从降雨历时、降雨量、降雨强度及降雨形式等方面进行分析[56],得出的成果需要长期的观察资料来支撑和不断的实践来验证,同时其成果的应用范围也存在一定的局限性,一般只能适用于本区域或相类似的地区。一般对均质的残积土边坡从地表开始,土体由浅到深从非饱和向饱和过渡,土体含水率呈增加趋势[252]。降雨入渗导致的土壤含水率变化,其影响因素众多,如降雨强度、降雨持续时间、岩土渗透性和土层结构、地形坡度、地下水位等。因此,土层含水率与深度之间的关系是复杂的。在前期土壤湿度一定的情况下,不同类型的土壤水渗透深度都与过程降水量呈正相关,即随着过程降水量的增大而加深。文献[253]研究了降雨对非饱和黄土边坡含水率变化规律,得到土层含水率与距坡顶竖直距离之间的关系。在某一深度范围内,距坡顶竖直距离(土层深度)与含水率之间大致呈线性关系。因此,对于对非饱和残积土边坡而言,降雨逐渐入渗至地层,从地面到土壤湿润锋这段深度以及这一时间段,大致存在一个线性变化规律。这一假设仅适合给定的边坡岩土条件、地形地貌、一定降雨强度、一定降雨历时情况下,降雨入渗从地面到土壤湿润锋这段深度。由于降雨入渗后土体从非饱和到饱和这一过程的复杂性,因此,可假设含水率(w)和土体深度(H)存在线性关系,即:

$$w = aH + b \tag{8-5}$$

式中:a、b——待定系数,可以通过实测含水率随深度变化数据之间的相关分析获得。

设土粒比重为 G,孔隙比为 e,则饱和度 S_r 和 w 的关系为:

$$S_r = G\frac{w}{e} = \frac{G(aH + b)}{e} \tag{8-6}$$

理论上,土的饱和度是土体中孔隙水的体积与土体孔隙总体积的比值,是用来表征土体含水性能的基本物理性质指标之一。但实际上地下水位以下花岗岩残积土饱和度数值均小于理论值[254]。在土力学研究中,一般认为 $S_r > 90\%$ 时即为高饱和土,土样力学性质较接近于完全饱和土。令 $S_r = 90\%$,则可以得到:

$$H_e = \frac{0.9\frac{e}{G} - b}{a} \tag{8-7}$$

H_e 即为边坡饱和区和非饱和区的分界深度。降雨对边坡含水率的影响,实际上就是使 H_e 以上土体饱和的过程。降雨对土体的渗透也就是对 H_e 以上土体渗透的过程。

取地表以下某深度微元土体,其高度为 $\mathrm{d}H$,底面积为 $\mathrm{d}S$,其初始饱和度为 S_r,欲使微元体达到饱和,即从初始饱和度 S_r 达到完全饱和,需要的雨水体积为:

$$\mathrm{d}V_w = n \cdot \mathrm{d}S \cdot \mathrm{d}H \cdot (0.9 - S_r) \tag{8-8}$$

式中:n——土体的孔隙率,$n = \frac{e}{1+e}$。

对微元体可直接建立降雨量 R_0 和 H 以上达到饱和的微分方程:

$$\mathrm{d}V_w = \mathrm{d}R_e \cdot \mathrm{d}S = n \cdot \mathrm{d}S \cdot \mathrm{d}H \cdot (0.9 - S_r) \tag{8-9}$$

则：

$$R_e = \int_0^H n(0.9 - S_r)\mathrm{d}H \tag{8-10}$$

将积分展开得到：

$$R_e = n \cdot H[0.9 - G \cdot b/e - G \cdot a \cdot H/(2e)] \tag{8-11}$$

上式即表示使得非饱和区域 0 ~ H 范围内达到饱水状态所需的有效降雨量。

若 $H = H_e$，则表示使非饱和区完全饱和状态，即使边坡整体达到饱和状态所需有效降雨量为：

$$R_{ee} = n \cdot H_e[0.9 - G \cdot b/e - G \cdot a \cdot H_e/(2e)] \tag{8-12}$$

当然，在降雨过程中会由于蒸发、径流、渗流流失使得实际真正流入土体的雨水量少于总的降雨量。有效降雨量与降雨特性、气象条件、土地和土壤特性、土壤水分状况、地下水埋深等因素有关。沿着边坡地表径流及蒸发损失的雨量不计入有效降雨量。

8.5.2　工程实例分析

以某边坡治理工程为例，具体分析使该边坡达到饱和的有效降雨量，结果可为边坡工程设计提供依据。

8.5.2.1　工程概况

(1)地形地貌。

某边坡位于丘陵山坡脚下。根据场地岩土工程勘察报告，场地边坡地貌类型属山麓斜坡地貌单元。其原始地形呈阶梯状，总体地形坡度为 10° ~ 15°，由西向东方向倾斜，经开挖切坡后形成宽约 100m、坡高为 8 ~ 15m、坡向为 75°和坡度为 50° ~ 55°的人工边坡。由于多种因素的影响，边坡产生变形，并产生土质滑坡。

(2)地层及岩土体特征。

研究区地层较为简单，主要有残坡积层，岩性为褐黄色残积砂质黏性土，下部基岩为燕山早期侵入全 ~ 强风化花岗岩(含黑云母)，呈褐黄色，风化裂隙较发育。

根据勘察钻孔及探井揭露，边坡岩土体自上而下主要可分为 5 个岩土层：

①耕植土(Q_4^{ml})：灰褐色，湿，物质成分由粉黏粒组成，含少量植物根茎及腐殖质，分布于场地表层，层底深度为 0.3 ~ 0.5m，揭示层厚 0.3 ~ 0.5m。

②坡积砂质黏性土(Q_4^{dl})：灰黄色，湿，可塑，砂含少量碎石，粒径 3 ~ 15cm 不

等,呈棱角~次棱角状,含量约10%,含中细砂约20%,层底深度为2.0~2.3m,厚约0~1.9m。

③残积砂质黏性土(Q_p^{el}):褐黄色,黄白色,饱和,可塑~硬塑,原岩结构已不清晰,矿物成分除石英颗粒处均已风化成土状物,可见金黄色云母片,岩芯呈砂土状,略具砂感,弱黏性,岩芯手捏易散,残积成因。层底深度为22~27m,层厚20~26m。

④全风化含黑云母花岗岩[$\gamma_5^{2(3)c}$]:褐黄色,散体-碎裂状结构,岩石风化强烈。标贯击数大于30击,原岩结构可辨。层底深度为28.5~31m,层厚2.8~6.5m。

⑤强风化含黑云母花岗岩[$\gamma_5^{2(3)c}$]:褐黄色,块状-碎裂状结构,裂隙面充填铁锰质,岩石质量较好。岩芯采取率一般为70%~85%,本层未揭穿。

(3)水文地质条件。

场地地下水类型主要为:赋存于坡积砂质黏性土、残积砂质黏性土中的第四系孔隙潜水和赋存于强风化花岗岩(含黑云母)中的基岩风化孔隙-裂隙水,主要补给来源为大气降雨。由于补给区汇水面积较大,地下水较丰富。

8.5.2.2 边坡的有效降雨量计算

选取该边坡地质勘察报告中的ZK5、ZK6、ZK8钻孔的不同埋深和含水率数据,其中表8-7为残积砂质黏性土主要物理指标平均值。

ZK5、ZK6、ZK8土体主要物理指标平均值 表8-7

孔号	含水率 w(%)	孔隙比 e	密度 G(g/cm^3)
ZK5	39.1	1.084	2.67
ZK6	38.4	1.036	2.65
ZK8	39.3	1.135	2.66

根据岩土工程勘察中各孔不同深度处土样的土工试验资料,利用式(8-4)进行含水率与埋深的统计分析,得到各孔的含水率 w 和埋深 H 的关系参数,见表8-8。

各钻孔含水率-深度关系的拟合参数 表8-8

孔号	a	b	相关系数
ZK5	0.00226	0.35423	0.82
ZK6	0.00289	0.3399	0.92
ZK8	0.0027	0.37375	0.82

由式(8-6)可以得到3个孔的临界深度,见表8-9。

ZK5、ZK6、ZK8钻孔临界深度表　　表8-9

孔号	ZK5	ZK6	ZK8
临界深度(m)	4.94	4.13	3.80

临界深度H_e表示该孔处土体在该深度以上为非饱和区域,该深度以下则为饱和区域,降雨对滑坡的影响使得该深度以上的土体从非饱和过渡到饱和。

利用式(8-10)可得到使得边坡整体达到饱和的有效降雨量。利用式$R_{ee}=n\cdot H[0.9-G\cdot b/e-G\cdot a\cdot H_e/(2e)]$可以计算得到ZK5、ZK6、ZK8三孔的有效降雨量与深度的关系,其中$n=e/(1+e)$,计算结果详见表8-10。

ZK5、ZK6、ZK8钻孔的有效降雨量与深度关系　　表8-10

土体饱和深度(m)	有效降雨量(mm)		
	ZK5	ZK6	ZK8
0.5	6.79	7.31	5.98
1	12.85	13.67	11.12
1.5	18.2	19.1	15.41
2	22.81	23.58	18.87
2.5	26.71	27.13	21.48
3	29.88	29.73	23.26
3.5	32.32	31.39	24.19
4	34.05	32.12	24.28
4.5	35.04	31.9	
5	35.32		

从边坡勘察资料可知,ZK5、ZK6、ZK8三孔的静止水位埋深分别为1.9m、1.5m和0.9m,可见当时ZK5、ZK6、ZK8三孔在水位以上的土体要达到饱和的有效降雨量分别为22mm、19mm和11mm。

由此可见,使三孔处土体达到完全饱和的降雨量不大,特别是在持续降雨情况下,达到饱和的概率是非常大的。图8-9为研究区2—4月期间的降雨量-日期曲线,在3月2日、3日两天连续下了大雨,降雨量高达54mm。对照表8-10可以得到,在该降雨量情况下,三孔处地表下土体均处于饱和状态。根据监测资料显示,当时边坡的位移量有明显的增大,坡顶最大水平位移速率从0.2mm/d增大至5.2mm/d,采用土体饱和抗剪强度参数,同时考虑地下水位上升,此时计算的边坡安全系数仅为1.06,与天然状态下的边坡安全系数1.24相比明显下降,处于欠稳定状态,并可能继续向不稳定状态发展。

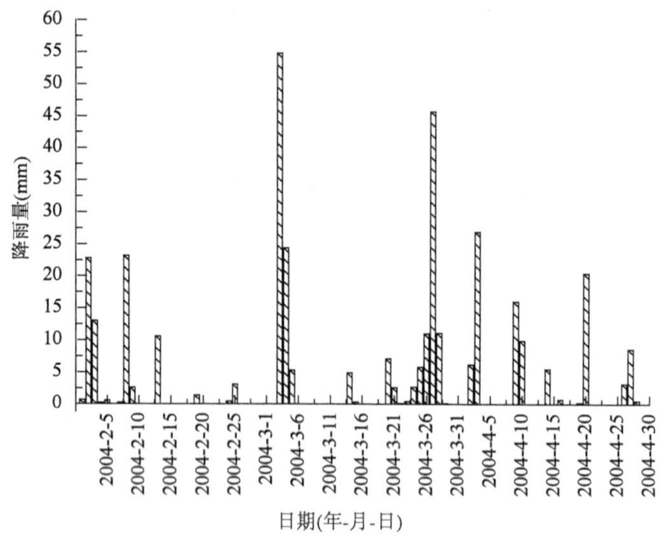

图8-9　研究区2—4月降雨量与日期关系

雨水入渗引起基质吸力的减小和非饱和土渗流量的增大,并在主要地下水位以上出现上层滞水水位。边坡安全系数不仅受到降雨强度、初始地下水位和各向异性渗透比的控制,而且还取决于先期降雨的持续时间。在暴雨或者长期降雨的作用下,残积土土坡浅层由非饱和状态变为饱和状态,基质吸力丧失,土体抗剪强度降低,导致土坡易发生浅层滑动而失稳。

通过得到的有效降雨量和深度的关系,可知每次降雨来临之时的土体饱和区和非饱和区存在分界点,即对土体的饱和区和非饱和区应采取不同的抗剪强度指标来计算土体的稳定系数。当降雨量足够大,或者连续降雨累计降雨量达到一定程度时,边坡土体处于完全饱和状态,此时边坡的稳定系数可达到最小值。

8.6　地质灾害防灾减灾工作探讨

模型试验和数值分析表明,雨水入渗可通过地下水位上升和削弱非饱和区来降低土体的抗剪强度,所揭示的土质边坡失稳(模型试验为浅层破坏,数值分析为沿潜在滑带滑动的深层破坏)机理和模式皆表明坡脚防护的重要性。因此,为了加强坡脚防护和减缓非饱和土基质吸力损失,可通过采取工程措施(如坡面防渗、加强排水设施修建和修筑支挡结构物等）来减小降雨入渗对非饱和土坡的影响。然而滑坡和其他地质灾害频发、分布范围广、成因复杂，在人与自然和谐发展的前提下，经济有效地开展防灾减灾工作离不开各方面（如学界、工程界、公众与政府等）的相互协调与整合。以下结合前人研究成果[99,231,255-260]和自身认识，对未来防灾减灾工作思路进行积极探讨。

（1）自然界边坡破坏多属复合型破坏类型，一般来说，具有一定实际工程经验的岩土工作者完全可根据已有现象，迅速分析出致灾主因并有效采取可行减灾的措施，也就是说，如果能最大限度利用广大岩土工作者积累的经验和知识，将有利于减小地质灾害带来的损失。因此，可通过建立一个权威、掌握地质灾害特性的专责机构来搜集和调查滑坡和其他地灾信息，进一步开展与防灾减灾有关的多学科研究和制订有效防灾减灾政策，借助岩土工程信息共享平台来整合和利用岩土工程信息和资料，实现和完善对地质灾害资料的搜集与建档，以期对日后地质灾害防灾减灾工作规划进行指导，并通过信息平台对广大人民进行灾害与减灾相关知识科学普及和教育。

（2）任何事物都可视为具有一定“寿命”，因此，可在山区工程建设中植入生命周期设计理念，对于公路、铁路选线和城镇选址，应重视地质选线，尽量避开大型滑坡或多个滑坡连续分布地段和地质构造复杂地区等地质灾害高风险区。而在滑坡治理过程中应做到一次根治、确保工程质量，提高工程的整体服役寿命，经济有效地减少可预期灾害和避免久治不愈的灾害对工程的影响。降雨诱发型滑坡防灾减灾工作作为地质灾害防治工作的一部分，目前已深入至多学科交叉研究中。从滑坡形成过程上看，边坡失稳破坏前为“固”相，可视为具有一定刚度的结构体，失稳破坏发展期间结构体表现出一定的可塑性，并向“液”相转变，破坏后的土体可逐渐恢复刚度和结构性，过渡为“固”相直至稳定，这表明采用简单的连续介质力学显然无法实现对滑坡或其他类型的地质灾害全过程进行合理判断和预测，而需结合土力学、泥沙运动学与水力学进行交叉整合研究。

综上所述，立足多学科交叉整合的研究和岩土工程信息共享体系的构建，实现对地质灾害历史资料的迅速搜集，根据可靠度分析建立的预警基准无疑是一条正确、有效的途径；坚持预防为主、防治结合的原则，结合数值模型和监测结果有效建立适当区域安全风险评估分级及提高地质灾害预测准确度仍是今后研究的重点方向与发展趋势。通过上述途径全面有效研究地质灾害的时空分布特点、发生和发展规律，建立和完善相应的灾害早期识别、评估和管理体系，实现山区工程项目在设计、施工和运营阶段内的总成本最低（即引入生命周期设计理念），并指导防灾减灾工作。坚持走综合减灾的道路，提高社会减灾意识和减灾能力,最后达到岩土工程经济、安全与可持续发展的目的。

8.7 本章小结

该章以福建德化县彭坑滑坡为例,基于非饱和土力学理论,推导了饱和-非饱和渗流的偏微分方程,结合滑坡实际监测数据,利用有限元法对坡体在雨水入渗条件下的渗流、变形特性和稳定性进行计算和分析,研究滑坡对降雨的动态响应和不同工况下安全系数和位移的关系。根据边坡监测点地表位移与安全系数的关系曲线,可将边坡变形分为 5 个阶段,即初始蠕变、低速变形、中速变形、加速变形和快速变形(其中,低速变形和加速变形阶段对应试验提出的加速发展阶段,而快速变形和失稳破坏阶段对应滑动破坏阶段)。从边坡安全系数的安全储备出发,提出可反映地下水位变化和降雨对边坡危害程度的危险系数,通过建立起的危险系数与增量位移关系,可实现边坡测点位移变化的阶段式预警;依据桂阳彭坑滑坡的地形和地质特点,提出可采用布置纵向排水沟、变水田为旱地、支撑盲沟和支挡结构物等措施来阻止滑坡。最后,结合数值分析和模型边坡试验成果,对山区地质灾害的防灾减灾工作进行探讨。

降雨入渗下,残积土边坡由非饱和状态向饱和状态发展,土体达到饱和状态需要有相应的有效降雨量。首先,边坡土体入渗率一定,一旦入渗坡体的降雨量达不到有效降雨量,边坡很难发生失稳破坏;当边坡土体饱和度达到一定程度时,边坡稳定系数明显下降,易产生边坡失稳。以上分析与降雨诱发非饱和花岗岩残积土边坡失稳特征相一致。其次,土坡存在饱和区和非饱和区的临界深度,降雨对滑坡的影响即使得该深度以上的土体由非饱和过渡到饱和的过程。最后,进行土坡稳定性计算时,应区别土体的饱和区和非饱和区抗剪强度指标,当降雨导致边坡土体饱和时,稳定系数达到最小值(该值与天然状态下的边坡稳定系数相比明显下降),并且边坡可能继续向不稳定状态发展。

对边坡开展渗流和稳定性数值分析结果的好坏,很大程度上取决于非饱和土强度参数、土-水特征曲线和渗透性函数(HCF)的合理性,而与非饱和土力学有关的特性与土体所处状态有关(如:土体的应力水平、土体所经历的吸力历史等)。因此,须进一步加强对可考虑不同状态下非饱和土的强度、SWCC 和 HCF 模型的研究,以期提高预测滑坡灾害发生的准确度。另外,如何进一步根据已有的试验成果,分析、统计出准确、翔实的数据资料,以避免开展费时、耗力的非饱和土试验,建立针对闽东南地区非饱和残积土物理力学特性的数据库,是今后值得继续深入研究的一个方向。

参 考 文 献

[1] 黄润秋. 20世纪以来中国的大型滑坡及其发生机制[J]. 岩石力学与工程学报,2007,26(3):433-454.

[2] 吴仁铣. 降雨诱发的滑坡作用机制研究[D]. 长沙:中南大学,2013.

[3] 陈学东. 浅层非饱和带降雨入渗规律的试验与数值研究[D]. 南京:河海大学,2005.

[4] 王建新,王恩志,王思敬. 降雨自由入渗阶段试验研究及其过程的水势描述[J]. 清华大学学报(自然科学版),2010,50(12):1920-1924.

[5] 包含,侯立柱,刘江涛,等. 室内模拟降雨条件下土壤水分入渗及再分布试验[J]. 农业工程学报,2011,27(7):70-75.

[6] 赵守珍. 非充分供水土壤水分入渗特性的试验研究[D]. 太原:太原理工大学,2007.

[7] 谷博轩,梁鹏锋,彭红涛,等. 砂田降雨入渗过程的模拟实验研究[J]. 中国农学通报,2010,27(32):281-286.

[8] Mein R G, Larson C L. Modeling infiltration during a steady rain[J]. Water Resources Research, 1973,9(2):384-394.

[9] 李宁,许建聪,钦亚洲. 降雨诱发浅层滑坡稳定性的计算模型研究[J]. 岩土力学,2012,33(5):1485-1490.

[10] 简文星,许强,童龙云. 三峡库区黄土坡滑坡降雨入渗模型研究[J]. 岩土力学,2013,34(12):3527-3533.

[11] 韩同春,马世国,徐日庆. 强降雨条件下气压对滑坡延时效应研究[J]. 岩土力学,2013,34(5):1360-1366.

[12] 刘育田,刘俊新. 地表径流与地下渗流耦合的斜坡降雨入渗研究[J]. 路基工程,2010(3):80-82.

[13] 陈善雄,陈守义. 降雨条件下土坡水分运动的数值模拟[C]//第六届全国岩土力学数值分析与解析方法讨论会. 广州:广东科技出版社,1997.

[14] 陈力,刘青泉,李家春. 坡面降雨入渗产流规律的数值模拟研究[J]. 泥沙研究,2001(4):61-67.

[15] 张培文,刘德富,郑宏,等. 降雨条件下坡面径流和入渗耦合的数值模拟[J]. 岩土力学,2004,25(1):109-113.

[16] 汤有光,郭轶锋,吴宏伟,等. 考虑地表径流与地下渗流耦合的斜坡降雨入

渗研究[J]. 岩土力学,2004,25(9):1347-1352.

[17] 童富果,田斌,刘德富. 改进的斜坡降雨入渗与坡面径流耦合算法研究[J]. 岩土力学,2008,29(4):1035-1040.

[18] Philip J R. Numerical solution of equations of the diffusion type with diffusivity concentration-dependent[J]. Trans. Faraday Soc,1955,51:885-892.

[19] Horton R E. An approach toward a physical interpretation of infiltration-capacity[J]. Soil science society of America journal,1941,5:399-417.

[20] 彭胜,陈家军,王金生,等. 包气带水气二相流国外研究综述[J]. 水科学进展,2000,11(3):333-338.

[21] 王全九,王文焰,邵明安,等. 浑水入渗机制及模拟模型研究[J]. 农业工程学报,1999,15(1):141-144.

[22] 谢正辉,曾庆存,戴永久,等. 非饱和流问题的数值模拟研究[J]. 中国科学(D 辑:地球科学),1998,28(02):175-180.

[23] Constantz J,Herkelrath W N,Murphy F. Air encapsulation during infiltration[J]. Soil Science Society of America Journal, 1988,52(1):10-16.

[24] 吴争光,张华. 积水入渗稳定时近饱和土中封闭气泡含量试验研究[J]. 岩土工程学报,2012,34(2):274-279.

[25] Wilson L G,Luthin J N. Effects of air flow ahead of the wetting front on infiltration[J]. Soil Sci,1963,96(2):136-143.

[26] Latifi H,Prasad S N,Helweg O J. Air entrapment and water infiltration in two-layered soil column[J]. J. Irrig. Drain. Eng,1994,120(5):871-891.

[27] 李援农,刘书榜. 土壤入渗气液两相流的变化过程[J]. 西北农林科技大学学报(自然科学版),2002,30(06):177-180.

[28] 李援农,费良军. 土壤空气压力影响下的非饱和入渗格林-安姆特模型[J]. 水利学报,2005,36(06):733-736.

[29] 张振华,谢恒星,刘继龙,等. 气相阻力与土壤容重对一维垂直入渗影响的定量分析[J]. 水土保持学报,2005,19(4):36-39.

[30] Jalali-Farahani H R,Heermann D F,Duke H R. Physics of surge irrigation. II. Relationship between soil physical and hydraulic parameters[J]. Transactions of the ASAE,1993,36(1):45-50.

[31] 梁爱民,邵龙潭. 土壤中空气对土结构和入渗过程的影响[J]. 水科学进展,2009,20(4):502-506.

[32] 张华,吴争光. 封闭气泡对一维积水入渗影响的试验研究[J]. 岩土力学,

2009,30(z2):132-137.

[33] Wang Z,Feyen J,Nielsen D R,et al. Two-phase flow infiltration equations accounting for air entrapment effects[J]. Water Resour. Res,1997,33(12):2759-2767.

[34] Wang Z,Feyen J,van Genuchten M T,et al. Air entrapment effects on infiltration rate and flow instability[J]. Water resour. res,1998,34(2):213-222.

[35] Peck A J. Moisture profile development and air compression during water uptake by bounded porous bodies:2. Horizontal columns[J]. Soil sci,1965,99(5):327-334.

[36] Suhr J L,Jarrett A R,Hoover J R. The effect of soil air entrapment on erosion[J]. Trans. ASAE,1984,27(1):93-98.

[37] Risse L M,Nearing M A,Zhang X C. Variability in Green-Ampt effective hydraulic conductivity under fallow conditions[J]. Journal of Hydrology,1995,169(1-4):1-24.

[38] 唐海行,苏逸深.考虑气压势影响的降雨入渗数值模拟研究[J].水科学进展,1996,7(1):8-13.

[39] 胡冉,陈益峰,周创兵.降雨入渗过程中土质边坡的固-液-气三相耦合分析[J].中国科学:技术科学,2011,41(11):1469-1482.

[40] 孙冬梅,朱岳明,张明进.非饱和带水-气二相流数值模拟研究[J].岩土工程学报,2007,29(4):560-565.

[41] 孙冬梅,朱岳明,张明进.降雨入渗过程的水-气二相流模型研究[J].水利学报,2007,38(2):150-156.

[42] 孙冬梅,朱岳明,张明进,等.考虑气相影响的降雨入渗过程分析研究[J].岩土力学,2008,29(9):2307-2313.

[43] Rahardjo H,Rezaur R B,Leong E C. Mechanism of rainfall-induced slope failures in tropical regions[C]//The 1st Italian Workshop on Landslides. Napoli,Italy. 2009:8-10.

[44] Rahardjo H,Lee T T,Leong E C,et al. Response of a residual soil slope to rainfall[J]. Canadian Geotechnical Journal,2005,42(2):340-351.

[45] Trandafir A C,Sidle R C,Gomi T,et al. Monitored and simulated variations in matric suction during rainfall in a residual soil slope[J]. Environmental Geology,2008,55(5):951-961.

[46] 张玉,徐卫亚,邹丽芳,等.降雨条件下大型滑坡体渗流稳定性分析[J].岩

土力学,2013,34(3):833-839.

[47] 刘新荣,张梁,余瑜,等.降雨条件下酉阳大涵边坡滑动机制研究[J].岩土力学,2013,34(10):2898-2904.

[48] 言志信,高刚,于换小,等.降雨入渗条件下非饱和土边坡稳定性数值分析[J].铁道建筑,2013(7):85-88.

[49] 刘子振,言志信,彭宁波,等.持续小强度降雨入渗对非饱和土边坡稳定性的动态影响[J].土木建筑与环境工程,2012,34(4):19-24.

[50] 蒋中明,曾铃,付宏渊,等.极端久雨条件下软岩边坡动态稳定性分析[J].中国公路学报,2014,27(2):27-34.

[51] Alonso E E, Lloret A, Romero E. Rainfall induced deformations of road embankments[J]. Italian Geotechnical Journal,1999,33(1):71-76.

[52] Olivella S, Gens A, Carrera J, et al. Numerical formulation for a simulator (Code-Bright) for the coupled analysis of saline media[J]. Engineering computations,1996,13(7):87-112.

[53] Potts D M, Zdravkovic L, Zdravković L. Finite element analysis in geotechnical engineering: theory & application[M]. London: Thomas Telford,2001.

[54] 徐晗,朱以文,蔡元奇,等.降雨入渗条件下非饱和土边坡稳定分析[J].岩土力学,2005,26(12):1957-1962.

[55] 周桂云,李同春.基于非饱和土固结理论的有限元强度折减法[J].岩土力学,2008,29(4):1133-1137.

[56] 刘俊新,刘育田,胡启军.非饱和地表径流-渗流和流固体耦合条件下降雨入渗对路堤边坡稳定性研究[J].岩土力学,2010,31(3):903-910.

[57] 王协群,张有祥,邹维列,等.降雨入渗条件下非饱和路堤变形与边坡的稳定数值模拟[J].岩土力学,2010,31(11):3640-3644.

[58] Wheeler S J, Sharma R S, Buisson M S R. Coupling of hydraulic hysteresis and stress-strain behaviour in unsaturated soils[J]. Géotechnique,2003,53(1):41-54.

[59] 孙德安.非饱和土的水力和力学特性及其弹塑性描述[J].岩土力学,2009,30(11):3217-3231.

[60] 孙德安,陈振新.非饱和上海软土水力和力学特性耦合弹塑性模拟[J].岩土力学,2012,33(S2):16-20.

[61] 汤连生,桑海涛,宋晶,等.非饱和花岗岩残积土粒间联结作用与脆弹塑性胶结损伤模型研究[J].岩土力学,2013,34(10):2877-2888.

[62] 马田田,韦昌富,陈盼,等. 非饱和土毛细滞回与变形耦合弹塑性本构模型[J]. 岩土力学,2012,33(11):3263-3270.

[63] 胡冉,陈益峰,周创兵. 基于孔隙分布的变形土土-水特征曲线模型[J]. 岩土工程学报,2013,35(8):1451-1462.

[64] 王继华. 降雨入渗条件下土坡水土作用机理及其稳定性分析与预测预报研究[D]. 长沙:中南大学,2006.

[65] 丁继新,尚彦军,杨志法,等. 降雨型滑坡预报新方法[J]. 岩石力学与工程学报,2004,23(21):3738-3743.

[66] 张桂荣,殷坤龙,刘礼领,等. 基于 WEBGIS 和实时降雨信息的区域地质灾害预警预报系统[J]. 岩土力学,2005,26(8):1312-1317.

[67] Oh S,Lu N. Slope Stability Analysis under Unsaturated Conditions:Case Studies of Rainfall-induced Failure of Cut Slopes[J]. Engineering Geology,2014,184:96-103.

[68] Ali A,Huang J,Lyamin A V,et al. Simplified quantitative risk assessment of rainfall-induced landslides modelled by infinite slopes[J]. Engineering Geology,2014,179:102-116.

[69] Bordoni M,Meisina C,Zizioli D,et al. Rainfall-Induced Landslides:Slope Stability Analysis Through Field Monitoring[M]. Landslide Science for a Safer Geo-environment. Springer International Publishing,2014:273-279.

[70] 周创兵,李典庆. 暴雨诱发滑坡致灾机理与减灾方法研究进展[J]. 地球科学进展,2009,24(5):477-487.

[71] Ochiai H,Okada Y,Furuya G,et al. A fluidized landslide on a natural slope by artificial rainfall[J]. Landslides,2004,1(3):211-219.

[72] Tu X B,Kwong A K L,Dai F C,et al. Field monitoring of rainfall infiltration in a loess slope and analysis of failure mechanism of rainfall-induced landslides[J]. Engineering Geology,2009,105(1):134-150.

[73] 詹良通,吴宏伟,包承纲,等. 降雨入渗条件下非饱和膨胀土边坡原位监测[J]. 岩土力学,2003,24(2):151-158.

[74] Chen H,Lee C F,Law K T. Causative mechanisms of rainfall-induced fill slope failures[J]. Journal of geotechnical and geoenvironmental engineering,2004,130(6):593-602.

[75] Moriwaki H,Inokuchi T,Hattanji T,et al. Failure processes in a full-scale landslide experiment using a rainfall simulator[J]. Landslides,2004,1(4):

277-288.

[76] 沈水进,孙红月,尚岳全,等.降雨作用下路堤边坡的冲刷-渗透耦合分析[J].岩石力学与工程学报,2011,30(12):2456-2462.

[77] 罗先启,葛修润.滑坡模型试验理论及其应用[M].北京:中国水利水电出版社,2008.

[78] 肖先煊,夏克勤,许模,等.三峡库区某滑坡稳定性模型试验研究[J].工程地质学报,2013,21(1):45-52.

[79] 钱纪芸,张嘎,张建民.降雨条件下土坡变形机制的离心模型试验研究[J].岩土力学,2011,32(2):398-416.

[80] 杨春宝,朱斌,孔令刚,等.水位变化诱发粉土边坡失稳离心模型试验[J].岩土工程学报,2013,35(7):1261-1271.

[81] Tohari A,Nishigaki M,Komatsu M. Laboratory rainfall-induced slope failure with moisture content measurement[J]. Journal of Geotechnical and Geoenvironmental Engineering,2007,133(5):575-587.

[82] 孔维伟,赵其华,韩俊,等.台风滑坡变形破坏机制模型试验研究[J].工程地质学报,2013,21(2):297-303.

[83] Ling H I,Wu M H,Leshchinsky D,et al. Centrifuge modeling of slope instability[J]. Journal of Geotechnical and Geoenvironmental Engineering,2009,135(6):758-767.

[84] 李龙起,罗书学,王运超,等.不同降雨条件下顺层边坡力学响应模型试验研究[J].岩石力学与工程学报,2014,33(4):755-762.

[85] 黄润秋,许强.典型灾难性滑坡[M].北京:科学出版社,2008.

[86] 周跃峰,龚壁卫,胡波,等.牵引式滑坡演化模式研究[J].岩土工程学报,2014,36(10):1855-1862.

[87] 詹良通,刘小川,泰培,等.降雨诱发粉土边坡失稳的离心模型试验及雨强-历时警戒曲线的验证[J].岩土工程学报,2014,36(10):1784-1790.

[88] 李鹤.东南沿海残积土地区降雨型滑坡预警预报体系的研究与应用[D].杭州:浙江大学,2010.

[89] 李聪,姜清辉,周创兵,等.基于实例推理系统的滑坡预警判据研究[J].岩土力学,2011,32(4):1069-1076.

[90] Mathew J,Babu D G,Kundu S,et al. Integrating intensity-duration-based rainfall threshold and antecedent rainfall-based probability estimate towards generating early warning for rainfall-induced landslides in parts of the Garhwal Hi-

malaya, India[J]. Landslides, 2014, 11(4): 575-588.

[91] Aleotti P. A warning system for rainfall induced shallow failures[J]. Engineering Geology, 2004, (73): 247-265.

[92] Guzzetti F, Peruccacci S, Rossi M, et al. Rainfall thresholds for the initiation of landslides in central and southern Europe[J]. Meteorology and Atmospheric Physics, 2007, 98(3-4): 239-267.

[93] Rahimi A, Rahardjo H, Leong E C. Effect of antecedent rainfall patterns on rainfall-induced slope failure[J]. Journal of Geotechnical and Geoenvironmental Engineering, 2011, 137(5): 483-491.

[94] Dahal R K, Hasegawa S. Representative rainfall thresholds for landslides in the Nepal Himalaya[J]. Geomorphology, 2008, 100(3): 429-443.

[95] 詹良通,李鹤,陈云敏,等.东南沿海残积土地区降雨诱发型滑坡预报雨强-历时曲线的影响因素分析[J].岩土力学,2012,33(3):872-879.

[96] 简文彬,许旭堂,郑敏洲,等.土坡失稳的有效降雨量研究[J].岩土力学,2013,34(S2):247-251.

[97] Cai F, Ugai K. Numerical analysis of rainfall effects on slope stability[J]. International Journal of Geomechanics, 2004, 4(2): 69-78.

[98] Harris S J, Orense R P, Itoh K. Back analyses of rainfall-induced slope failure in Northland Allochthon formation[J]. Landslides, 2012, 9(3): 349-356.

[99] 林鸿州.降雨诱发土质边坡失稳的试验与数值分析研究[D].北京:清华大学,2007.

[100] 乔建平,杨宗佶,田宏岭.降雨滑坡预警的概率分析方法[J].工程地质学报,2009,17(3):343-348.

[101] 许强,汤明高,徐开祥,等.滑坡时空演变规律及预警预报研究[J].岩石力学与工程学报,2008,27(6):1104-1112.

[102] 杜娟,殷坤龙,柴波.基于诱发因素响应分析的滑坡位移预测模型研究[J].岩石力学与工程学报,2009,28(9):1783-1789.

[103] 沈冰,黄红虎.水文学原理[M].北京:中国水利水电出版社,2008.

[104] 雷志栋,杨诗秀,谢森传.土壤水动力学[M].北京:清华大学出版社,1988.

[105] 王康.非饱和土壤水流运动及溶质迁移[M].北京:科学出版社,2010.

[106] Fredlund D G, Rahardjo H.非饱和土土力学[M].陈仲颐,张在明,陈愈炯,等译.北京:中国建筑工业出版社,1997.

[107] 谢定义.非饱和土土力学[M].北京:高等教育出版社,2015.

[108] Brooks R H,Corey A T. Hydraulic properties of porous media[M]. Hydrology Papers NO. 3. Fort Collins:Colorado State University,1964.

[109] Gardner W R. Some steady-state solutions of the unsaturated moisture flow equation with application to evaporation from a water table[J]. Soil science, 1958,85(4):228-232.

[110] Van Genuchten M Th. A closed-form equation for predicting the hydraulic conductivity of unsaturated soils[J]. Soil science society of America journal, 1980,44(5):892-898.

[111] Fredlund D G,Xing A,Huang S. Predicting the permeability function for unsaturated soils using the soil water characteristic curve [J]. Canadian Geotechnical Journal,1994,31(4):533-546.

[112] 许旭堂,简文彬.滑坡对降雨的动态响应及其监测预警研究[J].工程地质学报,2015,23(2):203-210.

[113] Geo-Slope International L. Seepage Modeling with SEEP/W 2007. Canada:2008.

[114] 朱伟,程南军,陈学东,等.浅谈非饱和渗流的几个基本问题[J].岩土工程学报,2006,28(2):235-240.

[115] Kozeny J. Über kapillare Leitung des Wassers im Boden:(Aufstieg,Versickerung und Anwendung auf die Bewässerung) [M]. Hölder-Pichler-Tempsky,1927.

[116] 罗焕彦,陈雨孙.地下水运动的数值模拟[M].北京:中国建筑工业出版社,1988.

[117] Richards L A. Capillary conduction of liquids through porous mediums[J]. Physics,1931,1(5):318-333.

[118] 文康,金管生,李蝶娟,等.地表径流过程的数学模拟[M].北京:水利电力出版社,1991.

[119] 包承纲,詹良通.非饱和土性状及其与工程问题的联系[J].岩土工程学报,2006,28(2):129-136.

[120] 焦月红,姜志强.蒸发蒸腾作用对边坡长期稳定性影响研究[J].勘察科学技术,2009(5):3-8.

[121] 高晓飞,史海珍,杨洁,等.使用微型蒸发器测定土壤蒸发的研究进展[J].水利水电科技进展,2010,30(1):85-90.

[122] Guan G S,Rahardjo H,Choon L E. Shear strength equations for unsaturated

soil under drying and wetting[J]. Journal of geotechnical and geoenvironmental engineering,2009,136(4):594-606.

[123] Sivakumar V,Tan W C,Murray E J,et al. Wetting,drying and compression characteristics of compacted clay[J]. Géotechnique,2006,56(1):57-62.

[124] Wheeler S J,Sharma R S,Buisson M S R. Coupling of hydraulic hysteresis and stress-strain behaviour in unsaturated soils[J]. Géotechnique,2003,53(1):41-54.

[125] Krahn J,Fredlund D G,Klassen M J. Effect of soil suction on slope stability at Notch Hill[J]. Canadian Geotechnical Journal,1989,26(2):269-278.

[126] Rahardjo H,Lim T T,Chang M F,et al. Shear-strength characteristics of a residual soil[J]. Canadian Geotechnical Journal,1995,32(1):60-77.

[127] Kim J,Jeong S,Park S,et al. Influence of rainfall-induced wetting on the stability of slopes in weathered soils[J]. Engineering Geology,2004,75(3):251-262.

[128] Lu N,Likos W J. Unsaturated soil mechanics[M]. Wiley,2004.

[129] 陈东霞,龚晓南.非饱和残积土的土-水特征曲线试验及模拟[J].岩土力学,2014,35(7):1885-1891.

[130] 汪东林,栾茂田,杨庆.非饱和重塑黏土干湿循环特性试验研究[J].岩石力学与工程学报,2007,26(9):1862-1867.

[131] 周葆春,张彦钧,汤致松,等.荆门压实弱膨胀土孔隙比-含水率-吸力特征的滞回效应[J].水利学报,2013,44(2):164-172.

[132] 林鸿州,李广信,于玉贞,等.基质吸力对非饱和土抗剪强度的影响[J].岩土力学,2007,28(9):1931-1936.

[133] 张文杰.城市生活垃圾填埋场中水分运移规律研究[D].杭州:浙江大学,2007.

[134] Miller C J. Impact of Soil Type and Compaction Conditions on Soil Water Characteristic[J]. Journal of Geotechnical and Geoenvironmental Engineering,2002,128(9):733-742.

[135] Delage P,Lefebvre G. Study of the structure of a sensitive Champlain clay and of its evolution during consolidation[J]. Canadian Geotechnical Journal,1984,21(1):21-35.

[136] 赵天宇,王锦芳.考虑密度与干湿循环影响的黄土土-水特征曲线[J].中南大学学报(自然科学版),2012,43(6):2446-2453.

[137] 王铁行,卢靖,岳彩坤.考虑温度和密度影响的非饱和黄土土-水特征曲线研究[J].岩土力学,2008,29(1):1-5.

[138] 张俊然,许强,孙德安.多次干湿循环后土水特征曲线的模拟[J].岩土力学,2014,35(3):689-695.

[139] Ng C W W,Pang Y W. Influence of stress state on soil-water characteristics and slope stability[J]. Journal of geotechnical and geoenvironmental engineering,2000,126(2):157-166.

[140] Ng C W W,Pang Y W. Experimental investigations of the soil-water characteristics of a volcanic soil[J]. Canadian Geotechnical Journal,2000,37(6):1252-1264.

[141] 张俊然,许强,孙德安.吸力历史对非饱和土力学性质的影响[J].岩土力学,2013,34(10):2810-2814.

[142] 赵振兴,何建京.水力学[M].北京:清华大学出版社,2005.

[143] Sivakumar V. A critical state framework for unsaturated soils[D]. UK:University of Sheffield,1993.

[144] Zhan Liang-tong. Field and laboratory study of an unsaturated expansive soil associated with rain-induces slope instability[D]. Hong Kong:The Hong Kong University of Science and Technology,2003.

[145] 叶琪.降雨诱发非饱和残积土滑坡研究[D].福州:福州大学,2014.

[146] Rostami A,Habibagahi G,Ajdari M,et al. Pore Network Investigation on Hysteresis Phenomena and Influence of Stress State on the SWRC[J]. International Journal of Geomechanics,2013,15(5):1-22.

[147] Williams J,Prebble R E,Williams W T,et al. The influence of texture,structure and clay mineralogy on the soil moisture characteristic[J]. Soil Research,1983,21(1):15-32.

[148] Farrell D A,Larson W E. Modeling the pore structure of porous media[J]. Water Resources Research,1972,8(3):699-706.

[149] Gens A. Soil-environment interactions in geotechnical engineering[J]. Géotechnique,2010,60(1):3-74.

[150] Bishop A W. The principles of effective stress[J]. Teknisk Ukeblad,1959,106(39):859-863.

[151] Fredlund D G,Morgenstern N R. Stress state variables for unsaturated soils[J]. Journal of Geotechnical and Geoenvironmental Engineering,1977,103

 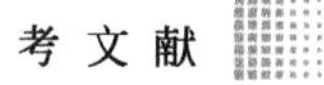

(5):447-466.

[152] Bishop A W, G E Blight. Some aspect of effective stress in saturated and partially saturated soils[J]. Géotechnique, 1963, 13(3):177-197.

[153] Khalili N, Khabbaz M H. A unique relationship of chi for the determination of the shear strength of unsaturated soils[J]. Geotechnique, 1998, 48(5):681-687.

[154] 吴丽君. 高速铁路非饱和土固结压缩特性及地基加固技术研究[D]. 成都:西南交通大学,2011.

[155] 詹良通,吴宏伟. 非饱和膨胀土变形和强度特性的三轴试验研究[J]. 岩土工程学报,2006,28(2):196-201.

[156] Likos W J, Lu N. Pore-scale analysis of bulk volume change from crystalline interlayer swelling in Na^{+}-and Ca^{2+}-smectite[J]. Clays and Clay Minerals, 2006, 54(4):515-528.

[157] Gens A, Alonso E E. A framework for the behaviour of unsaturated expansive clays[J]. Canadian Geotechnical Journal, 1992, 29(6):1013-1032.

[158] Zhan T L T, Chen R, Ng C W W. Wetting-induced softening behavior of an unsaturated expansive clay[J]. Landslides, 2014, 11(6):1051-1061.

[159] Chen R, Ng C W W. Impact of wetting-drying cycles on hydro-mechanical behavior of an unsaturated compacted clay[J]. Applied Clay Science, 2013, 86:38-46.

[160] 许旭堂,简文彬. 非饱和原状残积土土水特征曲线研究[J]. 工程地质学报,2015,23(4):668-674.

[161] Take W A, Bolton M D, Wong P C P, et al. Evaluation of landslide triggering mechanisms in model fill slopes[J]. Landslides, 2004, 1(3):173-184.

[162] Rahardjo H, Heng O B, Choon L E. Shear strength of a compacted residual soil from consolidated drained and constant water content triaxial tests[J]. Canadian Geotechnical Journal, 2004, 41(3):421-436.

[163] Tavakoli Dastjerdi M H, Habibagahi G, Nikooee E. Effect of confining stress on soil water retention curve and its impact on the shear strength of unsaturated soils[J]. Vadose Zone Journal, 2014, 13(5):1-11.

[164] Wheeler S J, Sivakumar V. An elasto-plastic critical state framework for unsaturated soil[J]. Géotechnique, 1995, 45(1):35-53.

[165] 张芳枝,陈晓平. 反复干湿循环对非饱和土的力学特性影响研究[J]. 岩

土工程学报,2010,32(1):41-46.

[166] 苗强强,陈正汉,张磊,等.非饱和含黏砂土强度、变形和水量变化特性研究[J].地下空间与工程学报,2011,7(1):22-27.

[167] Gan J K M, Fredlund D G, Rahardjo H. Determination of the shear strength parameters of an unsaturated soil using the direct shear test[J]. Canadian Geotechnical Journal, 1988, 25(3):500-510.

[168] Melinda F, Rahardjo H, Han K K, et al. Shear strength of compacted soil under infiltration condition[J]. Journal of Geotechnical and Geoenvironmental Engineering, 2004, 130(8):807-817.

[169] 苗强强,陈正汉,张磊,等.非饱和黏土质砂的渗气规律试验研究[J].岩土力学,2010,31(12):3746-3750.

[170] 魏胜利.田间持水量的测定与旱情分析[J].水科学与工程技术,2005(S1):55-56.

[171] 戴继,王铁宏,高广运,等.由压缩试验分析砾质花岗岩残积土的结构特性[J].地下空间与工程学报,2009,5(4):675-679.

[172] 黄琨,万军伟,陈刚,等.非饱和土的抗剪强度与含水率关系的试验研究[J].岩土力学,2012,33(9):2600-2604.

[173] 陈正汉,秦冰.非饱和土的应力状态变量研究[J].岩土力学,2012,33(1):1-11.

[174] 贾其军,赵成刚,韩子东.低饱和度非饱和土的抗剪强度理论及其应用[J].岩土力学,2005,26(4):580-585.

[175] 姚攀峰,祁生文,张明.基于路径的非饱和土抗剪强度指标确定方法[J].岩土力学,2009,30(9):2605-2608.

[176] 詹良通,吴宏伟.吸力对非饱和膨胀土抗剪强度及剪胀特性的影响[J].岩土工程学报,2007,29(1):82-87.

[177] 申春妮,方祥位,陈正汉.非饱和重塑 Q_2 黄土的三轴试验研究[J].地下空间与工程学报,2010,6(3):503-508.

[178] 苗强强,陈正汉,朱青青.PS 平面上不同应力路径的非饱和土力学特性研究[J].岩石力学与工程学报,2011,30(7):1496-1501.

[179] 陈晓平,周秋娟,蔡晓英.高液限花岗岩残积土的物理特性和剪切特性[J].岩土工程学报,2011,33(6):901-908.

[180] 胡昕,洪宝宁,杜强,等.含水率对煤系土抗剪强度的影响[J].岩土力学,2009,30(8):2292-2294.

[181] 福建省建设厅.建筑地基基础技术规范 DB J13-07—2006[S].北京:中国建筑工业出版社,2006.

[182] 许旭堂,简文彬,吴能森.反复吸湿循环对原状残积土剪切特性的影响[J].中国公路学报,2017,30(2):33-40.

[183] 冯杭建,周爱国,俞剑君,等.浙西梅雨滑坡易发性评价模型对比[J].地球科学,2016,41(3):403-415.

[184] 黄发明,殷坤龙,张桂荣,等.基于相空间重构和小波分析-粒子群向量机的滑坡地下水位预测[J].地球科学,2015,40(7):1254-1265.

[185] 喻孟良,梅红波,李冀骅,等,基于变系数回归模型的三峡库区滑坡位移预测[J].地球科学,2016,41(9):1593-1602.

[186] 许旭堂,简文彬,吴能森,等.降雨入渗影响下边坡中的非饱和渗流特性[J].地球科学,2018,43(3):922-932.

[187] 曾铃,史振宁,付宏渊,等.降雨入渗对边坡暂态饱和区分布特征的影响[J].中国公路学报,2017,30(1):25-34.

[188] 付宏渊,曾铃,蒋中明,等.降雨条件下公路边坡暂态饱和区发展规律[J].中国公路学报,2012,25(3):59-64.

[189] 曾铃,邱祥,付宏渊,等.水位升降过程中崩解预处理炭质泥岩路堤稳定性分析[J].中国公路学报,2017,30(5):10-19.

[190] 李卓,何勇军,盛金保,等.降雨与库水位共同作用下近坝库岸边坡滑坡模型试验研究[J].岩土工程学报,2017,39(3):452-459.

[191] 许旭堂,简文彬,吴能森,等.降雨诱发残积土坡失稳的模型试验[J].中国公路学报,2018,31(2):270-279.

[192] Ng M. Water infiltration in unsaturated soil slope[D]. Hong Kong: The University of Hong Kong, 2010.

[193] Yin J H. Influence of relative compaction on the hydraulic conductivity of completely decomposed granite in Hong Kong[J]. Canadian Geotechnical Journal,2009,46(10):1229-1235.

[194] GEO. Fill Slope Recompaction-Investigation, Design and Construction Considerations. GEO Technical Guidance Note, Geotechnical Engineering Office (GEO), Civil Engineering Department, Government of Hong Kong, Hong Kong,2004,7(1):1-6.

[195] 许旭堂,简文彬.土坡前端推力对降雨入渗响应的试验研究[J].岩土力学,2017,38(12):3547-3554.

[196] Chien-Yuan C, Tien-Chien C, Fan-Chieh Y, et al. Analysis of time-varying rainfall infiltration induced landslide[J]. Environmental Geology, 2005, 48(4-5):466-479.

[197] 李典庆,祁小辉,周创兵,等.考虑参数空间变异性的无限长边坡可靠度分析[J].岩土工程学报,2013,35(10):1799-1806.

[198] 詹良通,贾官伟,陈云敏,等.考虑土体非饱和特性的无限长斜坡降雨入渗解析解[J].岩土工程学报,2010,32(8):1214-1220.

[199] CHO SUNGEUN, LEE SEUNGRAE. Evaluation of surficial stability for homogeneous slopes consideration rainfall characteristics[J]. Journal of Geotechnical and Geoenvironmental Engineering, 2002, 128(9):756-763.

[200] 叶为民,崔玉军,唐益群.室内吸力量测与上海软土土水特征[J].岩土工程学报,2005,27(3):347-349.

[201] 叶为民,钱丽鑫,陈宝,等.侧限状态下高压实高庙子膨润土非饱和渗透性的试验研究[J].岩土工程学报,2009,31(1):105-108.

[202] Kern J S. Evaluation of soil water retention models based on basic soil physical properties[J]. Soil Science Society of America Journal, 1995, 59(4):1134-1141.

[203] Tomasella J, Hodnett M G. Estimating soil water retention characteristics from limited data in Brazilian Amazonia[J]. Soil science, 1998, 163(3):190-202.

[204] McFarlane, J. Suction-Moisture Relationships in Residual and Remoulded Hong Kong Soils[J]. P. W. D. Materials Division, Report 24, 1981.

[205] Li A G, Yue Z Q, Tham L G, et al. Field-monitored variations of soil moisture and matric suction in a saprolite slope[J]. Canadian Geotechnical Journal, 2005, 42(1):13-26.

[206] Bodman G B, Colman E A. Moisture and energy conditions during downward entry of water into soils[J]. Soil Science Society of America Journal, 1944, 8:116-122.

[207] Lumb P. Effect of rain storms on slope stability[M]. Local Property & Printing Company, Limited, 1962.

[208] 李元海,靖洪文,曾庆有.岩土工程数字照相量测软件系统研发与应用[J].岩石力学与工程学报,2006,25(S2):3859-3866.

[209] 李元海,靖洪文,刘刚,等.数字照相量测在岩石隧道模型试验中的应用研究[J].岩石力学与工程学报,2007,26(8):1694-1690.

[210] 李元海,林志斌,靖洪文,等.含动态裂隙岩体的高精度数字散斑相关量测方法[J].岩土工程学报,2012,34(6):1060-1069.

[211] 曾庆有.主动侧向受荷桩桩周土的影像观测与数值模拟[J].岩土力学,2012,33(7):2209-2213

[212] Fredlund D G. The emergence of unsaturated soil mechanics[J]. Canadian Geotechnical Journal,2014,51(12):1-39.

[213] Clevenger W A. Experiences with loess as foundation material[J]. Transactions of the American Society of Civil Engineers,1958,123(1):151-169.

[214] Handy R L. Collapsible loess in Iowa[J]. Soil Science Society of America Journal,1973,37(2):281-284.

[215] 陈安敏,顾金才,沈俊,等.地质力学模型试验技术应用研究[J].岩石力学与工程学报,2004,23(22):3785-3789.

[216] 王学武,许尚杰,党发宁,等.水位骤降时的非饱和坝坡稳定分析[J].岩土力学,2010,31(9):2760-2764.

[217] Fredlund D G, Xing A, Huang S. Equations for the soil-water characteristic curve[J]. Canadian Geotechnical Journal. 1994,31(3):521-532.

[218] Fredlund D G, Vanapalli S K, Xing A, et al. Predicting the shear strength function for unsaturated soils using the soil-water characteristic curve[C]//First International Conference on Unsaturated Soils, Paris, France. 1995: 63-69.

[219] 卢肇钧,张惠明,陈建华,等.非饱和土的抗剪强度与膨胀压力[J].岩土工程学报,1992,14(3):1-8.

[220] 卢肇钧,吴肖茗,孙玉珍,等.膨胀力在非饱和土强度理论中的作用[J].岩土工程学报,1997,19(5):22-29.

[221] 缪林昌,殷宗泽.非饱和土的剪切强度[J].岩土力学,1999,20(3):1-6.

[222] 汤连生,王思敬.湿吸力及非饱和土的有效应力原理探讨[J].岩土工程学报,2000,22(1):86-91.

[223] 汤连生.从粒间吸力特性再认识非饱和土抗剪强度理论[J].岩土工程学报,2001,23(04):412-417.

[224] 党进谦,李靖.非饱和黄土的强度特征[J].岩土工程学报,1997,19(2):59-64.

[225] 孟黔灵,姚海林,邱伦锋.吸力对非饱和土抗剪强度的贡献[J].岩土力学,2001,22(4):423-426.

[226] 谢定义,冯志焱.对非饱和土有效应力研究中若干基本观点的思辨[J].岩土工程学报,2006,28(2):170-173.

[227] 凌华,殷宗泽.非饱和土强度随含水量的变化[J].岩石力学与工程学报,2007,26(7):1499-1503.

[228] Taha M, Hossain M, Mofiz S A. Effect of suction on the strength of unsaturated soil. In: Shackelford C D, Houston S L, Chang N, eds. Advances in Unsaturated Geotechnics (GSP 99). Denver: American Society of Civil Engineers, 2000. 210-221.

[229] 耿慧辉,吴俊阳,单仁亮,等.非饱和土强度的吸力贡献形式研究[J].岩土工程学报,2012,34(9):1598-1603.

[230] Vanapalli S K, Fredlund D G, Pufahl D E, et al. Model for the prediction of shear strength with respect to soil suction[J]. Canadian Geotechnical Journal, 1996, 33(3): 379-392.

[231] 郑颖人,陈祖煜,王恭先,等.边坡与滑坡工程治理[M].北京:人民交通出版社,2010.

[232] 黄润秋,戚国庆.非饱和渗流基质吸力对边坡稳定性的影响[J].工程地质学报,2002,10(4):343-348.

[233] 陈仲颐.土力学[M].北京:清华大学出版社,1994.

[234] 朱伟,秦建设,高玉峰.求解非饱和土堤初始浸润线的一种解析法[J].河海大学学报(自然科学版),2003,31(3):314-317.

[235] 袁俊平,褚飞飞,季李通.饱和-非饱和非稳定渗流数值分析中初始状态的研究[J].水利水电技术,2006,37(9):5-7.

[236] 张琦.降雨条件下饱和-非饱和土坡的稳定分析[D].兰州:兰州理工大学,2007.

[237] Rahardjo H, Nio A S, Leong E C, et al. Effects of groundwater table position and soil properties on stability of slope during rainfall[J]. Journal of Geotechnical and Geoenvironmental Engineering. 2010, 136(11): 1555-1564.

[238] 吴俊杰,王成华,李广信.非饱和土基质吸力对边坡稳定的影响[J].岩土力学,2004,25(5):732-736.

[239] 包为民.水文预报[M].北京:中国水利水电出版社,2006.

[240] Gasmo J M, Rahardjo H, Leong E C. Infiltration effects on stability of a residual soil slope[J]. Computers and Geotechnics. 2000, 26(2): 145-165.

[241] 南光.台风"龙王"考验福州城市功能[J].南风窗,2005,20:14.

[242] 中国广播网.台风龙王挟特大暴雨来袭,福州受淹最大水深2米[EB/OL]. http://news.sohu.com/20051003/n227118594.s html,2005-10-3/2013-10-25.

[243] 东南早报."龙王"袭击福建降雨量惊人[EB/OL]. http://news.sina.com.cn/c/2005-10-04/01347093039.

[244] 任汉龙.福建省2010年6月13—27日强降雨过程总结[J].福建气象,2010(4):16-22.

[245] Touma J,Vauclin M. Experimental and numerical analysis of two-phase infiltration in a partially saturated soil[J]. transport in porous media. 1986,1(1):27-55.

[246] 邹维列,李聪,汪建峰,等.非饱和路堤对加载和降雨入渗响应的模型试验研究[J].岩土工程学报,2009,31(10):1512-1519.

[247] 王睿,张嘎,张建民.降雨条件下含软弱夹层土坡的离心模型试验研究[J].岩土工程学报,2010,32(10):1582-1587.

[248] 高华喜,殷坤龙.降雨与滑坡灾害相关性分析及预警预报阀值之探讨[J].岩土力学,2007,28(5):1055-1060.

[249] 张勇慧,李红旭,盛谦,等.基于表面位移的公路滑坡监测预警研究[J].岩土力学,2010,31(11):3671-3677.

[250] Tsai T L,Wang J K. Examination of influences of rainfall patterns on shallow landslides due to dissipation of matric suction[J]. Environmental Earth Sciences,2011,63(1):65-75.

[251] 李长江,麻土华,孙乐玲,等.降雨型滑坡预报中计算前期有效降雨量的一种新方法[J].山地学报,2011,29(1):81-86.

[252] 张枝芳,陈晓平.非饱和堤岸的渗流特征及其稳定性研究[J].岩土力学,2011,32(5):1561-1567.

[253] 朱丽娟,王铁行,胡炘.降雨对非饱和黄土边坡含水量变化规律分析[J].地下空间与工程学报,2009,5(1):95-99.

[254] 汤连生,张鹏程,刘增贤,等.土体饱和度确定的二个问题[J].水文地质工程地质,2002,29(5):1-3.

[255] 李广信.岩土工程的经济、安全与可持续发展——国家科技中长期发展规划建议[J].岩土工程界,2004,7(7):1-7.

[256] 龚晓南.21世纪岩土工程发展展望[J].岩土工程学报,2000,22(2):238-242.

[257] 施斌. 关于环境岩土工程[J]. 工程地质学报,2002,10(4):349-355.
[258] 张在明. 对于发展环境岩土工程的初步探讨[J]. 土木工程学报,2001,34(2):1-6.
[259] 简文彬,李润. 边坡工程耐久性研究分析[J]. 福州大学学报(自然科学版),2012,39(5):666-672.
[260] 林鸿州,于玉贞,李广信. 坡地地质灾害防灾减灾工作的思考[J]. 自然灾害学报,2009,18(2):56-61.